# コロンタイ

## 革命を駆けぬける

Алекса́ндра М… на Коллонта́й

SUGIYAMA Hideko
杉山秀子

論創社

コロンタイ　革命を駆けぬける　目次

# 序章　ポスト・コロンタイの新しい地平に向けて

ソヴェート政権期における女性のおかれた問題点は、ソヴェート憲法で保障されている形式的男女平等と実社会で認知されている状況との間の乖離をいかに埋めるかであった。社会主義革命の草創期にソヴェート政権にアレクサンドラ・コロンタイという才能ある女性が彗星の如く現れた。彼女自身の念頭には常に「女性は国家に対して男性と等しく働き、国家にまた新しい成員を与えるという二重の意味での義務が課せられている。それゆえ、国家も女性のその義務を女性が遂行できるように十分配慮すべきだ」というのが彼女の根本的持論があった。しかしこのマルクス主義に立脚した持論は現実生活では数々の葛藤と矛盾に悩まされた。コロンタイの数少ない文学的・自伝的作品とも言うべき『ヴァシリーサ・マルイギナ』の中にも次のように出てくる。(1)

ヴァシリーサは女性の経済的自立と政治的自由の獲得、女性労働者の母性の保護をめざして常に女性たちの味方であり、彼女等の利益を守る代弁者として日夜励む。彼女はかつて市会議員選挙の候補者に選ばれるなど工場の女性たちからも大きな支持を得ていた。彼女自身、子ども時代から工場で働いているので、いつでも彼らの言い分も分かるし、要求もよく分かったのである。しかしある時男の同志たちはこう非難したのである。

「女たちの問題は後回しにしたらどうかな？　今は緊急なる問題が山ほどあるではないですか！」

ヴァシリーサはこの同志たちの意見にいきりたって、くってかかりながら言った。

「《女たちの問題》が、どうしてほかの問題より小さいのですか？　みんながそんなふうに考えがちだから、『時代遅れの女』が生まれるのです。もし女性がいなかったら革命はできません。女こそすべてです。女がくよくよ考えたりして、夫にぐずぐず言っているから男も人生を無益にすごすのです。『女を獲得することは、事を半ば成し遂げる』ことなのです」

とヴァシリーサは堂々と自己の見解をこのように述べている。

コロンタイは「新しい女性とは、第一に自立した労働単位であり、その人の労働が私的な家族経営への奉仕ではなく、社会に役だち、かつ必要とされる労働にむけられるのである(2)」と定義づけているが、当時の現実との落差がいかばかり大きかったかは『ヴァシリーサ・マルイギナ』のなかの男女役割分担の葛藤を鋭く暴くことによって浮き彫りにしている。

ヴァシリーサの夫が党のなかで重要な地位を占めるようになり、妻であるヴァシリーサの肩に客の接待や主婦としての仕事がどっと押し寄せる。ヴァシリーサは家庭の外では家事の軽減のための共同の炊事場や食堂や託児所を建設してもらうために駆けずりまわりながら、家庭に戻ると、相変わらず昔から続いている古い夫と妻の役割分担を批判なく背負ってしまうのである。夫に「腹が減った。メシはまだか？」などといわしめているところに当時の革命のもつリアリティをうかがわせている。

この二人の夫婦の関係は革命後七〇有余年を過ぎた当時のソ連における男女のありようを検証する場合、きわめて示唆に富んだものになっている。かつて社会主義政権末期にペレストロイカやグラースノスチなどいくつかの変革のための波が押し寄せてきたにもかかわらず、女性独自の自立的な解放運動は残念ながら起きなかった(3)。

従来ベーベルやエンゲルスは、女性の解放は社会制度の変革のあとで達成されると主張し、女性独自の解放のための闘いは単なる「ブルジョア的なもくろみ(4)」にすぎないと論述し、このことはコロンタイももちろん肯定していた。しかし、権力が労働者の手にわたっても、女性と男性の意識変革と新しい制度や政策がきちんと遂行されなければ、いつまでたっても両性の真の解放は得られないのは自明の理なのである。

ベーベルは当時賢明にもこのことを洞察し得た稀有な存在であった。彼は『女性と社会主義(5)』の中で注意を促している。女性の立場が、本来の階級の枠内でも同じ階級の枠内の男性と立場が同一でないこと、

「女性と労働者の立場の類似点は多くあるがある一つの点では女性は男性の先を行っている、つまり、女性は奴隷制度に置かれた最初の人間的生き物である。奴隷が存在する以前に女性は奴隷とされてしまった。このことから、自己の要求を階級的同志に注意を促し、党を女性の利益を目指す闘争に参加させる、女性の社会的運動を引き出す特別な課題が生じる」と女性解放の本質を炯眼にも見抜いているのである。このような根本的観点がないと、例え男女平等のが日夜行われたとしても、たいてい男性たちの闘争の主目的を第一の共通の課題としてそれに向き合い、女性にとって最も先行させるべき課題は後回しになってしまうことはその後の歴史が証明していることである。

コロンタイは家事の社会化などに対して十分な注意を払おうとしなかった同志たちに憤激しながら

も、ぎりぎりのところで社会民主労働党内に踏みとどまり、革命の女性解放に及ぼした積極的な意義を次のように擁護すらしている。概して産業革命や世界戦争の影響で、女性労働者の急速な増加は家族生活や、ブルジョア国家の女性たちの一般的な生活の様式としきたりに未曾有の変化をもたらしたが、それにもまして、「十月革命が、然るべき重みのある言葉を発しなかったならば、おそらくそれ以上に女性解放の過程は進まなかったに違いない。十月革命は女性を新たに評価することに役立ち、社会的な有効な単位としての女性に対する見解を確固たるものとし、明らかにしたのである。……ところが、この現象をさけがたい歴史的事実として認めること、新しい女性のタイプの形成は新しい労働社会の形成をめざす全般的な進歩と関連していると理解することであるが、ブルジョアジーはそれをおこなうことができないし、やりたくないのである。十月革命がなかったなら、自分で稼ぐ女性は一時的な現象であり、女性の場所は家族のなかにあり、生活の糧を得る夫の陰にあるという見解が今まで支配していたであろう(6)」と十月革命を高く評価しながらも、常に革命理論の後塵を拝む女性の解放を意識的に幾つかの著作でカバーしようと努力した。上述のヴァシリーサの見解もしかり、女の問題を後回しに緊急な問題を片づけようとするのは何事だとヴァシリーサに怒鳴らしめている。時折しも臨時政権ケレンスキーから革命政権に移行しつつある時であり、ヴァシリーサすなわちコロンタイのこの見解は当を得たものであると言える。この点に関しては、女性解放の大綱ではマルクスやエンゲルスの考えとは違いないものの、男性のレーニンも種々に心を砕き、次のように述べている。

「社会主義社会の建設そのものは、われわれが、女性の完全な労働をかちとって、細々した人を愚鈍にする、非生産的な［家事］労働から解放された女性と一緒に新しい仕事にとりかかるときはじめてはじまるであろう[7]」

ソヴェート政権時代の社会主義建設の揺藍期の一九一七年一一月四日、国家保護人民委員部が設立され、主として家族政策を扱うこととなった。すでにコロンタイは一九一七年一〇月二九日には人民委員すなわち今日で言う大臣に任命されていた。この時期コロンタイは堕胎の横行を防ぎ、母子を保護する目的で「母子宮殿」の設立を呼びかけ、家族政策の一環としてその設立に奮闘した。残念ながらコロンタイの国家保護人民委員としての期間は一九一八年の三月一九日までの短いものであったが、一九一七年一一月一九日には、婚姻と離婚に関する婚姻制度を抜本的に変化させる法令ができた。すなわち、「市民婚、子および身分登録保護の家族に関する法令」が発表され、婚姻と離婚が教会を経ずにおこなわれる自由が保障され、また庶子と嫡子の同権や、堕胎の横行に対して出産は女性の社会的権利と義務であることが高らかに宣言されたのであった。そしてロシア史上初めて、「母子保護課」がコロンタイの手で設立されたのであった。わずか、数カ月の間に輝かしい実績をコロンタイは造ったが、惜しくもその後海外に出奔することになった。その後、初期社会主義政権においての自由な婚姻形態は様々な曲折を経ながら、実質一九三六年まで続行された。しかし、スターリンの専制的政治により家族を国家の単位として生産と人口を増大させることの強化策により、女性は再び性別役割分業という頸木に繋がれる羽目になった。

現代ロシア人女性の延々と背負っている社会労働と家庭内労働という二重負担の構造を間接的に評して、「脱社会主義化の時代には、当該社会の持つ家父長制規範が露呈してくる[8]」と主張する論者もあるが、要はソヴェート政権が崩壊したから家父長制規範が露呈されたのではなくて、ロシアでは革命以前から家父長制的な規範が延々と温存されてきたというのが偽らざる実情であろう。

さて現代におけるロシア人女性の状況はどうなのかと言えば、体制転換のひずみを一身に受けていると言っても過言ではない状況におかれている。もちろんかつてソ連時代にロシアの女性がおかれている立場を正直に語り、社会を批判することは反体制の烙印を押されることであり、タブーであった。その状況はサミズダート（地下出版）でのみ可能であった時代から見ると隔世の感がある。一部とは言え、才能のある女性たちは小規模ながら起業家としてどんどん活躍しており、評論、哲学・文学の領域では、ニーナ・サドゥール（一九五〇〜）、ワレーリヤ・ナールビコワ（一九五八〜）、リュドミーラ・ペトルーシェフスカヤ（一九三九〜）、オリガ・セダコーワ（一九四九〜）などが注目の作品を世に送り出しており、さながら女性作家の時代といってもよかろう。しかしこれらの人々はあくまで選ばれた女性たちであることに注意する必要があるであろう。一九九七年七月一〇日付の「独立新聞」[9]によれば、ロシアにおける現代の女性は国民経済の半分を担い、平均的教育程度は男性を上回っているにも関わらず、

（1）失業率の割合が男性に比較してきわめて高いこと

（2）女性の平均賃金は男性の三分の二にしかならない（非公式では三分の一と言われている）

（3）女性は新しく進出してきた小規模のビジネスにはきわめて活動的であるが、大企業や大生産部

門においては決定権をもっていないこと
（4）育児や家事の負担は依然として昔と変わりないこと
（5）女性の数は選挙人のなかでは優勢で、選挙においては男性に比べてはるかに積極的であるにも関わらず、政権機構のなかでの女性の参加はきわめて少ない。

これらのことを列挙して、女性差別はますます増大するばかりであろうと予測し、現在女性がおかれている広範な諸状況はほとんど八〇年近くの間、独立した女性自身の運動が欠落してきたことに部分的には起因しているとし、女性の利益のための女性の代表部が国家機構に半ば統制されてきたと結論づけている。

新聞はさらに女性の利益を守り、民主主義的原理の継承のために第二回全ロシア女性大会の開催を報じている。言うまでもなく、第一回の大会は一九〇八年に開かれ、この大会で脱階級的な女性センターの設立が提案されたため、コロンタイとその同調者たちは自立した別グループを組織しようとした。しかしその目論見は頓挫した。一方、ロシア社会民主労働党の内部ではコロンタイとその同調者たちをフェミニストであると決めつけ、コロンタイが女性の問題に比重をおきすぎると告発したものもいた。その後九〇年余りの時を経て、体制転換の怒濤に流されながら現在のカオスの中で、今や女性の意識も大きな変換を迫られていることは事実であろう。本書では、世界で初めて社会主義政権を樹立し、貧富の差をなくし、輝かしい男女同権を約束したソヴェート政権の初期にあって、コロンタイが如何なる論理によって母性と子どもの権利を守り、輝かしい初期ソヴェート政権の特性である男女平等を唱道したか、またその後如何なる事情によってその実績が歪曲されていったかを具体的事例による事実婚から登録婚への推移に触れることにより明らかにしていきたい。

# 第Ⅰ部　コロンタイの生涯

# 第1章　生い立ち——革命家から世界初の女性外務大臣へ

一八七二年、アレクサンドラ・ミハイロヴナ・ドモントヴィチ（幼名はシューラ）はサンクトペテルブルグで産声をあげた。

シューラの父ミハイル・アレクセーヴィチ・ドモントヴィチはウクライナ地方の古い家柄の地主の息子で、のちに将軍にまでなった。コロンタイの母、アレクサンドラ・アレクサンドロヴナは、フィンランドの木材商の娘で離婚経験のある女性であった。彼女は離婚という行動を敢行することができた、当時としてはかなり大胆な性格の持ち主であった。シューラをとりまく家庭環境は開放的で、自由闊達な雰囲気があり、シューラは末娘としてかなり自由に、過保護に育てられたようであった。

母親は当時、貴族の家庭に生まれた子弟が貴族社会と縁を切って「ヴ・ナロード（人民のなかへ）」運動に身を捧げるために家出する、ナロードニキ思想が中学や大学にはびこっていることを極度に恐れ、娘の教育には家庭教師をつけ、家庭で教育をおこなった。しかし皮肉なことに、この母親の意図とは裏腹に家庭教師として招かれたマリヤ・ストラホーヴァは政治闘争にこそ参加していなかったが、「人民の意志」派に共鳴していた。ドモントヴィチ家に出入りしていた使用人の生活や、父の任地であるブルガリアのソフィヤでの幼年時代の生活を通じて、シューラの心のなかには不平等や不正に満ちた世界に対する抗議の気持ちが次第に育っていった。また少女時代にむさぼり読んだロシアの革命的民主主義者、ゲルツェン、ドブロリューボフ、チェルヌイシェフスキーなどが彼女に大きな影響を及ぼし、彼女に社会的不平等と圧迫を憎む気持ちを植え付けたのである。シューラの好きなロシアの作家はツルゲーネフで、ことに小説『その前夜』のエレーナの激情には共感をもった。また、ジョルジュ・サンドやイプセンの作品に出てくる主人公たちの、社会の偏見に抗議して自らの人生を切り開く、自主的な女性の生き方に激しく心を揺さぶられたのである。

## チューリヒへの留学により、コロンタイは覚醒する

シューラが一七歳の時、父の新しい任地チフリスで流刑者の息子でまた従兄にあたるウラジーミル・コロンタイと初めて出会い、それ以来二人は急速に接近し、シューラは母の強い反対を押し切って二一歳でウラジーミル・コロンタイと結婚する。翌年一子をもうけるが、この家庭生活は三年で終わっている。

一八九六年春、アレクサンドラ・ミハイロヴナ・コロンタイは夫の出張に同行して、ナルヴァにあるクレンゴルムスカヤ織物工場を訪れる。当時、この工場はロシア最大の工場で、一万二千人以上もの人たちが働いていた。しかしアレクサンドラがそこで眼にしたものは、この世のものとは思えない過酷な労働者たちの生活であった。折しもサンクトペテルブルグにおいて、三万人規模の紡績工の大ストライキが起こった。これらの事件を通してアレクサンドラの意識も次第に政治参加に駆り立てら

れていったのである。夫ウラジーミルを深く愛してはいたが、アレクサンドラの胸のうちには単に個人的・家庭生活の充足感にどっぷりつかってはいられない、やむにやまれぬ焦燥の炎が燃えあがってしまったのであった。アレクサンドラは今更ながら、夫と自分の間に見解の相違があることに気づきはじめ、長い懊悩の末、ついに離婚を決意したのであった。一般的には一八九八年の八月に離婚したとされているが、正式離婚は夫のウラジーミルが再婚する一九一六年五月五日に成立したようである。

アレクサンドラは息子のミハイルの養育を両親に任せ、姓はコロンタイのまま、一八九八年八月、スイス行きの列車に身を投じた。チューリヒ大学のハインリッヒ・ヘルナー教授のもとで経済学を学ぶためであった。夜行列車のなかでコロンタイは、なぜこんなにひどい仕打ちを夫や子どもに対してしなければならないのかと自問しながら涙に暮れた。「国境線から間近いある駅で、私は反対側からくる列車に乗りかえようとさえ思った。その列車に乗れば私の夫のもとに送り返してくれるだろうと思われた。でもそれは私の希望やこれからやろうとすることをすべてを拒絶することになってしまうように思われた。……実際私には家庭の幸福よりも大切なことがあった。私は労働者の解放や、女性の権利、ロシア人民のために闘いたかったのだ(1)」とコロンタイは当時の気持ちを切々と回想記のなかで書いている。チューリヒでコロンタイははじめてレーニンの「『人民の友』とは何か、かれらはどのように社会民主主義者とたたかっているか?」を読み、次第にマルクシズムに傾斜していった。

一八九九年チューリヒをあとにしたコロンタイはチューリヒ大学のハインリッヒ・ヘルナー教授の紹介でイギリスのウエッブ夫妻を訪ねるが、改良主義的な見解に飽きたらず、一人イギリスを見て廻ることによって労働運動の実状に触れ、イギリスにおける階級分化の激化を目のあたりにした。イギリスの協同組合の中の女性ギルド、労働組合、労働者クラブ等を観察し、改良主義が労働者の状態を決して改善するものではないこと、革命的な階級闘争が必要であることを実感した。コロンタイのこの確信をさらに強固なものにしたのはチューリヒにおけるローザ・ルクセンブルグとの出会いであった。これまでもローザが書いた『社会革命か社会改革か』を読み感銘をうけていたコロンタイは、ローザのベルンシュタイン派との徹底的な闘いぶりを実際に見てきわめて勇気づけられた。ローザのコロンタイに対する気取らぬ態度やこの小柄な女性がもつ知力、優しい心根、勇気にコロンタイはことごとく共感をもたざるを得なかった。

この改良主義に対する闘いと同時に関心をもっていたのは教育の問題であった。彼女は幼児の人格形成でもっとも重要なのは周囲の環境、国家の制度、社会的条件であると考え、この核心をもっともよく伝えているのは革命的民主主義者のドブロリューボフであると確信していた。この考えを基に書いたのが「ドブロリューボフの教育思想の大綱」という大論文で、この年雑誌『教育』に三回にわたって連載した。彼女はドブロリューボフの論文を系統的に紹介したうえ、彼を人道主義的なもっとも良心のある思想家と定義した。

一八九九年サンクトペテルブルグに戻ったとき、非合法のロシア社会民主党に加わった。そして同時にフィンランドの独立運動の擁護者としても活動した。それは少女の頃、祖父の領地に度々行った経験からも、ツアー政府のフィンランドの自治を脅かす政策に我慢がならなかったからであった。一九〇三年にコロンタイは『フィンランド労働者の生活』を三年がかりのデータ収集の後発表した。この著作では、労働者階級の賃金、労働条件、労働時間、住宅等がつぶさに調べられており、労働運動の発生の必然性が説得力ある筆致で書かれている。同年夏、コロンタイは再び国外に出た。それはロシアにおける農民蜂起の時期であり、南の労働者は決起していた。革命を目指す非合法のロシアと頑なに権力を守る専制政治が衝突した。ストルーヴェを長とするグループ「解放された人々」は中間的立場をとり、多くのコロンタイの知人は「解放された人々」に加わったが、それは彼らが現実的な力を認め、ロシアにとり、より純粋な社会主義はユートピア的なものであると判断を下していた。コロンタイは自分の身近な人や戦友を失くし、身を切られるような思いであった。

亡命生活中も度々論争に見舞われたが、それは主として「メニシェビキ」と「ボリシェビキ」間の論争であった。彼女はボリシェビキの革命的非妥協主義により賛同したが、両陣営には多くの友人がおり、とりわけ彼女を引き付けたのはプレハーノフの論客ぶりであった。

こうしてコロンタイは労働運動家、著述家としての自己を堂々と確立させることができた。後年この時代のことを回顧してコロンタイは、夫に対する愛がどんなに大きかろうと、女としての献身の限界を越えるなら、私のなかには直ちに反抗心が新たにあらわれるのだと率直に述べている。そしてこの性格をさらに鮮明化させているのはつぎのくだりである。「私は前進しなければならない。私は夫と選択を別にしなければならない。さもなければ自己喪失の危険に身をさらさねばならなかったろう(2)」と述べ、自己形成という過程のなかでは、自分の世界観を決定するような男とは今まで一度も出会わなかったこと、むしろ自分の方が常に男をリードしてきたこと、自分の世界観形成は、自分自身の生活とたえざる読書のたまものであると結論づけている。

## 職業革命家への道

一九〇五年、血の日曜日のあと第一次革命が勃発した頃、コロンタイはすでにプロの演説家としての名声を得たと自伝に記されている。山川菊栄の著述のなかでも、彼女の弁舌の巧みさはトロッキーとならび称せられ、世界一流の雄弁家の一人に数えられている、としている。ある年の第三インター女性部大会で、ロシア語で二時間とうとうと弁舌をふるい、つぎに同じ演説を二時間フランス語でまくしたて、さらに二時間をドイツ語で弁じた精力には各国の代表も舌を巻いたという。

第一次革命期の頃、ロシアの地にも強力なブルジョア女性運動が存在していた。しかしコロンタイがこの運動と一線を画していた点は、彼女の女性解放論が、女性の解放は新しい社会秩序と経済体制ができてからはじめて勝ち取られるというマルクス主義世界観に立脚していたことにあった。

一九〇六年にはフィンランドの自由と独立を侵し、フィンランドをロシアの中の一つの州としたツアーリ政府に対する激しい怒りと抗議をもって書かれた『フィンランドと社会主義』が出版された。この論文でコロンタイは両国労働者の真の解放のためにフィンランドの労働者とロシアの労働者との統一的行動を呼びかけた。同年九月にはドイツのマンハイムに赴き、ドイツ社会民主党の大会と一緒に開かれた女性社会主義者会議に出席した。そこでアウグスト・ベーベル、クララ・ツエトキンなどと知り合いになった。

当時ロシアでは女性の運命は他の国にくらべてみてもことのほか悲惨であった。既婚女性は財産管理権をもっていたが、住所の選択については、妻は夫に従わなければならなかった。ある地位を引き受けたり、職業についたり、営業をする場合は夫の承諾が必要であった。

女性は長い間男性が不完全ながらもっていた政治的権利をもっていなかった。高等教育をうける権利ももっていなかった。結婚、離婚、親権等の諸権利が男性の側にのみ与えられていた。とりわけ悲惨であったのはロシアの女性労働者であった。男性と同一のきつい仕事をやっても賃金は男性の半分であった。労働保護と母性保護は立法化されていなかった。子どもの死亡率は他の資本主義国に比べてみても格段に高かった。女性労働者の賃金が安ければ安いほど、売春婦の数も多くなった。これは女性を圧迫している不幸な社会状況が多くの売春婦を生み出す主要な原因になっていることを物語っている。コロンタイはこの状況を考えるにつけ、女性の完全なそして全面的な解放をかち取るための闘いの必要性をしみじみと感じたのである。「女性および女性の生き方は全生涯私の心をとらえてきた。彼女たちの境遇は私を社会主義へと駆り立てていった(3)」とコロンタイは自分のことを語っている。こうしてコロンタイは自分の全生涯を女性の解放と自立のために捧げる決意をしたのである。

一九〇八年、ブルジョア女権論者によって召集された第一回全国ロシア女性会議が開催された。しかしこの大会では、〈脱階級的〉女性センターの形成の問題が提案されたので、コロンタイの同調者たちは自立した別グループとして行動しようと試みるが、ついには大会を放棄する。党の同志たちは、コロンタイやコロンタイに同調する女性党員たちを〈フェミニスト〉とし、女性の問題に比重をおきすぎると告発した。当時は女性が精神的に自立すること、女性労働者たちが自活のために闘争に立ち上がることが、きわめて重大な意味があることがまったく理解されていなかったのである。この大会に参加したコロンタイは警察にかぎつかれて、大会を途中で断念し、国外に脱出せざるを得なくなった。こうしてコロンタイの政治亡命の日々が始まった。

## 亡命時代

一九〇八年一二月、ドイツへの政治亡命を皮切りに、ツアーリズムが崩壊する一九一七年まで、ヨーロッパとアメリカでの生活を余儀なくされる。一九〇八年の全国ロシア女性会議で演説する予定であった「現代社会における女性労働者」の原稿はヴェ・ヴォルコーヴァによって代読された。ドイツ亡命後ドイツ社会民主党に入党し、そこでカール・リープクネヒト、ローザ・ルクセンブルグ、カール・カウツキーらとの親交をあたためた。とりわけ、ロシアで女性労働者のための原則をうちたてるには、クララ・ツエトキンの影響が多大であったとコロンタイは回想している。コロンタイは、ドイツ社会民主党からはアジテーターとしてドイツ各地を廻るように要請されそれに応じたが、ロシアの党でもドイツの党でも指導的役割は意識的に避けた。それは双方の党の政策を完全には首肯し得なかったからである。当時、コロンタイはロシアの党内でもメニシェビキ派に属していたが、ボリシェビキへ移る気はなかった。ただコロンタイがひたすら願ったのは、全身全霊をもって働く女性の奴隷化に抗し、女性の解放とその平等に心を砕くことであり、自らそれを自己の命題としていた。

その頃、ゴーリキーの斡旋によって『女性問題の社会的基礎』が出版された。この著作はブルジョア女権論者に対するポレミックな性格をもつと同時に、女性労働者運動にもっと身を入れるべきだという党に対する要請をも示していた。その後も、女性を奴隷的桎梏から解放するために党が努力を惜しまぬよう一貫して要求しつづけた。この要求が効を奏したのか、第一次大戦勃発前に、ロシア社会民主党のメニシェビキもボリシェビキも女性問題を取り上げはじめたのである。

コロンタイはロシアから遠く離れた存在でありながら、祖国の女性労働者たちとは緊密に連絡を取り合い、一九一〇年の第二回女性社会主義者国際会議に、繊維労働組合から正式代表として派遣された。

一九一三年、ロシアの第三国会の社会民主党議員団が労働者のための社会保障案を作成するに際し、コロンタイに母性保護法案の作成を依頼してきたとき、コロンタイは早くからこの問題に関心をもっていたため、すぐとりかかる決心をした。この依頼により彼女はイギリスの大英博物館に通い、各国の母子保護の実状を知るための入念な研究にとりかかった。コロンタイの綿密にして膨大な資料の収集によって、資本主義諸国における女性の生活と労働条件が母親を苦難な道におとしめ、子どもの高い死亡率を招く結果となっていることが究明できた。その結果生まれたのが『社会と母性』という六〇〇ページにも上る大著であった。この著作にとりまとめられた根本的原則と諸要求は、のちに一九一七年のソヴェート政権下における社会保障法として実現されたのである。

政治亡命の日々はコロンタイにとって実に生き生きとした歳月であった。党派遣の演説家としてベルギー、スウェーデン、イギリス、スイス、の各国から次々と招かれた。一九一一年にはイタリアのボローニャにあるロシア社会民主党学校の講師として招かれ、ルナチャルスキー、ゴーリキー、ボグダーノフらと講演をした。

その後第一次大戦勃発時には、ドイツ社会民主党党員までもが愛国的感情の陶酔から戦争肯定論に走ったが、コロンタイは決して戦争を肯定することはなかった。コロンタイと同じ立場をとったのはカール・リープクネヒトとその妻ゾフィー・リープクネヒトらで、彼らは戦争反対の立場をとることは社会主義者としての義務であると主張した。戦時予算に対してドイツ社会民主党が反対投票を拒否したことはコロンタイを落胆させ、孤立させた。コロンタイはドイツを去り、スカンジナヴィアの国に移ることを決意した。まずスウェーデンに移り住み、反戦運動をしたが官憲に逮捕され、クングスホルム監獄に入れられ、その後マルメ監獄に移送された。その後デンマークを経て、ノルウェーのクリスチャニア（現オスロ）に移り住みノルウェーの社会主義者とも接触をとった。

この時期ロシア社会民主党は決定的分裂が生じた。そのうちボリシェビキは首尾一貫して愛国主義者と共に闘っていたので、一九一五年コロンタイはボリシェビキに参加し、レーニンと活発に文通した。一九一六年コロンタイは「誰にとって戦争は必要か？」（一九一五年）という反戦のための小論文を発表し、数百万部の売れ行きをあげ、数カ国語に訳された。これと前後して、コロンタイはアメリカ社会党のドイツグループの要請をうけ、アメリカの一八〇の都市を五カ月かけて訪問し、アジテーション演説をおこなった。

一九一六年春、コロンタイは再びノルウェーのオスロ近郊にあるホルメンコーレンに住み、反戦運動と国際派の勢力結集のために活動した。

## コロンタイ大臣になる

一九一七年一〇月二五日二一時四〇分、巡洋艦「オーロラ」がペトログラードにある冬宮攻撃開始の合図をするため空砲を発射した。この空砲の合図によって新生ロシアが誕生した。二二時四〇分第二回ロシア・ソヴェート大会が開かれた。翌二六日早朝ソヴェート権力の成立についてのレーニンの起草文が読み上げられた。大会終了の二日後、コロンタイは国家保護人民委員（当時社会保障の意味で国家保護という言葉が使われた。人民委員は今日で言う大臣の意味）に任命された。

コロンタイの署名入りで一九一七年一二月三一日に国家保護人民委員部の中に母子保護課の設置が公布された。この保護課で母性の保護と国家による幼児の保護が審議され、その実施を任務とすることが決定された。この決定は世界史上初めて、母子保護は個人的なものではなく国家の義務であり、政府が保障するべきものであるという画期的な宣言であった。革命前に慈善団体が経営していたごく少数の孤児院、託児所、相談所、養育院等が国家保護人民委員部の管轄下に置かれた。「ロシアでは毎年二〇〇万もの小さな生命が国民の無知や、階級国家の無関心さと冷淡さのためにかき消されている」とコロンタイは乳幼児の保護を訴え、一九一八年一二月三一日に一大キャンペーンが繰り広げられた。この呼びかけに応じて、託児所や、養育院を設立するための場所探しや、家具を手に入れる運動が始まった。母子保護のための宮殿を設立する仕事にもとりかかった。

母子保護委員会の計画により、宮殿には母性保護のための博物館の設立、モデル乳児院、相談所、乳児用乳製品供給施設等が設けられることになった。児童施設が無料で修理、清掃され、産院改革に関する法令が公布され、傷病兵の寄宿舎用としてアレクサンドル・ネフスキー大修道院が接収された。逃亡した貴族の館が接収され児童用の施設に改造された。貴族の館の窓用のカーテンが子ども服になった。また、教会婚から市民婚への改革のため、教会に対しても大鉈をふるった。国家からの教会分離に関する宗教教育の廃止をおこない、国家生活保護局の管轄にて聖職者全員を民間の職務に転任させ、生徒等の自主管理に関する規定を定めた。こうして国民の創意工夫であらゆるものが作り替えられた。その頃、国家生活保護局人民委員部により、孤児院形式をとらない最初の児童ホーム、労働不能者の児童のための配給所が組織され、障害児の生活改善に着手し、アルテモーフスキー博士を長とする全ロシア的規模のサナトリウム組織委員会が結成された(サナトリウムは、当時、国家生活保護局の管轄であった)。産院改革に関する法令が公布された(4)。

後年これらの回想でコロンタイは「十分に眠った日はたまにしかなかった。食べ物も不足していたがみんな情熱をもって働き、一日たりとも早く新しい生活をつくりあげようと頑張った」と語っている。

コロンタイは人民委員の地位にある時、努めて女性が男性と同等の権利がもてる法制化に心を砕いた。その具体例として一九一七年一二月九日付の離婚に関する法令、夫婦の完全な市民的、モラル的平等を保障した結婚についての一二月二〇日付の法令、庶子と嫡子との同権を保障した同じく一二月二〇日の法令、女性の産前産後の有給休暇についての規定、若い母親への手当支給についての規定等が続々と制定された。女性解放に導くこれらの法令の政策化はコロンタイにとっては大きな喜びであった。「私のエネルギー、私の思想、私の闘い、私の生涯のすべてが例えささやかなものでも、幾分たりともこのことに役立ったと思う。私たちの世代は自分たちの手によって道を切り開いたのだ」とコロンタイはメモに書き付けている。

一九一八年秋、コロンタイはモスクワ近郊の織物工場を訪問した折、自覚的織物女工の機運を鋭く見分け、女性のための大会を組織する時期が到来していることを悟った。コロンタイは工場見学のあと、すぐにレーニンを訪問し、女性労働者たちの機運について報告した。レーニンはコロンタイにつぎのような忠告をした。すなわち、

第一番目に女性に対して責任がもてるような組織を党内に作ること
二番目に女性たちに自分たちの権利を行使することを教育すること
三番目に女性たちのなかの文盲をなくし、彼女たちに課題と知識をあたえること
四番目に児童施設を作ることにより母親の負担を軽くすること
等の諸点であった。

一九一八年一一月一六日から二一日にかけてコロンタイの奔走によりモスクワで第一回全ロシア女性労働者・農婦大会が開かれた。この大会はコロンタイの言葉を借りれば、「ロシアの覚醒しつつあった女性大衆にとって灯台のような役割を果たした」のであった。革命直後の経済的混乱と飢饉のなかでの召集にもかかわらず、予定人数をはるかに越えて一一四七名もの参加者があり、多くの女性労働者に深い感銘をあたえた。とりわけ大会の最終日のコロンタイの閉会の辞「女は何もできないとい

うおとぎ話は終わったのです。私たちのこの会議のあとでは、バーバ（元々は無学の既婚の農婦の意味だが、貧しい無学な女に対する蔑称として使われる）という言葉はなくなるのです」は後世の歴史に残る言葉となった。

この大会における要請により、女性対策専門の機関が作られるようになった。それがロシア共産党中央委員会に対女性アジ・プロ委員会が設けられるきっかけになった。この委員会のメンバーには、イネッサ・アルマンド、コロンタイ、ヴェ・ア・モイロワ等が任命された。一九一九年委員会は改組され党の女性部になった。イネッサが初代の部長になったが、悲運にも一九二〇年急死したことによりコロンタイがこれに代わった。

この頃コロンタイは女性労働者と農婦の生活条件が微妙に変化しつつあることを感知していた。しかし法律上の平等は生活面での男女の平等を必ずしも意味するものではないことをコロンタイは十分に知っていた。女性の真の解放を得るためには家庭経済の社会経済への大規模な転換をはからなければならないとコロンタイは確信していた。単に表面的な言葉ではなく、女性たちを実際にソヴェート建設に引っ張りこむことが女性の意識を変えるためのもっともよい手段であると考えていた。「ひとつの行き届いた設備の託児所をつくることは二〇回の宣伝演説よりも効果がある」と彼女は考えていた。女性労働者は生活施設の管理と運営ができるように教育されなければならないと切実に考えていた。

女性労働者と農婦はようやく生活諸施設の組織と管理運営を覚えはじめた。工場、農村、家庭のなかから女性代表者が選出されるようになった。彼女たちは党と勤労女性を結ぶ代表者会議に統一された。代表者会議が女性を教育するいわば学校のようなものになった。
コロンタイは党中央委員会の女性部で情熱的に活動した。彼女は県と郡の党組織にも各々女性部を設け、工場、村に女性のための組織者を置き、あらゆるところで女性の利益を守る活動が積極的におこなわれるように奔走した。この結果、女性に関することで見落とすことは何もないようにすらなった。

中央に設けられた女性部も県や郡に設けられた女性部も一般の党活動から切り離された特別組織ではなかったにもかかわらず、女性部を独立した独走組織であるかのように揶揄する輩もおり、コロンタイの気持ちを逆なでするような意見も出された。コロンタイはこれらの意見に対して一九二一年に開かれた第二回国際女性共産党員会議において、明確な反論を公にしている。すなわち、女性に対しては特別な配慮が必要であること、にもかかわらずこの問題に対して十分に分析していない幾人かの同志は、コロンタイらをブルジョア的女権拡張主義者と言って非難していること、しかし本当は彼等の活動はその否定になっていること、なぜならそれは労働運動の分裂を志向しているが、自分たちは女性労働者と農婦をプロレタリアの一般運動に引き入れようとしているからだと堂々と主張した。

女性部はその後も活動が継続され、その組織はますます拡大していった。ロシアの女性問題研究家のア・エム・イトキナによれば、「女性部が解消され出したのは一九二九年末で、当時すでに女性大衆の意識が格段に上昇し、女性部なしにやっていける状況になった」としているが、思うにこのような楽観的な見解こそがその後のロシアにおける女性解放の速度を遅らしめた原因になっているのではなかろうか。一九二九年といえばレーニンはすでに亡く、スターリンの専制恐怖政治が緒についたばかりの頃であり、女性の解放どころか、逆に女性をいかに家庭に縛り付け、生産単位の一分子とするかに腐心していた時期であった。幸か不幸かこの頃コロンタイは外交官として海外に赴任しており、国内政治に口出しすることはすでに不可能となっていた。

一九二一年三月、第一〇回党大会が開かれ、そこで戦時共産主義から新経済政策（ネップ）への歴史的方向転換が決議される。この席上、コロンタイやシリャープニコフをリーダーとするネップの政策に反対する〈労働者反対派〉が、レーニンのはげしい攻撃にあい敗退する。一九二〇年末には、ネップをめぐって見解を異にしていたコロンタイは人民委員の職を自ら辞任した。彼女はあらかじめ大会用に宣伝ビラを用意し、ボリシェビキによる歪んだ体制の修復、官僚主義の撤廃、プロレタリアートの階級独裁を主張したが、逆にレーニンから名指しでプチブル的・アナーキストの反革命グループという烙印を押されるハメになってしまったのである。こうして〈労働者反対派〉の分派行動に参加したことは、コロンタイの胸のなかに生涯かき消すことのできない汚点として残ったが、私見では〈労働者反対派〉の言い分のなかにも傾聴すべき点はいくつかあったわけで、今後ロシアでも必ずや再評価される日がくると思われる。

一九二三年、コロンタイは世界初の女性ソヴェート全権大使としてノルウェーで活躍し、その後はメキシコ、スウェーデンの全権代表として外交畑でめざましい実力を発揮し、一九五二年三月九日に永眠するまで、外務省顧問としての輝かしい後半生をおくった。コロンタイが駐在公使として活躍した場所はノルウェー、スウェーデン、等の北欧の国と言うのが常識になっているが、実際にはメキシコ駐在公使にもなっている。以下の文章はコロンタイが外交官としてもその実力をいかんなく発揮させ、またすぐれた感性のもとに当該国の特色を俊敏に理解し得る稀有な能力を持っていたことが分かる。今までうもれていたメキシコ着任時の貴重な経験を紹介する。

## メキシコ駐在時のコロンタイ

1923年5月、ノルウェー駐在ソヴェート全権代表に任命されてから三年後の一九二六年九月にはメキシコ駐在公使兼通称代表に任命されている。元々コロンタイの母方には北欧系の血がまざっており、コロンタイは子どもの頃、よくフィンランドにある祖父の荘園に遊びにいった経験があった。この子どもの頃に得たフィンランドに対する深い印象と共感が後に、『フィンランドの労働者の生活』、『フィンランドと社会主義』等の数々の名著を世に出すきっかけとなった。また大変なドイツ語通であったことも周知の事柄である。一九八〇年代、フランクフルトのイリング・フェッチャーフランクフルト大学教授にお目にかかった時、コロンタイはまったくバイリンガルと言ってもおかしくないほどのドイツ語力をもっていたことが彼の研究からわかっていたそうである。これらのことからもわかるように、コロンタイはもともと語学的センスがいいところにもってきてドイツ語の素養があることから、彼女が公使として勤めたノルウェーやスウェーデンの言葉を難なく話せたことは想像に難くない。しかし一方ではフランス語の素養はあったにせよ、さすがのコロンタイもスペイン語まではできなかったようである。しかし彼女のあくなき好奇心は果敢にも未知なる国へ誘わせている。

北欧の諸国への駐在に比べると、メキシコ公使としての期間は一九二六年一二月七日にメキシコ入りして一九二七年六月五日の出発まで約六カ月ときわめて短いものであったが、彼女はメキシコから忘れがたい印象を得たようであった。当時のコロンタイに関する回想として彫刻家のヴェ・ピンチュークはツアーリズム打倒を記念して催されたパーティでコロンタイが優雅で、趣味のよい着こなしをし、見事に振る舞っていたこと、彼女の演説は情熱的で、機知に富み、聴衆の心を虜にしたことなどを書簡の中で記している。コロンタイは短い滞在ながら、メキシコ人の心と性格を的確にとらえている。彼女の観察によれば、メキシコ人は普段はじっと耐えていて、物思わしげで、悲しみでうちひしがれているようだが、祭の日になると、悲しみをかなぐり捨てて突然小さな子どものように陽気になる。そしてそういう時の彼等が特に好きだとしたためている。

コロンタイはこの愛するメキシコで二、三年は仕事をする予定であったが、メキシコの首都が海抜二四〇〇メートルの高地のため、体調をすっかりこわしてしまったことから滞在が不可能になったようである。シャドールスカヤ・イェの手紙の中で「ここの気候はとても辛い。空気が薄くて心臓に負担がかかり、呼吸困難になってしまう(5)」と書いているほどである。ちなみにコロンタイの死亡原因は心筋梗塞で、一九五二年三月九日八〇歳で亡くなっている。つまり逆算すれば五〇代のこの頃より、徐々に心臓は弱り、ダメージを受けていたわけであった。

一九二七年六月五日、コロンタイは後ろ髪をひかれるような思いで、客船〝エル・パヌーコ〟でメキシコを後にする。客船の中で彼女はメキシコへの思いを次のように書いている。「この国には未来がある。メキシコ人は輝きをもっており、強い意志をもっている。メキシコは独自の文化と底知れぬ美をもっている。この数カ月わたしはメキシコを観察し、人々を感じることを学んだ。人々は堅固で、スペインの支配にもうちひしがれず、ニューヨークの資本にも侵されない。独立心の高い、意志堅固な人々である。人々は学問や、文明、文化、組織を求めている。学校の子どもたちのなんと素晴らしい子どもたちであったか。そしてなんと大学生たちはきびきびとして賢そうであったか。人々ははっきりとした芸術的な才能をもっている。色彩というものを彼らは理解し、好んでいる。そして音楽も……わたしはメキシコを離れるけれどわたしの一部分はそこにきっと残ると思う。わたしはここに来たときとは違う自分になってここを離れる。彼らの文化によって一層豊かになって祖国に戻る。何か世界が前より、広がり、好奇心がより湧いて来たような気がする(6)」

こうしてコロンタイはモスクワに戻り、四カ月後にはまたノルウェー駐在公使に任命されている。しかしメキシコでの彼女の想い出は生涯彼女の脳裏からは離れなかったのである。

つぎにメキシコから帰国後、コロンタイがノルウェーに派遣される直前に「夕刊モスクワ」に書いた記事を紹介しておこう。この文章を読むとコロンタイのメキシコへの思い入れが生き生きと伝わってきて興味深い。一九二七年九月の革命的メキシコを描写して次のように高らかに謳う。

「メキシコは海や大海原の向こうのはるか遠いアメリカ大陸にある。我々はメキシコのことをよく知っているだろうか？　メキシコで労働組織（労働党と各労働組合「Kromom」）によって支持されている政府のこと、帝国主義の絶えざる攻撃から身を擁護し、自らの民族の独立を目指して「北の隣人（北米のこと）」と激しい闘いをおこなっているメキシコ人たちのこと、外には外国の資本主義に反対し、内には地主とカトリックの神父に反対する、二つの戦線で労働者や農民が闘っていることに気がついている人は少ない……。

　メキシコは実に遠いかなたにあるのだ……他の世界的事件はメキシコから隠され、締め出されてしまう。その間、メキシコはボイラーのように沸き上がっている。外部からは合衆国からの圧力、内部からは封建体制の残り滓を引きずっている反革命勢力がある。これらの勢力はメキシコ共和国の目覚めた、自覚した革命的勤労人民を共同戦線で攻撃する。そして、メキシコ人民の力と生産力の成長が速やかなほど、メキシコにおける社会的紛争が先鋭化することはますます避け難くなるのである。

　メキシコは、二つの大洋と、熱帯沿岸の細い地帯の上に台地としてそびえている。台地の上では、メキシコの最も高い火山――オリサワ、「眠れる乙女」、ポポカテペトリの雪帽子がまばゆいような白さで銀色に輝く青い熱帯の空にくっきり浮かび上がっている。驚くほど青く、サファイアのように清らかで、まるで冷めないブイヨンのような暖かいメキシコ湾の波が黄金の砂の岸辺を洗っている。高いココヤシの木立は、山の登り斜面では熱帯の木々、コーヒーと綿花のプランテーションの豊かに茂った青みを帯びた草木に先を譲りながらメキシコの沿岸を駆けめぐっている。

　メキシコの土壌はあまり肥沃とは言えず、砂が多く、火山灰も多量に含まれている。トウモロコシを植え、アルコールを得るために特別な植物である龍舌蘭を育てており、南の沿岸近くではコーヒー、サイザル麻（ロープや細引き用）、綿花、タバコが産出される。農民・インディオは貧しく、肥沃な土地はメキシコの旧戦争相手であるスペインがとうの昔に取りあげてしまった。そして現在、主として外国人である地主・封建領主とインディオ・農民、貧乏人の間で、土地を得るための激しい闘いがおこなわれている。労働分子は「農業改革」を堅持している。それは土地から地主を追い払い、土地を農民に渡すことである。労働党政府は、この「改革」に取り組んでいるが、農民や労働者の意見では、その改革があまりにも遅々たるもので危険を伴うものであると言われている。ところが、メキシコの地主たちにありとあらゆる支援をおこなっている「北の隣人」はありったけの声をはりあげて、カリエス大統領を首班とするメキシコ政府は、「ボリシェビズムを吹き込まれた」、「危険なもの」となった、メキシコから病源菌が「あらゆる自由のある」富める国にある小農場に飛び散っている……と叫んでいる。

土地が痩せているにもかかわらず、メキシコは裕福である。その富は地中にある。世界市場で輸出第二位を占める石油、メキシコを金属の採掘量で世界第一位にしている銀（全世界採掘量の三九％）、鉛、金、銅が挙げられる。メキシコは不思議なほど金属類に富んでいる。アメリカ大陸発見の最初の年から、意図的にヨーロッパ人たちはメキシコにあこがれ、意図的にスペイン人コルテスは剣と炎で原住民であるアステカ人を絶滅させたが、それはメキシコの領地をスペインに割り当てるためであった。

すでに百年以上も前にメキシコは、革命蜂起という方法でスペイン統治の圧迫を退けた。しかし、スペインの代わりに他の貪欲な手が伸びた。まず初めに、メキシコ人が冗談で合衆国を指す「遠い親戚」の手であった。それはメキシコを身内のコロニーへと称する帝国主義者たちの胸に秘めた夢想だ。だが、メキシコの民衆は革命的気概を持っている。その民衆を征服することはできるが、支配下におくことは不可能だ。

メキシコは、一七〇〇万人の住民を有する国である。網のように各州が大きく広がっており、その各州には今では海の覇者であるイギリスの島々が全部収められてしまうはずである。熱帯の太陽が育んだメキシコの色あざやかな自然。農夫が身につけているのは白いシャツとズボン、頭には刺繍の付いた帽子、腰には回転拳銃を常備している。そして、黒みをおびたブロンズの顔には黒い瞳が輝き、秘めた眼光の鋭さに物思わしげな哀愁が隠されている。

　工業の発展が不十分であるが、そのため一カ所に集中している。繊維工業は白雪の火山オリザワ山麓で盛んになっている。石油はメキシコ湾沿岸からさほど遠くないところで産出し、そこには港がある。工業の基幹部門は北アメリカ、イギリス、オランダ、フランス、スペインの外国人たちの手中にある。カトリック聖職者階級の影響は強い。この聖職者階級こそが農民と「農業改革」に反対する地主を支持しているのだ。まさにこの闘いが国家から教会を分離する問題で、労働者に支持された政府に断固とした政治をとらせるきっかけを与えた。政府から教会を分離するための闘いは成功裏に終わった。労働党の政府は反動分子・カトリック教徒に勝利したのである。

　巨大な民族ブルジョアジーがメキシコではほとんど存在していない。メキシコにブルジョアジーがいるとすれば、商業ブルジョアジーのみである。労働者階級は数では多くないが各工業の中心部に集まっており、組織されている。労働者と農民インディオはメキシコのブルジョアジーより多く、メキシコへの帝国主義者の攻撃を撃退することに利害関係があった。帝国主義が地主を支持している間は農民の利益を守る労働問題の解決は思いもよらぬことであり、また工業の「基幹部門」が外国人の手中にある間は国の生産力の正常な発展を促進できない。富の「蓄積」はメキシコ国境の向こうに去ってしまい、社会的付加価値が国内では増加しないのである。

労働者にとっては困難で、貧しい生活である。しかし、政治的、階級的自覚は高まり、強く……なっている。労働者と農民の革命的気運が本質的には小ブルジョアジーのメキシコ政府を左に歩ませ、自らの地下資源に対するメキシコの権利問題を提起し、北アメリカに対して石油利権にかかわる問題を本格的に持ち出している。労働者と農民によりはっぱをかけられるメキシコ政府の左翼政治が帝国主義者たちの苛烈な非難を呼んでいる。彼等には、アメリカのその心臓部にこの「革命の巣」のあることが気に入らないのである。中央アメリカの小さな共和国がメキシコによる北の帝国主義への反撃の例にならい、不穏な動きをし、目覚めることが気に入らないのである。

ニカラグア、ベネズエラ、ボリビア……では不穏な動きがあり、ラテンアメリカはアングロサクソンのアメリカに対決している。有色人種は白色人種に自らの生存権を提起しているのである。

この闘いではメキシコは先進的立場を占めている。メキシコ人たちがよく理解していることは、彼等の前には二つの道しかなく、北の隣人に自らを「召し上げてもらう」か、経済と社会文化の各分野で自らの民族の独立を守るかである。メキシコ人たちは断固として忍耐強く二番目の道を歩んでいる。

ソヴェート連邦に対しメキシコでは大きな関心が見受けられる。ロシア人とその音楽や絵画を知っているし好きなのである。メキシコ人たち自身と言えば、ロシアが形成されるずっと以前に咲き誇ったマヤ民族古代文明の子孫である。彼等は美を愛し、色彩を理解している。現代の偉大なる芸術家の一人として、精神的には革命的文豪であるメキシコ人のディエゴ・リベラをあげることができる。彼等の音楽は魅力に満ちている。メキシコ人たちは素晴らしい職人であり手工業者である。彼等の文化には千年を経た経験と将来における勇敢な革命的跳躍の豊かさ……がある。

メキシコ人たちは興味深い民族である。文化面でも、貿易に関しても、我々と彼等の間の交流がさらに大きくなればなおさらよい。メキシコには毛皮、植物油、亜麻製品、苺、缶詰、我々の穀類、木材が送られる。交換としてはメキシコ鉛、コーヒー、龍舌蘭、バナナ……がある。ソ連邦がメキシコと商うものはある。そして、両国間の貿易交流は少しずつ軌道に乗っている。ひと度貿易が発展すれば、自然にそれに伴い民族の交流が活発になる。そうなればソ連邦では人々がメキシコをさらによく知ることになるのである(7)」

コロンタイは大使としては短期間の滞在ながら、メキシコ人が帝国主義の絶えざる攻撃から身を擁護し、自らの民族の独立を目指して“北の隣人”と激しい闘いをおこなっていること、外には外国の資本主義に反対し、内には地主とカトリックの神父に反対する戦線で労働者や農民が闘っていることを熱いまなざしで観察し、彼等にエールをおくりながら、メキシコという国の中南米における位置づけを鋭く分析しているのだ。

# 第Ⅱ部　著作から読み解くコロンタイの女性解放思想

# 第2章　母性論の集約『社会と母性』

一九一三年、すでに述べたようにコロンタイはロシア第三国会の議員団の要請を受けて、世界各国の母子保護の実状を調べるため英国の大英博物館に赴いた。

この時の成果が一九一六年に出版された大著『社会と母性』に結実されたのである。

一九二二年にこの本は再版されている。最初に出版された第一版の序文でコロンタイは、本来なら第一巻は一九一四年の国際女性社会主義大会に寄せて発刊されねばならなかった、と記している。ところが、一九一四年の七月に第一次世界大戦が勃発し、出版を一年間遅らさざるを得なかったのである。しかし各強国の流血を目の当たりにしてかえって母性の問題が鮮やかに浮かび上がり、母性についての究明こそがもっとも緊急性を要していると考えた。なぜなら戦争による大幅な人口の減少は母性保護と幼児保護をもっともアクチュアルな問題としたからである。参戦国であったドイツでは母性の国家的保障は特別政令により拡充されており、フランスやイギリスでは特別措置が補足された。戦争児童（war babies）の出現により、子どもの世話を完全に両親から社会的集団に移さざるを得なくなった。そして皮肉なことに国家権力の発動のため、できるだけ多くの人口を確保しようとして、ブルジョア社会における合法的な結婚による母と内縁の母とを区別する理由も西ヨーロッパではなくなったのである。戦争による人命の無分別な撲滅により、出産行為が私的家族の行為から社会的重要性をもつものに変えられてきたのである。ここでコロンタイは、かねてより重要視してきた母性の問題が客観的な情勢の変化により脚光を浴びざるを得ない皮肉を指摘している。

第二版の序文はソヴェート時代の一九二〇年に執筆された。この序文ではコロンタイは第一次大戦を歴史的に俯瞰してみせ、ブルジョアジーの跡を追い、党全体が戦争肯定に走ったドイツ社会民主党に触れ、ごく一部のロシアとドイツの同志たちが勇気をもって戦争に反対していた事実を述べている。

一九一二年に出版された『ヨーロッパの労働者に関して』の刊行をめぐって、ドイツ社会民主党のリーダーたちと気まずい関係になった時期もあったようである。この著作ではコロンタイは彼等の日和見主義と社会民主党の官僚主義、その中の幾人かのリーダーたちの尊大な態度や自信過剰を嘲笑している。さらにコロンタイの回想によれば、カウツキーからは厳しい非難が添えられた手紙を受け取り、個人的関係は遮断された。様々なドイツの友人から冷たい手紙が送り届けられ、コロンタイのドイツ民主主義に対する品のない行為が述べられていた。ドイツ社会民主党は飼い犬に手を咬まれたコロンタイを党に受け入れ、同志のように活動させ、党生活の内輪の生活すべてをのぞき込むことを許したのに、党に対してコロンタイが裏切るようなことをしてそれに報いたと喧々諤々であった。唯一の友人、カール・リープクネヒト一人が上層部の先入観、上層部の批判をものともせず、ドイツ社会民主党の上層部に出向いてくれたが、具体的対策がとれなかったのか、偏見は残ったままになったとある。コロンタイからはたくさんのドイツ人の友人が離れていった。一九一二年コロンタイは極度に精神的に疲労し、カール・リープクネヒトの忠告によりベルリン近郊の小村に赴いている[1]。

このようにあらゆるものが戦争に駆り立てられていった時代、人命に対する犯罪的な浪費がなされている時に、何がもっとも大切なものであるかをコロンタイは訴えかけている。「母と幼児を保護することは、つまり生きていることが喜べるような条件をつくることであった」と述べ、このことをさらに換言すれば、「戦争の第一原因である資本主義を打倒することであった」と言い切っている。

資本主義打倒のためにも勤労国家の生産力再生を緊急に守らなければならず、そのためには母子保護を基本的課題にし、それを中心に生産力の再生と労働力の合理的利用をめざさなければならないとし、その解決のための現実的措置が目下の緊急課題であるとしている。また資本主義から共産主義への過渡期の時代には「ブルジョア国家が母性の保障の分野でおこなったことを知り、ブルジョア国家の措置の欠点がどこにあり、どのような結果をもたらすか、ということを認識すれば、ソヴェート・ロシアの警告になり、勤労者共和国による方策を策定する時どのような方策でなければならないか、いかに数百万もの多くの幼児の生命と健康を救うことができるか、かつ同時に消耗と無駄から数百万の母親、女性労働者や農婦の貴重な労働力を確保するための方針と手段の選択を容易にすることができる」としている。ここにこそコロンタイが各国の母性保護の状況を詳細に研究した意義があるといえる。コロンタイは職業労働と母性の結合はソヴェート・ロシアでは女性にとり、まだ苦しい葛藤を生み出していることを率直に認めながらも、母性問題の解決こそが共産主義への早急な実現をめざす闘いであると宣言しているのである。そして貪欲な資本が人類の柔らかき萌芽である幼児たちを仮借なく撲滅しているが、これに終止符を打つのは共産主義のみであると述べて『社会と母性』の第二版の序文を終えている。

## 『社会と母性』の構成とその思想

コロンタイの『社会と母性』はサブタイトルが母性の国家的保障となっており、全体は七章に分かれ、第一章の国家的母性保障と産む理由、第二章の出生率の減少と子どもの死亡率、第三章の子どもの死亡率に与える労働者階級の生活条件の影響、第四章の職業と母性、第五章の子どもの死亡率に与える女性労働の影響、第六章の母性の法的保障、第七章の母性保障のタイプと形式、から成り立っている。なおコロンタイのこの著作に先行するもう一つの『社会と母性』論とも言うべき母性論――『母親労働者』が存在していて、内容的にはこの『社会と母性』を構成する骨子が述べられており、次項で詳述する。ここではそれと内容的に重複をさけるためにオリジナルな点だけを指摘することにする。

『社会と母性』では巨大な資本主義体制の下では母性問題を考慮することは何にもまして緊急性があるとし、女性労働者が抱えている課題は多岐にわたって存在すると指摘している。その課題の第一は母親自身による新生児のための授乳、第二には働く女性が心おきなく赤ん坊を預けられる保育所、幼稚園、託児所のネット・ワーク化、第三には母性にとって有害な労働を禁止することであり、第四には妊娠・出産期間に母子が十分な扶養手当を保障されることである。これらの課題の解決は単に女性のみならず、男性労働者にも密接に関係し、両性にとって利害関係があるとコロンタイは述べている。本書で特徴的なのは単に肉体労働者のみならず、知的労働に携わっている女性労働者にも言及されていることである。

とりわけ第四章の職業と母性では、知的労働に携わっているすべての女性には母性と才能、やりたい仕事と育児との間における耐えがたい選択の葛藤がおきているとし、「(母性と職業を遂行する上で)ブルジョア・資本主義的生活様式での兼任はほとんど不可能であり、希な例外として、仕事、あるいは幼児を犠牲にしないで両方の義務に自己の力を分割できる。この結果、どのくらいの人生ドラマが生まれ、この抗争解決のむなしい試みにどのくらい女性の精神的力が無駄にされることか……!」とコロンタイを嘆息させている。「資本主義は女性にとり、職業と母性の両立を困難にしているだけではなく、女性に対し、自主的に母性を拒否するか、あるいは母親または幼児にとってさけがたいリスクを担うか、厳しい選択を迫るのである(2)」とコロンタイは結んでいる。

第五章の子どもの死亡率に与える女性労働の影響では、子どもの死亡率の原因は、

・第一に貧しい住民の一般的な不利な生活条件が背景にある。

・第二には近代的搾取の完璧な構造を有する工業への女性の参加による。

ここでコロンタイは幼児死亡率に関する詳細なデータを記載している。この章ではこの子どもの死亡率のほかに、幼児の生命に与える生産技術・化学過程の影響、産業毒物と女性にとり危険な作業方法、人工授乳の害についてとりあげ、ヨーロッパの詳細な統計を掲載しており、最後に子どもの浮浪化問題もとりあげている。

第六章の母性の法的保障は、一般的労働保障に関する状況、女性、母親労働者への保障、歴史的調

査資料の三つの項目に分かれている。

一般的労働保障の第一項では、コロンタイは「母性保護と労働を規定する一般的立法の間には、もっとも密接で切り離すことのできない関係がある」[3]と述べ、未成年者の労働就業の問題をとりあげ、一般的労働保障の規定が完備されていれば、それは母性を保護することとも関連があることを、実例をあげて訴えている。例えば、未成年者の労働規定システムを完備させることは母性の正常な発達を促すのに必要なことであるとし、どのシステムも一二歳から一四歳ぐらいの低年齢で子どもを働かすことを許可しているが、とりわけ未成年の少女の場合、一四歳から一八歳にかけての性的成熟が始まるこの時期には慎重な配慮が必要であることは医学的に証明されていると主張している。

コロンタイの見解によると、女性労働を規定するあらゆる国の保護立法を検討してみて、労働による有害な影響から女性を守り、幼児に健康を保障することができるレベルにある資本主義国は世界に一国もないという。

第二の項では、母性保護に関しては比較的進んだ社会的法令のあるブルジョア諸国でさえ、母性保護はすべていまだ萌芽状態にあるとし、これらの国では第一の欠点として母性保護は一般的労働と同様に法律の効力がおよぶ範囲が制限されており、巨大工業における女性労働者にのみ適用されているとしている。この項ではヨーロッパにおける各国の法令決定時期のデータが記載されている。また二番目の欠点としては出産時の規定休暇期間が短いことがあげられる。オーストリア、イギリス、ハンガリー、ベルギー、オランダ、ルーマニアでは四週間の仕事の中断が認められているが、デンマーク、スウェーデン、ブルガリア、イタリアでは医学的証明書の提出により四週間を三週間に短縮できる。ノルウェーでは一八九二年に出産のために六週間仕事を中断できるようになったが、法律では女性労働者が医師の証明書を提出し、六週間の期間が終了する前に仕事に復帰しても健康に影響がなければ期間を短縮できる。スウェーデンもこれとほぼ同じである。ロシアでは一九一二年までこの件に関する法律は皆無であった。女性労働者が生産現場の機械の傍らで出産したり、産後二日後とか五日後とかに職場に戻ったりすることも希ではなかった。かつてのロシアと同様に多くの国が保護を認めるのは妊産婦であり、妊婦ではない。妊婦の保護はまったくないか、便宜的なものである。つまり法律は出産までの一定期間仕事から去る権利を与えているにすぎない。ソヴェート・ロシアを除き、妊婦の労働厳禁はどこにもない。コロンタイは結論としては資本主義諸国における現在の政令は甚だしく不完全なものであると分析している。

つぎに第三項目の歴史的調査資料では、母子保護立法に関する歴史的考察が加えられている。

母性と幼児を守るための保護立法導入の歴史は、はっきり三つの時期に分けられる。第一の時期は一八七〇年代、第二はベルリンで開催された労働保障に関する国際会議の召集時期、すなわち一八九〇年代の初めまで、第三は二〇世紀の初頭の一九一〇年までである。第一の時期には急速な工業化と幼児の死亡率の増加は比例している。巨大な資本家たちの収入が増加すればするほど、子どもの命が容赦なく刈りとられる。

スイスは女性労働者および母親を立法により保護した最初の国である。一八七〇年代の末、連邦会議は断固とした対策を採用し、女性労働者を保護し、誕生する若い世代を救うことを決定した。妊産婦のために八週間仕事を中断できる法律の制定が提案され、一八七七年三月二三日に承認、翌年の一月より効力が発生した。スイスを模倣した最初の国はドイツであった。コロンタイはさらにドイツでの高い幼児の死亡率に触れ、ドイツ社会民主党員たちの保護規定に関する不十分な対応や譲歩について詳しく論述している。

そしてついに帝政ロシアですら、一九一二年に病気になった場合の保険法を国会に提出し、妊産婦、女性労働者に対する保護立法に関する条文一二六（第一項）に特別な補足を加えざるを得なかった。この条文に従い、工場検査の分野で働いている妊産婦の労働者は四週間仕事から解放された。これは革命前のロシア法において母親としての労働者を保護すべき最初にして唯一の政令であった。[4]

コロンタイは最後に、すべてのブルジョア・資本主義国における母性保護に関する現行法規を総括すれば本来その使命を全うしている法律は一つもないと言い切っている。従って、現行法規に不満足であれば、新しい法規の策定を要求せざるを得ないのである。コロンタイはこの項の最後に母子保護に関する法規の策定をつぎのようにまとめた。[5]

（1）性的に成熟する以前に、つまり一六歳以下で（国および気候により左右される）少女・未成年者が工業労働へ参加することを許可しない。

（2）未成年・未婚女性（一六～二〇歳）の労働には特別な法規制がされること。

（3）成人女子労働者の労働日は、あらゆる種類の労働において八時間制が標準となること（この標準からの逸脱が許されるのは、農業女子労働者に対する厳しく定められた範囲内においてのみである）。夜間労働と時間外残業は、当然完全に禁止されねばならない。祝祭日前の休息を定め、家族のある女性労働者のための昼食時間を規定すること。
(4)きわめて重要なことは、生産の技術・化学プロセスを規定し、かつ女性にとり、より害が少ない作業方法を定める法律の部分をより詳細に立案することである。立法のこの部分の基本は、その生産部門から女性を除外するよりは、むしろ労働過程をできる限り無害にすることが原則である。
(5)現今の技術状況により、ある作業が無害化されず、将来の世代を生み出す女性に危険をもたらすいかなる場合にも、法律は女性をその仕事に従事させることを禁じなければならない。しかし、このような場合の含めるべき条件は、有害で危険な作業が近代化された労働方式に変更されれば、その仕事への女性の再雇用が許可されることである。この種の条件が企業家たちにとって刺激となり、彼らに技術改善を導入させ、労働過程を充実させるであろうし、それにより男女労働者の利益となるであろう。ところが実際は、その生産分野からの女性のあからさまな除外が、時代遅れとなった技術を事なかれ主義的に維持、促進してしまうのである。
(6)労働者の利益にとってきわめて本質的なことは、工場の保険衛生整備を扱う法規の部分が詳細に立案されることである。洗面台、水洗便所、更衣室等の設備に関する問題に特別の配慮がなされなければならない。
(7)規定には、月経期に二、三日間仕事から離れる任意の権利を女性に与える項目を必ず含めなければならない。
(8)工場の女性監督が存在する所ではその数を増加し、未だ存在しない各国では女性による検査を促進させ、工場検査の組織化に注意を払うことも重要である。検査には、女性労働者層から直接選出された助手が加えられねばならない。

以上の諸要求が実現可能となるのは、もっとも利害関係のある組織化された労働者階級が出現するときだけであろうとこの項を結んでいる。

終章では、第六章で述べた母性の保護の立法化の要求は母性を守る課題の一面にすぎないこと、妊産婦を、然るべき物質的保障なしで法律に定められた一定期間義務的に解放することは実生活上ナンセンスである、とコロンタイは主張する。つまり、仕事から義務的に解放される期間に妊産婦に対して何ら金銭的保障がなければ仕事の義務的休暇は守られないか、女性労働者は町工場を後にして、さらに厳しい一時的仕事を探すであろうと言うのである。母性は重要な社会的機能であり、単なる個人的、家族的機能ではないのであり、母性の重荷は各々の女性に対し、社会的集団を介して軽減されるべきである。このことから賃金からの天引きのない国家による義務的一時手当の支給を保障するシステムへの転換をはかるべきであると結論づけている。[6] そして母性を社会的機能と認めさせることのみが母性保護と保障のシステムを遂行させる唯一の可能性なのであるとしているのである。

# 第3章　『母親労働者』——母性原理と死の哲学

## 『社会と母性』以前の母性論

コロンタイの母性論について書かれた著述としてはあの大著である『社会と母性』が思い浮かぶ。しかし、この大著が出版される二年ほど前（一九一四年）、形式は異なるが、内容的にはいわば『社会と母性』のダイジェスト版ともいえる母性論——『母親労働者』[1]が執筆されており、一四の章に分かれ、物語風にきわめて分かりやすく書かれている。筆者の類推であるが、おそらく職場のサークルとか、労働者の集会での教宣用に執筆されたものかも知れない。この著作はコロンタイの母性論のエッセンスとも言うべきもので、各章の見出しの幾つかは後年出版された『社会と母性』に対応している。初めの部分にマーシェニカという同一の名前の女性を幾人か登場させ、それぞれの場合をオムニバス風にとりあげ、一九一〇年代の女性労働者の生活ぶりをリアルに描いている。この著作は旧レーニン図書館のリストには存在せず、一九九一年ソ連崩壊直前に筆者が西側で手に入れた貴重な資料である。なお、この『母親労働者』発表の翌一九一五年には、もう一つの論文『誰にとって戦争は必要か？』を刊行している。この二つの論文はそれぞれが生と死をあらわし、際だったコントラストをなしているが、内容的には表裏一体である。つまり『母親労働者』では、母性の意義とその擁護を訴え、母性を守ることが女性の人生にとっても最大限の充実感を与えてくれる一要素であることを主張した。さらに、母性を守ることは単に女性にのみ必須なのではなく、この世の生きとし生けるものの全人類的、地球的課題であることが提示されている。この母性原理と呼べる哲学がもし、この地球上に貫徹されるなら、この地球から戦争はなくなるであろうというコロンタイの確固とした信念がこの著述からはほとばしり出ている。

次項で紹介する『誰にとって戦争は必要か？』では、その母性を破壊するものは、女性労働の共通の敵である搾取する権力者であり、その権力者がいたずらに各国の労働者を戦地に誘い、労働者自身を戦争に巻き込み、お互いをたたかわせようとするものと同一であるという事実を鋭く暴露しているのである。このことからわかるように『誰にとって戦争は必要か？』はいわば形を変えたもう一つの母性論といっても過言ではない。

## 『母親労働者』

### 工場長の妻であるマーシェニカ

マーシェニカは妊娠している。当の工場長の家ではお祭気分の物々しい気分が漂っていた。もちろんマーシェニカは夫に後継者を贈ろうとしているのだ。労働者の手によって創られた富を伝えるのはもうたくさんなのだが……。

医者はとてもマーシェニカを大切にした。マーシェニカを疲れさせないようにし、重いものを持ち上げさせないようにした。彼女の好みにあったものを食べさせるようにした。果物がほしいのなら、さあ、お食べなさい。新鮮なイクラがほしいなら、それを食べさせなさい、と。

大切なことは、マーシェニカが心配したり苦しまないことなのだ。

そうすれば子どもは丈夫で健康で、一族は安泰で、マーシェニカは自分の健康を保つことができるのだ。

財布に金貨やお札が詰まっている工場長の家庭では、そういうふうに言われ、妊婦をそのように扱っていた。

そしてマーシェニカ奥様は大事にされた。

マーシェニカ、疲れてはいけませんよ！「マーシェニカ、ソファーを動かしてはいけませんよ」などと、マーシェニカ奥様はまわりの者から言われたりする。

妊婦は我々にとって神聖なものだ――とブルジョア陣営のパリサイ人の偽善者たちは確信している。昔の人々はそういうふうに思っていたのだろうか？

## 洗濯女のマーシェニカ

工場長夫人が住んでいる同じ家の三階の小部屋の更紗のカーテンの向こうには洗濯女で日雇い労働者である別のマーシェニカが身を寄せていた。マーシェニカは八カ月の身重であった。しかし彼女がもし、「マーシェニカ、おまえは重いものを持つ必要はないよ。おまえは赤ん坊や自分のためや人類のために自分を大切にしなければダメだよ。おまえは身重だ、つまりおまえは世間の眼からみたら神聖なのだ」ということをきかされたら、どんなに驚いて大きな眼を見張るだろうか。

マーシェニカはそういう人を異常者か、悪い冗談を言う人だと思うだろう。いったい労働者階級の女がもし妊娠したら〈神聖〉なものなのか？　いったいどこでこんなことが見られるのか？　洗濯女のマーシェニカはそこで主人から二着の毛皮の外套を預かり、引きずっていく。貧しさが押し寄せてきているのに出口はまったくなく、無理に稼ぎに出ていくありさまが人々の眼にもうつるが、そういうありさまを、工場主や主人たちに自分たちの労働力を売ることを余儀なくされている他の数十万の無産階級の女たちとともに、彼女は納得できるのであろうか……。

妊娠中大切なことは安らかな眠り、質のよい食べ物、清らかな空気とほどほどの運動だと医者は教えている。そして資本の奴隷である数十万の雇われ労働者とともに、そう言っているものの顔を見てもう一度笑ってしまうのだ。ほどほどの運動だって？　清らかな空気だって？　健康、ご馳走だって？　安らかな眠りだって？　工場の持ち主の奥さんたちや、マーシェニカ奥様だけにふさわしいこれらの恵みを労働者階級の女たちのいったい誰が知っているというのか？

夜のとばりが朝焼けと闘っていて、マーシェニカ奥様はまだ甘い夢を見ている早朝、洗濯女のマーシェニカはせまいベッドから起きて、じめじめした暗い洗濯室に向かった。そこでは両足は湿った床でふやけ、昨日の溜まり水はまだ乾かず、汚れた下着のすえたような臭いが顔を直撃した……。

洗濯女マーシェニカは飽き飽きとした洗濯室にいやいやのろのろと歩いていく。彼女の背後では貧困が彼女をせきたてていた。マーシェニカの夫は労働者であった。給金が少なかったので、二人では食べていけなかった。そこでマーシェニカは黙って歯を食いしばって、お産の瀬戸際まで洗濯桶の前に立ち尽くしてがんばっているのだ……。

マーシェニカの健康は工場の旦那たちが労働者の女たちについてよく言うような、鉄のようではなかった。洗濯桶の前での長く立ったままの姿勢のため、マーシェニカの足は膨らんだ血管が浮き上がり、歩き方はのろのろと鈍くなっていた……マーシェニカの眼の下の皮膚はたるみ、両手はむくみ、夜はとうにぐっすり眠れなくなっていた……。

マーシェニカがぬれた下着の入った重い籠を運ぶたびに、たおれないように壁にもたれかかった。彼女の頭はぐらぐらし、眼のなかは真っ暗になってしまうのだ。……何回かマーシェニカの背骨はずきずき痛み、両足はまるで鉛を流し込んだように動かなかった……。

休憩のため、しばらく横になったほうがいいのだが……しかしこれが雇われ労働者にとって〈許されるのであろうか〉？　そんな〈思いやり〉なんぞとんでもない！　奥様じゃないんだから！

ただマーシェニカは黙って自分の辛い生活にたえなければならない。

〈神聖〉なのはあの身ごもっている女だけなのだ。その女の背中には貧乏がせきたてるなんて厳しいことはないのだ。

小間使いのマーシャ

奥様のマーシェニカは村から連れてきた〈小間使い〉を家で雇っていた。

マーシェニカ奥様はこの小娘の騒々しい笑い声や、お下げ髪が膝より短かくて、翼の軽い小鳥のように一人一人に気に入るように家のなかを飛び回るのを嫌がっていた。素敵な少女だった！　給料は月三ルーブルであったが、仕事は三人分の仕事をした。奥様は褒めなかった。

工場長の〈旦那〉は彼女をじろじろ眺め回した。今までより、ますます注意深く眺めるようになってきた。経験のない田舎娘は不幸を予測できなかった。旦那はますます優しくなった。医者は〈奥様〉を心配させることを禁じた。安静を処方した。赤ん坊を安らかに産み落とすほうがいい――その方が赤ん坊には害がないのだ。一方小間使いは旦那の凝視で罠にかかったようになってしまった。この小間使いはマーシャという名であった……騙すのは簡単であった！……少女は馬鹿で、ものを知らなかった。びっくりさせることは容易であった。恐怖からすべてが始まっていった。

そしてマーシャは身ごもった。笑いはなくなり、すっかりやつれた。辛い心配事で昼となく夜となく心を痛めた。

奥様のマーシェニカに知られてしまった。スキャンダルが起きた。小間使いのマーシャは門の外に追い出されてしまった。

町中を歩き回った。――友だちもなく、自分の居場所もなかった。こんな彼女を誰が自分の家に連れていくだろうか？

マーシャは家もなく、パンもなく、手助けもなくただ歩き回るだけであった。川沿いを歩き回った。暗い川を見ると、顔を背け、現実を見ないようにした。不気味であった……冷たい、黒々とした川の深さは、人を引きずり込むようで心を不安にした……。

## 染色女工のマーシャ

工場の染色部門でハプニングがあった。意識を失った女工が運び出されたのだ。彼女に何が起こったのか？　蒸気で中毒したのか？　有毒ガスが流れたのだろうか？　新米でもないのに！　そろそろ工場の悪条件に慣れてもよいのに……。

――なんてくだらんことだ――と医者は言った。――分からないんですか？　妊娠しているんだ！　妊婦にはいつだってあらゆる気まぐれが起こり得るのだ。妊娠したからといって大目にみたらいかん。

彼女はまるで酔っぱらいのようにふらふらと歩いて工房の自分の場所に戻った。足がむくんで言うことをきかなかったのだ……冗談じゃないのだろうか？　職場で毎日十時間も働いているなんて。有毒な蒸気のなかで、毒性のあるガスや煙のなかでそんなに働いているなんて。家に帰れば帰ったで、お母さん女工に休息はあるのだろうか。家には子どもたちがおり、眼の見えないお婆さんが食事もしないで座って待っており、疲れた夫が工場から腹をすかせて足を引きずって戻ってくる。みんなに腹一杯食べさせ、みんなのことを心配しなければならない。暁とともに真っ先に起きて立ち働き、最後に床につくまで働きづめ……。

そこでまた残業が割り当てられた。工場の仕事はてきぱきとしなければならない。工場主はもうけを少しずつ貪欲にかき集めた。超過勤務時間に対しては一カペイカずつ割り増しされた。もし賛成できないなら、門の外に出ていけだった。幸い、失業者はこの世にたくさんいた。染色女工は工場長に休暇を頼み込んだ。

もうじきお産です。準備があります。子どもはまだ小さいし、家事は老婆の手にあります。

とんでもない、と聞き入れようとしなかった。

一人一人の妊娠している女に休暇をやるくらいなら、工場を閉鎖した方が簡単だ。もし夫と寝なければ身ごもることもないだろう……。

人前で彼女は侮辱され、罵られた。

染色女工のマーシャは職場で最後の時間まで辛い思いをしなければならなかった。

ブルジョア社会の母性はこのように思われているのだ。

## 出産

奥様のマーシェニカの出産は事件であった。休日であろうがなかろうが、家中大騒ぎであった。医者や産婆や付き添い看護婦でごった返していた。

赤ん坊は清潔で柔らかいベッドで寝ていた。テーブルには花が飾ってあった。夫は手に接吻し、郵便配達人は手紙や電報をもってきた。司祭は感謝の祈りをした。

子どもは丈夫で、体格もがっちりした子として生まれた。当然のことである。奥様のマーシェニカがいかに大切にされ、よく世話されたことか！

洗濯女のマーシェニカもまたお産をする。更紗のカーテンの向こう側の片隅で、他の人々でごたごたしている部屋でお産をするのだ。
マーシェニカは辛かった。うめき声を枕でかき消そうとした。隣人はみんな労働者、彼らの眠りや最後の休息をとりあげることはよくないことだ。朝方になって産婆がやってきた。赤ん坊を洗って、こざっぱりさせ、別の妊産婦の所へいった。マーシェニカは今や一人で部屋のなかで横たわっている。子どもを見つめている。なんとひ弱そうで、痩せこけて、しわだらけなんだろうか……彼の両目はまるで母親をとがめているようであった。そして悲しげに質問しているようであった。〈どうしてぼくを産んでしまったの？〉
マーシェニカは彼をみて、静かに聞こえないように泣いた……。

小間使いのマーシャは人気のない町外れの塀の下で子を産んだ。産院に行って頼んだが、きっぱり断られた。別の産院に行ってドアをたたいたが、聞き入れてもらえず、何かの書類を求められた。産んで立ち去った。ふらふらしながら歩いていった。ネッカチーフで赤ん坊をくるんだ。どこへ？いくべき所はなかった。黒々とした川が思い出された。川の深みは人を引きつけるような不気味な感じであった。朝になって巡査は溺死体を引きずっていった。ブルジョア社会の〈母〉はこのように扱われている。

染色女工のマーシャの赤ん坊は死産であった。産まれてこなかったのだ。母胎の呼吸によって、まだ胎内にいるときに蒸気によって中毒になっていた。

お産は重かった。染色女工のマーシャ自身もかろうじてこの世に戻ってきたほどであった。ところがつぎの日の夕方にはもう床から離れていた。身づくろいをし、掃除をし、料理をした。誰がいったい染色女工のマーシャに代わって家を片づけ、家事をするのか？　子どもに誰が食べさせるのか？　医者が命じたように、奥様のマーシェニカが九日間もベッドで体を休めたのはよいことだ。その時彼女のまわりの召使いはダンスを踊った……。

いったいなぜ染色女工のマーシャが産後のひだちがよくなく、労働で重い婦人病にかかり、体を壊さなければならなかったのであろうか？

誰が妊婦の労働者を大切にしてくれるのか？　誰が彼女の肩から疲れて手に負えぬ重荷をとりはらってくれるのか？

〈神聖なる母性〉とは奥様のマーシェニカにだけ存在するのだ。

## 母性の十字架

奥様のマーシェニカにとって、母性は喜びとお祭であった。

工場主の跡継ぎは乳母の世話や医師の監督のもとに、明るい、清潔な子ども部屋ですくすくと育っていく。

もしもマーシェニカ自身のお乳が足りないときや、容姿を損なうことを嫌がるのなら、乳母をみつけるだろう。

奥様のマーシェニカは子どもと気晴らしをしたり、お客にいったり、店や劇場を廻ったり、ダンス・パーティに行ったりする……子どもをみてくれる人がいるからできるのだ……。

奥様のマーシェニカにとって、母性はお祭であり、気晴らしである。

染色女工や、織物工、洗濯女やゴム製造工などの労働者のマーシェニカ、数十万の労働者階級の母親にとって、母性は十字架なのである。

工場のサイレンが鳴り、人々を仕事に招いている。しかし子どもは泣き叫んでいる。赤ん坊を投げ出すことができるであろうか？　誰にあずけたらよいのだろうか？　母親の労働者は乳を哺乳瓶に注ぎ、赤ん坊を老母や自分の年のいかない娘にあずける。職場に出かけようとするが、赤ん坊に対する心配事が心を苦しめる。年のいかない娘は進んでめんどうをみようとするが、実際お粥をやることも知らず、パンを口のなかに押しあてるだけなのだ。

奥様のマーシェニカの赤ん坊は日毎にすくすくと育っていく。まるで真っ白な砂糖や、真っ赤な林檎のように健康なのだ。

工場の労働者や、洗濯女や、手工業者の子どもは日毎に痩せ細っていく。赤ん坊は毎晩足をばたばたさせ、もがき、泣く。医者がやってきて、罵る。

どうして乳を与えないのか？　どうしてくだらぬ育て方をするのか？　もし子どもが死んだら自分が悪いんだ。

十数万の母親労働者は自己弁護をしない。うなだれて立ったまま、密かに涙をぬぐう。

まさか洗いざらい医者に言うであろうか？　医者はみんな分かり、信じるであろうか？

## 大量に死ぬ

そして赤ん坊は死ぬ――雇用されている男女の労働者の子どもは大量に死ぬ……。

数百万の子どもの墓がある！

数百万の嘆きの母がいる！

死の鎌はまだ日の浅い春の花である子どもの命を摘みに出かけて、いったい誰の子どもの命を集めようとしているのであろうか？

金持ちの街区ではもちろん、死の命の摘みとりを最小限にくい止める。

赤ん坊は温もりのなかで育ち、口にはいるものが母や雇った乳母の乳であれば元気にすくすく育つ。

王侯貴族の家庭では一〇〇人の新生児のうち六人から七人の赤ん坊が死ぬ。労働者の家庭では三〇人から四五人の新生児が死ぬ。

資本家が経営にあたり、労働者が労働力を売っているあらゆる国家では、多くの赤ん坊が死ぬ。

しかし最も大量に赤ん坊が死ぬのはロシアである。一〇〇人の新生児のうちの生存者はつぎのとおりである。

| | |
|---|---|
| ノルウェー | 九三人 |
| スイス | 八九人 |
| イギリスとフィンランド | 八八人 |
| フランス | 八六人 |

オーストリアとドイツ　八〇人
ロシア　七二人

ロシアではとりわけ重工業の工場があるところでは一〇〇人につき五四人も死んでいる場所や郡がある。大都市の町でお金持ちが住んでいるところでは一〇〇人の新生児のうち八人から九人が死んでいるが、労働者街では三〇人から三一人が死んでいる。どうしてプロレタリアートの子どもが大量に死ぬのか？

子どもが健康で強く、元気に育つには、新鮮な空気や温もり、太陽、清潔さ、丁寧で細心の世話が必要である。子どもには母親の乳が必要である。それは子どもには欠くことができないもので、それを飲むことで丈夫になり、成長する。

労働者の家庭のなかで、いったい誰のところに今挙げたようなことすべてがあるであろうか？労働者街においてみさかいのない死が強固に巣くうのは、ここでは貧しさに比例して人口の密集と湿気が支配しており、地下には太陽光線が射さず、狭いところは通常不潔で、労働者階級の母親が自分の神聖な義務を遂行できないし、赤ん坊について配慮することができないからである。

科学の検証によると、最も恐ろしい子どもの敵は〈人工授乳〉や母乳の欠乏なのである。牛乳で育てられた子どもは母乳を飲む子より五倍も多く死ぬ。もしも子どもが牛乳を飲まず、あらゆる他の食料を口にしていたら、一五倍多く死ぬ。

女性労働者は、工場や工房で働きながらどこで授乳するのであろうか？

牛乳を買うお金が十分にあればまだいいだろう。それがもしなければ……実際商人はいったいどんな乳を母親労働者に売りつけるのか――水で粉末を薄めたりしたものを売りつけたりすることがある！……。

こんなわけで、一〇〇人の瀕死の赤ん坊のうち、なんと六〇人もが消化不良で死んでしまう！別の原因で何人かがまた死んでしまうことになる。それは医者が言うように、〈生存不可能〉ということである。死産だったり、重労働による早産だったり、胎内で子どもに害を与えていたり、工場のガスで中毒させていたりすることである……。

実際問題として労働者階級の女性が自分の母親としての義務を遂行できるのであろうか？

## 被雇用労働と母性

女が家事とか家庭での手仕事しか知らなかった時代があったことはそれほど遠くない時代で、我々の祖母もまだ記憶している。

当時無産階級の女たちは仕事をせずに座っていたためしがなかった。料理をしたり、洗濯をしたり、織物をしたり、リネンを晒したり、菜園や畑で働いたりする家庭の仕事は重労働であった。しかし仕事は女性をゆりかごから引き離したり、厚い工場の壁によって女性を子どもから引き離したりしなかった……たとえその女性が貧乏であろうとも、自分の腕のなかで子どもを眠らせることができた。しかし時代は変わってしまった。

重工業の工場や軽工業の工場が発達して、工房が開かれた。貧困は女性を家から追い出した。工場はその鉄の爪で女性を誘い込んだ。しかし女性の後ろで門がバタンと閉まれば、女性は母性よさようならと言わなければならなかった。雇用労働は過去と未来の女性をどのように分けるのか？　経営者のための仕事は女性をどのように歪めてしまうのか！　もしも毎日ミシンを踏んでいれば、その女性は重い子宮の病にかかるであろう。もしも彼女が繊維あるいは紡績工場やゴム製造や陶器工場やマッチ工場や化学工場に行けば、有害な水蒸気や毒性のある物質との接触は母体のみならず身ごもった子どもまで中毒させる。もしも鉛や水銀関係の仕事をすれば、彼女は不妊になるか、死産をしたりする。もしも女性がタバコ工場でニコチンを吸ったら、彼女は子どもをダメにするか、自分の母乳で子どもを中毒させてしまう。彼女は手に負えないような重荷を引きずり、身ごもったまま機械やスタンドの後ろに一昼夜の半分も立ち尽くしたり、女中になって奥様の命令に従って小走りに階段を上ったり降りたりして、子どもを殺したり、子どもに障害を与えたりする。

今雇用されている女性労働者にはこのようなおそるべき有害な仕事をすることがあり得るし、妊娠中の女性にも授乳中の女性にもこのような手仕事があるのだ。女性労働者がこのような条件のもとに生活している雇用労働は母性の墓場と言える。

## 出口はどこにあるのか？

女性労働者にとって赤ん坊が障害をもって生まれたり、未熟児出産だったり、死産したら、子どもを胎内ではぐくむことを恐れないであろうか？　女性労働者は〈放任〉という名のもとに、もし子どもを小さいときから投げ出さねばならなければ、あらゆる母性の苦しみを耐えるに値するであろうか？　もしも女性労働者にとって、好きなように子どもを育てたり、子どものことを心配したり、親として一人の人間を創造する義務を果たす可能性がなければ、苦しみに耐えるに値するであろうか？

母性を拒絶することは心が広くないのではないか？

多くの女性労働者が妊娠を用心しはじめている。

母性の十字架を背負うことは手に負えない事柄である。

しかし出口はあるのか？　労働者階級の女性はこの最後の喜びを失わなければならないのであろうか？　あまつさえ彼女たちは自分たちの生活に不満をもっており、工場は彼女たちから力を奪いとっているのに、彼女たちは母の喜びを得る権利さえ拒否し、あらゆる母性の幸せを奥様のマーシェニカにだけ譲らねばならないのであろうか？

闘わずして引き下がるのであろうか？……自然によって動物に与えられる最後の贈り物をうける権利を固く守ろうとつとめないのだろうか？

果たして別の出口がないのであろうか？

もちろん存在する！

ただ、一人一人の労働者にはまだそれが分かっていない。

**それをどう可能にするか？**

奥様のマーシェニカや洗濯女のマーシェニカがいない社会や人民、国家を想定してみよう。寄食者もいないが、しかし雇われ労働者もいない。すべての人が同じように勤労し、これにより国家は人々のことを配慮し、彼らの生活を楽にしてくれる。

正確に言えば、親密な大家族がより弱い女、子どもを世話してくれるように、奥様のマーシェニカの親戚が彼らの世話をしてくれるのだ。

マーシェニカ（奥様のマーシェニカでなく、女性労働者でもなく、ただ単純に公民の意味）が妊娠した時、彼女に子どもができても不安になる必要がない。社会は大きな親密なる国家で、あらゆることについて配慮してくれる。

マーシェニカの世話のために妊産婦用の施設が立つだろう。庭園や花に囲まれ、そこでは一人一人の妊産婦や授乳者が嬉々として健康的に快適に過ごすように工夫されている……この家族社会に対する医者の配慮は母子の健康を維持することのみならず、産みの苦しみを女性から軽減することに向けられる。

科学は前進し、ここでも科学は役に立っている。子どもが強健になれば、母親は自分に戻り、通常の生活に戻り、再び大きな家族1社会のための仕事の一部を背負うことになるであろう。

しかも母親は子どものために苦しむ必要がない。社会はここでも援助を保障してくれる。幼稚園でも、子どもセンターでも、託児所でも、学校でも、経験のある保母の監督のもとに子どもは成長するであろう。もし母親が望むなら、子どもはいつも親と一緒にいられるであろう。もしそうする暇がなければ、子どもを信頼できる人にあずけることができるのを母親は知っている。

母性の十字架はもうこれ以上ないはずだ。一人一人の女性には奥様のマーシェニカだけがうけていた喜びや、大きな母性の幸福のみが残るであろう。

しかしこのような社会はおとぎ話ではないのだろうか？　そうであろうか？　国民経済や社会国家の歴史に関する科学は、そのような社会があるべきであるし、到来するであろうことや、たとえ豊かな資本家や、工場主や、地主や、財産家たちが生きながらえようと〈おとぎ話〉は実現され、本物になるであろうということを明らかにしている。

この実現のためにすでに全世界で労働者階級は闘っているのである。そしてもしもまだ社会が一つの親密な家族にはほど遠いとしても、そしてまだ多くの闘いや犠牲があるとしても、すでに今他の諸国では多くの労働者がこれを達成しつつあるのである。労働者や女性労働者は、法律やあらゆる手段によっても母性の十字架を軽減するように試みている。

## 法律は何をすることができるか？

あらゆる国家において第一に労働者と女性労働者がなし、獲得し得ることは母親労働者を擁護することである。貧困や保障がないことは女性を雇われ労働に駆り立て、一年毎に雇われ労働の女性の数が増える以上、雇われ労働が母性の墓場にならないように最大限努力しなければならない。法律が関与して、法律が母性と仕事を統一させるために女性を援助しなければならない。

万国の男女の労働者は女性のための夜間勤務とあらゆる雇われ労働者を対象とする未成年者の八時間労働の完全なる禁止及び一六歳以下の子どもの雇用の禁止を要求し、一六歳以上の未成年者の半日間の労働の許可を要求する。この要求はまさに未来の母親にとっては大切なことである。一六歳から一八歳は女性の一生においては決定的な年頃である。この頃に女性は女性として形成され、強健になり、発達するのである。この頃にもし力を消耗させるならば、健康な母性にとっては永遠に害を与えられるであろう。

法律は工場におけるあらゆる勤労の条件と状態が女性の健康に害を与えないように厳しく取り決めておかなければならない。商品の有害な製造方法は無害な方法に代えるか、完全に禁止するかしなければならない。重労働（重いものを運ぶことや、足で動かす工作機械）は機械によって軽減されねばならない。工場は清潔を保ち、そのなかでは耐えがたい暑さや厳しい寒さは避け、水洗便所や洗面所、食事のための食堂は清潔であらねばならない。これらのものはすべてモデルとして人にみせるべき工場ではもつことができるし、すでに導入されている。が、しかし工場主はけちるのである。あらゆる〈死せる〉機械設備や改良機械は値が高い。一方人間の命はあまりにも値が安い……。

可能でありさえすれば、どこにでも女性のための座席を設けることを法律が命ずることは同様にきわめて重要である。そして同様にこの法律が破られた時、工場主から雀の涙の罰金をうけるのではなく、工場主にそれ相応の額を割り当てることも重要である。

この法律が施行されるためにはその要件の監視が、工場の検察員のみならず労働者から選ばれたものに一任されねばならない。

## 母性の保護

法律はそのうえさらに母親も保護しなければならない。

今ロシア法に従えば、第一二六条の産業に関する規約では大軽工業や大重工業の工場では労働者は出産時には四週間の休暇の権利をもっている。

もちろんこれは少ない。

たとえばドイツ、フランス、スイスでは産婦は産前産後八週間の休暇の権利をその職場の地位を失うことなくもっている。

しかしこれでも十分ではない。

労働党は産前八週間前に仕事をやめることと、産後八週間の仕事を禁止する権利を要求している。その場合全部で休暇は一六週間になる。

さらに法律は各々の授乳する母親が子どもの授乳のために、一日の勤労のなかで小休憩が与えられるように命じなければならない。そのような要求はすでにイタリアとスペインの法律のなかに存在する。

さらに法律は工場付属の託児所や子どもの授乳のための暖かいスペースの設立を要求している。

## 母性の保険

しかしながら法律が母親労働者を保護したり、彼女たちに仕事を禁止したりするようなことは少ない。この時期には社会や国家が女性を保障するようにしなければならない。

もしも女性や子どもにとって養育のためだけに一六週間の休暇の獲得を求められるのなら、〈休暇〉はすばらしいものになるかもしれない！

しかしこれは女性を確実な死におとしいれることになるであろう。

女性労働者の勤労の保護とならんで国家の負担での母性の保障が実施されなければならない。

このような母性の保障と保険はすでにつぎのような一四カ国で実施されている。すなわち、ドイツ、オーストリア、ハンガリー、ルクセンブルグ、イギリス、イタリア、フランス、オーストラリア、ノルウェー、セルビア、ルーマニア、ボスニア - ヘルツェゴビナ、ロシアなどである。一一の諸国では我々ロシアと同じく、女性労働者は社会保険局で保険がかけられており、毎週払込をせねばならない。これに対して出産の時には保険局から補助金が支払われる（額は国によって様々であるが、給与の満額より少ない）。そして医者と産婆の援助も得られる。

イタリアでは女性労働者は特別な女性保険局で保険がかけられている。そこでは女性労働者と企業主が支払いをし、国家も同様に追加払いをする。それでもこの場合保険の重荷を背負っているのは女性労働者なのである。フランスやオーストラリアでは女性労働者は一銭も支払っていない。これらの国では各々の貧しい母親は婚姻していようが婚姻外であろうが国家から援助をうけている。フランスでは八週間支払いをうけ（日に二〇カペイカから五〇カペイカをうけ、日によってはそれ以上うける）、それ以外に医者と産婆の援助がある。一方オーストラリアでは五〇ルーブルの一時金が支払われる。さらにフランスでは産婦のところに〈主婦の代行者〉が来るように企画されている。これは通常隣人のうちの一人で、産婦と赤ん坊をどのように世話するかなどの無料コースを終えた人が当たる。彼女は毎日やってきて、産婦が就寝を命ぜられている間は家の片づけをしたり、食事の支度をしたり、赤ん坊の世話をしたりし、これに対して保険局は支払いをする。

フランスやスイス、ドイツやルーマニアでは授乳中の母も社会保険局から金銭的援助をうけることができる。

こうして母親保障のための第一歩が踏み出されている。

## 労働者は何を要求するのか？

しかしこれはまだ端緒についたばかりである。労働者階級はあらゆる母性の重荷が女性の肩からとれ、社会に移されるように、法と国家が最大の心配事である物質的、金銭的なことを軽減するように努めている。

しかしながら労働者階級は母親と子どもに対する完全なる配慮は新しい社会のみが――〈親密なる大家族〉のみがすることができることも知っている。このことについてはすでに先に述べていることであるが、今やすでに母親と子どもの負担の軽減は達成されつつある。

多くのことがすでに達成されたが、ただもっと闘わねばならないし、友好的にもっと多くのことを達成しなければならない。

万国の労働党は母性の保険が家政婦であろうが、労働者であろうが、手工業者であろうが、日雇い農婦であろうが、とにかく誰であろうとあらゆる女性のために存在するように要求している。

援助金は産前産後、都合一六週間の間支給されなければならないが、もしも母親が十分に回復していないか、赤ん坊がまだしっかりしていないと医者が認定する場合はもっと継続されるのである。

援助金は赤ん坊が死んだり、あるいは早産だったりする場合でも、母親に回復のチャンスを与えるために支給される。

援助金は労働者の賃金の一・五倍でなければならないが、もしも雇用されていない女性に支給される場合には、女性がしかるべきポストでいくら受け取るかその平均賃金を採用し、おなじくその一・五倍に増額されなければならない。

援助金はいかなる条件のもとでも大都市では日に一ルーブルを下回ってはならない。そして農村の小規模な町では日に七五カペイカを下回ってはならない。さもないと低い賃金の場合、たとえば日に三〇カペイカの場合、受け取るのは全部で四五カペイカである（賃金の一・五倍になる）。しかし果たして日に四五カペイカで母親と赤ん坊は生きていけるのであろうか？ 授乳中の母親も九カ月を下回らない全授乳期間保険局から援助金をうけなければならない。授乳者の受け取る援助金の額は少なくとも賃金の半分にならなければならない。

援助金はつぎの二つの期間に支給されなければならない。すなわち産前産後に直接母親の手にわたるか、母親が援助金を受け取ることを信託した人に渡されるかである。

援助金の権利はロシアで現行の法律がどうであれ、たとえば援助金をうけるのに三カ月は保険局のメンバーになっている義務があるが、女性には無条件で承認されなければならない。

産婦には医者や産婆の無料の援助や、赤ん坊の無料の世話が保障されねばならない。さらにフランスやすでに一部ドイツやイギリスで施行されているように、〈家事代行〉の援助が保障されねばならない。法がいかに守られているか、産婦がすべてを受け取っているか、どんな法的権利をもっているかという事柄を監督するのは全労働者から選ばれた人によってなされねばならない。

法に従えば、産婦と授乳中の母親は都市の保険局と自治体のお金で、無料のミルクを配給される権利をもち、もし必要なら新生児のために完全な割り増し金を貰う権利をもっている。

労働党は同様に都市や地方自治体の保険局が、工場主や、都市、地方自治体のお金で子どものための託児所を設けるように要求している。託児所は各々の授乳する母親が法律によって定められている休憩中に簡単に訪れ、子どもに授乳できるように配置されなければならない。

託児所の仕事は慈善事業家の貴婦人のみならず、母親労働者自身も運営しなければならない。

以下のようなものは十分に必要である。
（1）妊産婦用の会館。
（2）すでにフランスやドイツ、ハンガリーにあるような独り者や、失業者、妊産婦、授乳中の母親のための避難所。
（3）医者が妊娠を見守り、忠告をし、授乳中の母親に子どもの世話の仕方を指示するような特別の医者付き無料の会館。
（4）イギリスの〈女性労働者連盟〉が用意しているような病気の子どものための病院。
（5）母親が仕事中に二～五歳児の子どもをあずけることのできる幼稚園。現在母親は仕事から疲れてへとへとになって戻り、彼女には休息と安らぎが必要であるが、子どもの方は腹をすかし、汚い顔をし、不潔なままになっており……すぐに家事にとりかかることになる。それに引き替え、母親が幼稚園に子どもを引き取りにいく方がはるかによい。子どもたちは食事を与えられ、顔を洗ってもらい、嬉々としており、面白いニュースで一杯だ……母親とおしゃべりしながら家路につく。年長のものはさらに母親が家事をするのを手助けする。彼らは幼稚園でこのことをおぼえ、新しい知識を誇りに思っている。
(6) さらに都市は母親や若い娘たちに子どもの世話の仕方の無料のコースを設けねばならない。
(7) フランスで実施されているように妊婦や授乳中の女性労働者のための無料の昼食や朝食を準備しなければならない。

国家が国民のことを配慮するよう国家や社会に要求する権利が各々の社会の構成員すなわち、男女国民にはある。国家が万人の福祉を配慮せずして、人々は何を基礎にして国家を形成するのであろうか？　今日この地球上ではどこにもそのような国家はないのだ。権力は富めるものや、資産家の手の中にあるのである。しかし万国の男女労働者は社会や国家が実際より大きな親密な家庭になり、そこではすべての子どもが平等であり、あらゆる家族を平等に配慮するような国家を達成するように努めている。その時母親の運命は別のものになり、そして死の鉈は新生児の著しい死の収穫の刈り取りをやめることになるであろう。


各々の女性労働者は何をするべきか？

これらの諸要求をどのように達成するべきか？　このためになにをするべきか？

各々の労働者階級の女性や、この小さい本を読んでいる各々が脇の方で無関心になっているのではなく、これらの諸要求のために闘い、古い世界のなかから新しい良き未来をかち取り、その世界ではもはや苦い母の涙はなく、母性の十字架が女性としてのより良き喜びと誇りにとって代わるような労働者階級の運動を支持すべきである。

ただひたすら自分に言い聞かせなければならない。〈統一こそ力〉という言葉を。我々女性労働者が労働者階級の運動に加われば加わるほど、我々の力はますます大きくなり、希望したものをよりはやくかち取ることができるのだ……。

我々の幸福、人生、未来、子どもについて述べた次第である。

# 第4章　『誰にとって戦争は必要か？』

コロンタイの『誰にとって戦争は必要か？』は小論文ではあるが、一九一五年に反戦論文として発表されるやいなや、内外で大きな反響が湧き、数百万部の売れ行きをあげ、数カ国語に翻訳された。内容的にはロシアの十月革命以前に書かれたもので、ロシア革命後のソヴェート政権が崩壊した現在の歴史的現実からみるとアナクロニズムに陥る可能性もあるが、一九一五年という時代的制約のもとで執筆されながら、なお、今日的な問題性を色濃く包含している点があるのであえてここにとりあげた。

『赤い恋』などの作者として知られているコロンタイは、我国においては自由恋愛の唱道者として常に偏見と好奇の眼にさらされてきたが、コロンタイ自身の本領的才能は社会科学系の数々の論文や大著に余すことなく発揮されている。ここに掲げた小論文はコロンタイが一九〇八年一二月ドイツへ政治亡命してから一九一七年のツァーリズム崩壊まで主としてヨーロッパに滞在していた頃執筆されたものである。

ドイツ亡命後は、コロンタイはドイツ社会民主党に入党し、党の要請でアジテーターとしてヨーロッパ各地を点々とした。この頃にはすでにプロの演説家として大きな名声を博していた。コロンタイの弁舌のたくみさはトロツキイと並び称せられ、世界一流の雄弁家に数えられていた。ベルギー、スエーデン、イギリス、スイスの各国から招かれ、アジ演説を行い、生き生きとした政治亡命の日々をすごした。しかしながら、第一次大戦が勃発してから、社民党員たちは愛国主義から戦争肯定に走ったが、コロンタイは決して戦争を肯定することはできなかったのであった。これと同意見をもっていたのは、カール・リープクネヒトとその妻ゾフィー・リープクネヒトたちで、当初、戦争反対を唱えることは社会主義者たちの義務であると強く主張していた。しかしドイツ社民党が戦時予算に反対投票を拒否したことはコロンタイを大いに落胆させ、ドイツを去らせる原因となった。一九一五年にはボリシェヴィキに参加し、この論文を執筆するに至ったのである。

論文の題名は十九世紀の革命的知識人で、かつ国民詩人として知られたネクラーソフの専制政治を激しく非難した『誰にロシアは住みよいか？』の題名をあえて借用している。原文のロシア語は他の美学論文、社会科学論文とくらべると文章は簡潔にまとめられ、力強く歯切れのよい論理性と、昂揚したパトスが横溢しており、読むものの心をとらえずにはおかない。なお、当論文は本邦初訳であることはいうまでもない。

## 『誰にとって戦争は必要か？』

〈英雄〉

戦争が未だ終わらず、またその終わりも見えないが、すでに世界でどれほどの手がなく、足がなく、目が見えず、耳が聴こえなく、障害をかかえる人々が生じていることか……流血の世界大戦で去ったのは、いまだ若く、強く、元気な者たちであった。前途にはすべての人生があったのに。だが、数カ月、数週間後はおろか、数日後にでさえ起こり得ることは、彼らが半死半生、不具者となって医院に戻されること……。

それゆえ〈英雄〉――と言っているのは、ヨーロッパ戦争をもくろんだ連中、人民に人民を、ある国の労働者を他の国の労働者の友にけしかける輩である。だから十字勲章を得た！　勲章をつけて歩こう！　名誉を利用しよう！

しかし実生活ではすべてが違うのだ。〈英雄〉が、自分の祖国、故郷の村や町に戻り、自らの目でみたものは、信じられないことに、彼を待っているのが〈名誉〉や喜びどころか新しい嘆き、苦悩、失望であることだ。田舎は荒廃し、飢餓の状態である。田舎者たちを戦争に追いやり、家畜を奪い……支払わなくてはならない租税があっても働き手はいない。百姓女たちは足元からつぶされた。痩せこけ、へとへとになっていた。泣きやつれていたのだ。村にうろつくのは障害者・英雄たち。十字勲章を一つ下げている者もあれば、十字勲章を二つぶら下げている者もいる。名誉と云えば、おのれの家族にでさえ、穀つぶし、他人の飯食らい、となじられるのみ。飯は頭数に対してきまっているのだ！

もし村ではなく故郷の町に戻ったとしても、〈英雄〉にとってより快適ではない。たぶん、〈名誉〉をもって迎えてくれるだろう、嘆きと喜びから母親は泣き、彼女の〈雄々しきますらお〉は一応生きのびたのだから、その年老い、母親似の瞳をじかに見ただろう。女房は微笑みをうかべ……日々、世話をするだろう。しかし、そこでは……。

労働者たちのもとでは、時間、つまり暇が、障害者を面倒みるためにあるのだろうか？　各々に自分の仕事があり、自己の悩みも抱えているのだ。まさに苦難の時代だ！　生活費は一日だけのものでなく、高騰しつつある。戦争だ！……伝染病の流行や病原菌は戦争につきもので、若い連中は病気にかかっている。女房は苦悩し、もがいている。彼女は自分のためと一家の柱として働かなければならないのに。

〈英雄〉へのツアーリ（皇帝）の年金は？

たくさんあるのかその年金は？　まさか、残った足一本に片方の長靴の分で十分だとは！……。

将校、障害者になった将軍連中は、もちろん〈官位〉に従って扶助料がもらえるが、以前は労働者、農民、職人であったひらの兵士のことを誰が心配するのか？　誰が彼の運命を擁護してくれるのか？

国家における権力は、人民の手中にあるのではなく、地主、工場主、旦那たちおよび主人どもの手に握られているのだから。国有財産を管理しているのは、戦争で死んでいく数十万、数百万の〈英雄・兵士〉ではなく、紳士連中つまり地主、工場主、官吏であるツアーリの手先どもである。

記憶がいまだ薄れず、戦場での砲声がやまない最初の頃は、〈英雄・兵士〉のことを憶えているであろう。彼らには、援助としてただ同然の贈り物が、さまざまな団体、慈善機関や〈赤十字〉から届けられる……しかし一年を過ぎ、また一年経つ。〈平和な〉時期が始まる。民衆は以前のように仕事をし、あくせくした生活をする。その時、〈英雄〉に何が起きるのだろうか？

障害者になった陸軍大佐や将軍連中は自分の自動車を乗りまわし、いまだ戦争に対しては自分のことを心配し、汚い金を掻き集め、自分のふところに兵隊食糧を詰め込んでいた……障害者で十字勲章を付けた〈英雄・兵士〉は？　彼らの運命はどうなるのか？　まさか教会入口の階段に行き、貧しき人々ともに乞食をするのか？

〈英雄〉である祖国の救済者の運命は、辛く、悲しく、無権利になるであろうし、たとえ彼が十個の十字勲章をつけていたとしても……ツアーリの政府は彼のことを考えたり、心配したりはしないのだ……障害者たちのことで、紳士・地主、工場主、旦那連中の心は痛まないのだ……彼に何を？　自分の兄弟でない者が心を痛め、あっちこっちと放浪し、自分の運命を呪うのである……。〈旦那〉ではない！　田舎っぺだ！〈田舎っぺ〉、労働者、農民、職人は、〈紳士方〉に奉仕し、彼らのために血を流し、かつ、褒美として飢餓により垣根のそばで死ぬためにこの世に生をなした……。

民衆自身が〈英雄たち〉をかばわず、民衆が権力を手に入れず、民衆自身が処罰の取りしきらない間は、障害者・英雄に自己の生活の向上はあり得ない。

何のために闘ったのか？

どんな兵士にでも、ロシア人でも、ドイツ人でも、何のために闘ったのかとたずねてごらんなさい。互いの隣国の兄弟、労働者や農民の血が何のために流されたのか？　何のために人々は不具となったのか？　彼らは言わない！　言わない、答えない、それは彼ら自身がよく知らないからなのだ。

ドイツ人たちがセルビア人を擁護したのでもなく、ロシアに攻撃したのでもない。ときおり土地のことを口にしていたのだ。最初、ロシアの農民・兵士が考えていたのは、「ドイツ人たちの土地を取り上げに行こう」であった。

しかしすぐに分かったのは、「それは土地にあるのではない！……」ことだ。それなら何に？　このことを理解している者は少なく、また把握している者も少ないのだ。何のために人々を切り殺し、刺し殺し、障害者にしたのか、自分自身がよく知らないで〈当てずっぽうに〉喧嘩しあっているのはロシア人たちだけではないであろう？　同じように、戦争の真の理由を、ドイツ、イギリス、フランスの兵士たちも知らないのだ。誰にでもたずねてごらんなさい、それぞれが異なる戦争の理由をかかげるのだから。

ドイツの民衆にはこのように話した。「ロシアが我々を攻撃した。ロシアのコサックたちがベルリンに進んでいく。我らが祖国を守らなければならない。一丸となって役人の専横、横暴とツアーリの手先どもの違法行為からロシアを解放しに行こう。ロシア民衆の〈自由〉のために命を捧げに行こう！　ロシアの民衆自身は弱い、彼らでは、自分たちの〈内部の敵〉、金に弱い大臣達、貪欲な抑圧者・地主に打ち勝てない。彼らを助けようではないか！　ロシアの民衆のために、民衆の意志、権利と自由への道を開こう」

自分の指令部を持つドイツ皇帝（カイザー）、ドイツの地主や工場主たちは、このように甘美にドイツの民衆に歌った。民衆は究明せず信じてしまった。百万単位で発行される資本家たちの新聞は、戦争に関する偽りを拡散し、各政府は戦時検閲を遂行し、ひと言の真実さえ印刷することを許さず、労働者階級の優れた友を牢獄にぶち込んだのだ。〈土地〉のためにガリチヤに侵攻したことを納得させた時、ロシアの兵士たちに一杯くわされたように、民衆をだましたのだ。

フランスでは、政府、将軍、大臣、銀行家と工場主たちは、民衆のために戦争のほかの理由をみつけだした。一八七〇年にドイツ人により征服されたアルザスおよびロレーヌを、彼らから奪い戻す時期が到来した。「栄えあるフランス共和国の諸君！　諸君は自由な国に住んでおり、諸君はすべての政治的権利を自己の手に獲得した。だが近くで、隣国のドイツでは、人民はドイツ皇帝の圧制のもとで苦しんでいるのだ！　ドイツ人民を救おうではないか！　ドイツからドイツ皇帝を追い出し、ドイツ人のために共和国を設立するまで闘おうではないか！」

こうして崇高なるフランスはドイツ人民の〈解放〉と、ドイツ皇帝の始末を決定した。

事は良好だ！　どの人民にとってドイツ皇帝やツアーリが必要なのだろうか？　しかしちょっとご覧なさいよ、なんだか奇妙に感じられるのですよ、各々の人民は平和に暮らしていたし、ドイツ皇帝はツアーリと親交を結び、互いに行き来していたのですから。様々な国の資本家たちは力を合わせ工場や貿易会社を設立し、力を合わせアジアおよびアフリカの植民地を強奪し、大砲と戦艦の建造でふところを肥やした。そして突然様々な国のすべてのツアーリとすべての資本家をみせかけの気高い情熱が虜にするのだ。隣国を〈解放〉しに行こうではないか！　隣人のところに権利、正義、平等と安泰を植え付けよう！

ドイツ人はツアーリの専横からロシアを救うために、フランス人はドイツ皇帝の権力からドイツ人たちを解放するために出発したのだ。

しかしじっと見れば、これまでのところドイツ皇帝とツアーリはすべて無傷で無事であり、彼らの権力が揺らいでないことを知るに違いない。資本家は戦争でふところを肥やし、軍隊への納入により一ループル当たり二〇~四〇コペイカずつ〈もうけ〉、しかもこのような納入は数億、数十億ルーブルの額である。ところが、数十万、数百万の市民そのものは、突然〈偉大なる列強〉が市民のためとひと肌ぬいだが、自分たちや他人の土地に自らの骨をまき散らしたのだった。他民族の〈解放〉が戦争の理由なのか？　誰がまだこの神話を信じるのか？

他にも例をあげてみよう。イギリス人は、一方ではベルギーの味方となり、他方ではドイツ〈軍閥〉——軍国主義を撲滅するために、その後にやっと戦争に巻き込まれたかのようにふるまった。俗にはそのように言われている。しかしイギリス王室の権力は実際どのように行動するのか？　第一にイギリスであり、彼らだけがドイツ人から植民地や土地を取り上げることができる。そしてもちろん、住民には、誰の支配権のもとに残りたいか、ドイツのもとか、あるいは我々のもとか、問い合わされも、聞かれもしない。ベルギーはベルギーによるべきであるが、さしあたって自分自身に他の土地と人民を獲得する必要があるのだ。何のために彼らはドイツ人のもとに?!

軍閥との闘いにおいても同じことである。イギリス人は〈ドイツ軍閥〉が好きではなく、プロシャ人を罵り、腹を立てるが、ドイツ人は自分たちの市民が持つ自由な感情を殺してしまい、人々を調教された従順な家畜の群れに変えてしまった。

激しく批判している。多くのことは正しい。しかし口先と実際とは違うということになるだけだ。実際イギリス政府は〈ドイツ人・プロシャ人〉を罵るけれども、彼らのところで教えようと、自分のところで《ドイツ軍閥》を取り入れようとする。戦争初期からイギリスでは人民と政府の間で闘いがおこなわれ、イギリス政府は、自国にまさにその軍閥を導入することを決定し、そのためドイツとの戦争の道をめざし、今までイギリスにいた傭兵隊・義勇兵部隊に代え、すべての人の義務である軍閥の導入に努力している。

現在、イギリスの百万長者や収奪者は、すでに抵抗を打ち負かし、強制的な兵役の義務の導入開始に成功した。

さらに虚偽があり、イギリス政府は、他国を〈軍閥〉の悪事から解放することを決めたが、自国の人民に対し同じ悪事を押し付けたのだ！　しかしそのほかにイギリス政府にとってドイツの例が好みに合ったし、他の諸国に続き各工場にも〈軍事機構〉の導入を決定し、労働者を召集し、彼らを軍当局に従わせ、再び彼らの持っているストライキや自己の利益保護に関する権利を剥奪し、国家のために奴隷化を決定した……そしてこの正真正銘の〈軍事奴隷制〉がイギリスの他、フランス、ドイツやロシアにおいて、戦争がおこなわれているすべての国々で導入された。銭のために働け、あらゆる圧迫や笑いを我慢しろと、しかし前線へ、〈敵〉の弾丸のもとへではなかった。

断固として、勇敢にイギリスの労働者は、この新しい不正に反対し、労働者に対する資本家のこの新しい攻勢に反対し、新しい奴隷制にも反対して闘い、自己の権利の擁護につとめている。しかしイギリス政府はひるまない……ドイツの例が気に入り、〈ロシア軍閥〉が好みに合ったのだ！

検証すべきことはつまり、本当のその理由、隣の強国と戦争になったその〈悪事〉、この〈悪事〉を自分のもとに導入し、補強しているのだ！……

ドイツ人はロシアの民衆を〈解放〉するために侵攻したが、自分のところでは、戦争中ツアーリの専制を巧みにおこなったのだ！……フランス人はドイツ人の〈解放〉のために剣を抜いたが、その代わりフランス人が長年知らなかった弾圧を考えだしたのだ！……。

もっと慎重に周りをじっと注意して見るべきであり、そうすると明白なことは、その理由で強国が互いに戦争でぶつかり合ったのでもなく、それで隣国と戦争になったのではなく、民衆に何を納得させようとしているのか。戦争には他の原因があり、他の目的と根拠があるのだ。

## 誰が戦争の責任者か？

ある人々は言う。戦争の原因について私たちはたぶん知らないと。しかしその責任者は誰か、これは明白ではないか！　そして責任者の処罰が必要である。

しかし誰がいったい責任者なのか？

ロシア人にたずねれば、彼は「ドイツだ！　ドイツが最初に宣戦を布告したのだから張本人だ」と言う。ドイツ人にたずねれば、彼は「それは間違っている！　嘘だ！　我々ドイツ人は戦争を望んでいなかったし、交渉をのばしていたのだ。しかしロシア政府が最初に動員を布告したのだ。従って張本人はロシアだ！」と言う。「間違いだ」とロシアの〈同盟〉が叫ぶ。「ロシア政府が動員を布告したのは、最後通告およびオーストリア政府によりセルビアに伝えられた要求に対するものである。張本人はオーストリアだ」

しかしオーストリアは、ロシアとロシアの陰に立つイギリスのせいにしている。だからこれらすべての、白、赤、青、灰、黄色の戦争に関する政府発行書を手に取り読んでご覧なさい、そこには手紙、電信、政府の〈ノート〉（要求）が集められておりますから。一〇年この方、現在の列強が互いにあらゆる手段で、中国、ペルシャ、トルコ、アフリカの各地を強奪するために競争していたことを思い出せば、戦争前、長き年月すべての国の政府が互いに悪知恵をしぼり、外交交渉をおこなって戦争の準備を密かにしていたことが皆さんに明白になるのです。〈大の〉親友を装い、自身が心がけていたことは唯一、より抜け目なく他の強国をだますことであり、イギリス人にドイツ人を、ドイツ人にロシア人を、ロシア人にオーストリア人……をけしかけるのである。そして、それとともに各々の政府は自国の人民をだましたのである。

何年にもわたり戦争の準備をし、非常に多額の人民の金をこの準備に消費した。すべての資本主義国における人民の金はどこにいってしまったのか？　学校へ？　病院へ？　労働者の保険に？　無産の民のための安い住宅に？　畑や道の改善のためか？　人民のすべての様々な要求のためか？　全然そのようなことはなかったのだ！

人民の金は戦費や流血の結末の準備に消えてしまったのだ。

国有財産は空になり、税金、租税は増加した。軍需のためにはどんなことも辞さなかった。流血の武力衝突と同様に準備体制をとったのは、ドイツ、ロシア、イギリス及びベルギーの各政府であった。しかし現在、孤児のふりをしているのだ！

民衆、常識のある働く民衆は本当によく知っている。人民の金がどこにいったか、租税や税金が集められ、何のためにツアーリやドイツ皇帝、イギリスやフランスの資本家に軍艦や機関銃をつくったのか知っているのだ……我々のところ、ロシアで何がおこなわれているか、さらに汚れた金の半分が〈建設者〉のふところに張り付いていることを知っている……。

誰が戦争の準備をしたのかを、なぜ今、突然忘れるのか？　戦争責任は、ドイツの労働者、農民にあり、自分たち固有の、役に立たない打算的な政府でない、となぜ考えるのか？　違う。もし責任のある者を探すのであれば、率直かつ正直にこう言うべきだ。「現代の戦争では、闘っているすべての強国の各政府は同様に責任がある。戦争責任者は、資本家、銀行家、地主たちであり、連中のパトロンや友人たちであるツアーリ、国王、ドイツ皇帝で、大臣や外交官も含まれる」

彼らすべては共通の強盗同様な悪党集団である。彼らが気配りしているのは民衆ではなく、自分たちの利益である。戦争が必要なのは民衆ではなく、連中のふところなのだ。このことは、彼らが災いの話をしたために、自らの〈外国の政策〉によりわが身に流血の不幸を呼び招いたのであった。しかし人民には、「行って、死ね！」であった。わが身に不幸を呼び招き、自らが裏切った〈祖国を救え〉である。〈祖国の栄光のために〉死ね、すべての不正、侮辱、屈辱を忘れろ……政府の政策が善行をもたらさないと、戦争前夜に君がすでに分かったことを忘れろ。将校が一兵卒の〈横っ面をはった〉時、たった昨日おまえが憤慨したこと、自国の民衆の無権利を呪ったことを絶対に思い起こすな……今は戦争だ、今、国は〈一体〉でなければならない！……屈辱や迫害、主人の鉄面皮や強欲について思い起こすな！　戦争なんだ！　工場主・搾取者たちは君の〈兄弟〉だ、君と同じ困窮者であるドイツの労働者は君の〈不具戴天〉だと、もし君に言ったとしたら、昨日ならにやりと笑ったであろう。昨日ならまだ君は、地主、工場主、金持ち・主人達の利益のために自分の命を提供するよう君にすすめることを考えついた〈助言者〉に、「とっとと失せろ」と言ったであろう。しかし今日は戦争だ、そうすると君は、君自身と同様、運命に見放された労働者、農民である〈敵〉を切り裂き、不具にし、殺すだろう……君たちの共通の敵――百万長者のために、君は自らの命を捧げ、他国の同志の生命を滅ぼす。それが世界戦争の真の責任者の意志であり、資本家階級の政府、資本のご機嫌取りとその友人たちの意志なのだ！

### 危機に瀕する祖国！

しかし如何にしたらよいのか？　祖国が攻撃され、祖国が危機に瀕している時、闘わないことはできないであろう？

〈祖国のために〉命を捧げようと集まった人自身にたずねてみることにし、真面目に良心に従って訊く、「いったいそのような祖国が労働者やすべての無産の民にあるだろうか？」。それはあるのだろうか？　あればよいのだが、果たして、〈亡命者〉、無産者、失業者が、ひょっとしたら〈見知らぬ国〉が母国より優しい継母になってくれるだろうと、生地をあとにし、信じ、期待しながら、毎年あらゆる国から見知らぬ土地に引きずられて行ったのだろうか？　本当に我々のロシアでは、数十万の腹をすかせ、無一文の貧しい〈移民〉がいるのだろうか？

祖国があるのは、将軍、地主、商人、工場主たちやはちきれそうにいっぱい詰まっている財布をふところに抱えている連中なのだ。彼らや富者、金持ちに〈祖国〉は数々の権利および特権を与え、連中のことを国家権力は心配している。

しかし、いったい何を〈祖国〉は労働者に与えるだろうか？　ロシアの労働者にか、ドイツの労働者にか、フランスの労働者にか？　日々の糧のために闘い、貧困と無権利と闘い、主人、地主、家主たちの迫害、侮辱、苦悩、病気、屈辱……牢獄へぶち込まれるのもひんぱんだ！　ロシアでは懲役、流刑等がおこなわれている……まさに、これこそが現在の祖国がなす、自分の息子たち、ロシアの富を自らの手で創造している者たち、命を捧げ自ら戦争の栄光を買った者たちへの恵みなのだ……。

無産者たちにとって祖国は、母ではないが継母だ……そしてそれにもかかわらず、大勢が言う、「祖国は、祖国の土地を自らの労働の汗にて潤す我々を——その誠実な息子たちを甘やかさないではしい、我らは我らの土地を愛す！　我らは、自らの民衆を、敵・異国人たちの侵入から守り、敵・異教徒から我らが父たちの信仰を救おう！」

しかし、いったい現代の戦争が、ヨーロッパ列強の戦争が、敵・異教徒たちの間でおこなわれているのだろうか？　様々な民族間で？　もっと近づいて監視してご覧なさい。誰が互いに戦っているのか、正教徒がカトリック教徒と、カトリック教徒がルーテル派信徒とか？　クリスチャンがイスラム教徒とか？　そうではない！　この戦争ではすべてが入り混じっているのだ。正教徒のロシア人は、正教徒のブルガリア人とオーストリア人を撃ち、カトリック・フランス人はカトリック・ドイツ人を殺す。イスラム教徒はクリスチャンがイスラム教徒をねらうのを助け、ユダヤはユダヤを、ポーランド人はポーランド人を殺すのだ……。

戦争がおこなわれるのは、宗教の異なる人々の間でもなく、習慣、言語や風習の異なる民族の間でもなく、国家間であり、資本主義列強間なのだ。そのような列強それぞれが飲み込んだのは一民族だけではなく、奪ったのも隣人の土地ひとかけらだけではないのだ……そのような民族や人民をロシアでよく見かけるでしょうに！

オーストリアでも同様である。ドイツも遅れなかったし、必要なときにポーランドの一部を奪い、デンマーク人のホルシュタインを取り上げ、フランスのアルザスを奪回した。ところで、〈海の主権者〉イギリスは？　イギリスは、自らの帝国的支配のもとで、いったい誰かを引っ張って行かなかったことがあったか、インド人を、黒人を、オーストラリア人を、島の先住民たちを……。

列強は自分自身を〈境界線〉で囲み、その範囲にまさに様々な種族や民族を追い込み、そして「ほれ、お前たちの祖国だ！」と表明した。平和時には、「我々の法律に従ってくださいよ」、しかし戦争がくると、「皆さんの義務は、我々が皆さんに押しつけた祖国のために死ぬことだ！……」

互いに争う〈偉大な列強〉は、幾つもの民族や国民を抑圧している。ロシアは、ユダヤ人、ウクライナ人、ポーランド人、フィンランド人と多くのその他の人々を抑圧し、ドイツは、ポーランド人、オランダ人等、イギリスとフランスは、植民地で何千万、何億万人も抑圧している。戦争がおこなわれるのは、人民の自由のためではなく、自国語の自由と権利のためでもなく、労働者階級にとって有益な統一した諸制度のためでもない。否、戦争がおこなわれるのは、列強が如何にたくさんの他民族を抑圧するか、その〈権利〉のためなのだ。戦争をおこなうのは、略奪者たちが獲物を分配するためである。

野蛮な光景が起こる——列強の指令により、単一民族、単一言語、単一宗教の人々が互いに殺し合い、不具にし合い、畑を踏みつぶす……ロシアの農民・ウクライナ人は、オーストラリアからの農民・ウクライナ人の額にねらいをつけ、ロシア領ポーランドからの労働者は、ドイツからの労働者ポーランド人に機関銃を向ける……四五年前アルザス人たちは、〈麗しきフランス〉の栄光のために死んだ。今、彼らはドイツの鷲軍旗のもとに〈自己の祖国〉を守っている。だが誰が知っているのか？ もし〈同盟〉に勝利がもたらされていたとしたら、次の戦争でアルザス人がフランスの〈祖国〉のために再び死ぬことはなかったのに！……。

またイギリスやフランスが自分たちの植民地から何回にも分けて連れてきた、アフリカ人、インド人のすべての兵隊たちに、もし思いを起こせば、どのような〈祖国〉のために彼らは死ぬのであろうか？

かれらの祖国はヨーロッパから遠い遠い国なのだ。そして何が彼らの〈祖国〉に残ったのだろうか。ヨーロッパ人がそこに侵入し、〈列強〉が自らのために彼らを炎と剣で征服した後には？ 彼らには〈祖国〉以上のものはないが、民衆を抑圧しているブルジョアジーの栄光のために死ななければならないのだ。

しかし、資本主義国家により侵略され、戦った民族だけが祖国がないのではなく、ロシア、ドイツ、イギリスの大地の〈誠実な息子たち〉にも祖国がなく、それはこの息子たちがただ単に人民の子どもたちだからなのだ。もし何千万人が雇われた奴隷で、昼夜をとわず資本家集団のために働いているとすれば、祖国のためとは何なのか？ もしこれらの何千万人もの労働者が、自らの鎖以外に失う物がないとすれば、祖国のためとは何なのか？ もし自らの国政の管理、法律の発布、国民経済の監督、国有財産の管理をおこなうのが人民ではなく、旦那連中や金持ち・搾取者集団ならば、祖国のためとは何なのか？

祖国を守り、そのために死ぬ前に、自らのために、人民のために自分の国を、母なる祖国をかち取ることが間違いだろうか？　外部の敵・ドイツ人に向かっていく代わりに、内部の敵を片づける、つまりロシア人民のすべての弾圧者と抑圧者、自らの有害で利己的な政策により人民を流血の虐殺に陥れた者どもを追い出すほうがさらに利口ではないだろうか？　もしドイツ人民が、ロシアを〈ツァーリズム〉から〈解放〉するために前進する代わりに、自分流に自分たちのドイツ皇帝や自己の資本家および地主に報復したら、それはもっと利口ではないだろうか？

自分たちの大砲をドイツ人民に向ける代わりに、フランス人のために自分たちの最も身近な敵を祖国から〈一掃〉することはより利口ではないだろうか？

〈祖国〉を守りながら、労働者や農民が母国語を他国の抑圧から守り、自らの自由を農奴制擁護地主やツアーリから守った時代があった。しかし現在では資本家階級は、最も自由な国々においてさえ自分たちの手にすべての富とすべての権力を獲得したが、ロシアでは貴族たち――地主・農奴制擁護の地主どもが資本家と一緒に人民を抑圧している。今や全世界の資本家たちは、様々な国の労働者を搾取、抑圧する各同盟に結集している。

資本家は、全世界の労働者に対する自分たちの権力を強化しようと、ある国の労働者を他の国の労働者に扇動している。資本家が戦争をおこなうのは、獲物の配分と労働者を分裂させるやり方で労働者を弱めるのが目的である。それ故、現在おこなわれている戦争では、自由および祖国の擁護とのたまう連中が嘘をついているのだ。自由と権力を擁護し、この戦争における労働者階級の大義を守るためには、唯一の道があるだけであり、それは、あらゆる国の労働者間の合意と資本家に対する労働者の統一闘争、社会主義社会を獲得する闘いである。

## もし我らを打ち破れば、悪化する。

ぼろもうけに関する大業がおこなわれている時、すべての国、すべての種族と民族の資本家たちは、〈親しい兄弟〉となり、皆瓜二つである。そして労働者たちは平穏な時にはこのことをよく理解している。ほかのことも彼らは知っている、つまり労働者の利益、労働者の大義に対する〈敵〉は、隣の他国の労働者ではなく、境界のこちら側、あるいはあちら側にいる経営者・資本家連中である。何故、ツアーリあるいはドイツ皇帝の旗のもとに民衆を召集する時、政府が戦争を企てる時、労働者はすべてを忘れなければならないのか、生活を通じての経験は何を彼に教えたのだろうか？　祖国の企業主、商人階級、工場主たちのふところの利益が、無権利で極度に困窮しているプロレタリアート、ドイツ人たちやオーストリア人たちに共通する労働者の大義よりも貴重であるか、それに近いかということについて、言葉に照らし合わせてみる必要がある。

## 戦争の原因

しかし戦争は、忌まわしく、卑劣な行動であり、誰が戦争を擁護しようとするのか！　もし戦争がはじまり、もしここにその戦争が居合わせているとしたら、どうして戦わずにおれようか？

まさに、肝心なのはこの点で答をさがすことである。何故戦争になったのか？　何により戦争は起こされたのか？　どんな原因で？

様々な原因が戦争にはある。土地のために争い、自分たちの地方の自由のために争ったことが以前あった。しかし現在の戦争には、その戦争を生んだのが資本主義であるという、自己の原因がある。資本主義的経済とは、資本、工場、土地が、国内において比較的小集団の間で分配されていて、他の人々にあるのは、自らを養うための労働する手のみであり、その手も彼らは主人たちに、つまり資本家、工場主、小地主連中に売っているような経済なのである。

すべての国で資本主義経済が発展するにつれて、資本にとって自国内では窮屈になってくる。より多くの利益、利息を得るためには、資本のために商品販売の市場が成長し、拡大することが不可欠であり、新しい場所、国、植民地が必要で、そこへは資本家が自分のため込んだ資本を儲かるように出すことができ、かつ、そこから工場主たちが〈原料〉——金属、鉱石、綿花等の商品加工用材料が入手できることが必要である。

現在互いに争っている巨大な資本主義列強は、すべて同じように世界的な貿易市場や植民地を必要としている。そしてそれぞれの列強は、如何にかまわず植民地と他の国々の市場を征服するか、弱小および従属国家における外交的なペテンか、政府と資本家たちのあらゆる可能な買収を用いるか、あるいは武力にておこなうかということのみを考えている。

列強の植民地および世界市場に対する支配権がもとで、現在の巨大な国家間で紛争が燃え上がる。それぞれの列強は貿易市場における独占権（つまり一支配）を持ちたがり、すべての利益を独り占めしたがっている。初め列強は、〈外交交渉〉により紛争解決をはかろうとし、この時それぞれが他の列強を騙し、裏をかこうと努力する。平和時には、外交官の交渉は決して中止されない。しかしこのことについては人民に知らされない。資本主義国家間の紛争は、人民のためではなく、資本家の利益のためにおこなわれる。それは資本家・私有財産所有者である彼らが、国家をいわゆる植民地と〈帝国主義的〉政策の道に押しやるのである。戦争になるか否かは彼らが決める。それでは、人民は何を？　このことだけは知っておけ、「御旗のもとに招いているのは、死ね！……」なのだ。

外交官たちがお互い話し合いに成功しない場合、今では戦争をしかけると脅す。外交官たちの肩の陰には常に鉄砲が備えられているので、国家間には確固とした平和はなく、あるのはただ〈武装された平和〉であり、つまりその平和な時期に各々の国家が戦争に向け強力に準備しているのだ……。

外交官たちの交渉については、労働者も、すべての人民も何も知らない。これらの交渉は〈秘密〉におこなわれる。しかし資本家、銀行家、地主連中は、つまり彼らのために〈戦争政策〉がおこなわれるので、どのように外交官の仕事が進んでいるか常に知っている。そしてほんの少し気づくことは、自分たちの祖国の外交官たちが、ふところの利益を守り抜くことができなかったこと、他の列強の資本家たちの利益が交渉において勝っていることであり、すぐさま戦争を起こそうとしており、「警戒！祖国は危機にあり！　兄弟・労働者諸君、すべての恨みを忘れよう、過去のことは忘れよう！　統一祖国を救おう！……我ら祖国の栄光のために命を捧げよう！」と宣う。

政府は資本家たちの非難に耳を傾けるが、聞かないわけにはいかない、それは政府自体が資本家や地主からなっており、政府は彼らに奉仕しており、彼らの利益と強奪を保護しているからである……政府は資本の望みどおりに隣人を〈挑発〉しはじめ、外交官たちの交渉は〈先鋭化〉している……戦争がそこまで迫っているのが見えるのだ！……。

しかし民衆には真実を語らず、我々の工場経営者や工場主、我々の銀行家と商人は、より多くの利益を得ることを望んでおり、我々のいずれかの植民地、どこかの国を略奪する〈権利〉を我々の資本家たちのために強化できるよう殴り合うのである。これは〈具合の悪い〉ことである。民衆はそのために命を落としには行かない。だから祖国が危機にあると叫ぶのだ！　ツァーリズムあるいはドイツ皇帝主義から隣国の人民を解放するためにおこなうという寓話を考えだすのだ！……。

資本家、地主、銀行家どもは自分たちの書斎に腰をおろし、三倍もの利益を軍隊への納入から自分のふところにしまい込み、戦争の結末を待っているのだ。その一方で民衆は戦い、民衆は滅亡に瀕しており、民衆は自己の命を犠牲にしているのである。そして何のために？　彼らの祖国の搾取者、主人たち、工場経営者地主や工場主の紳士諸氏が、さらによく、幸福で、裕福で、豪華に生きられるようにと……。

民衆は信じやすい！……知識に乏しい。自分個人の利益の意味をまだ理解していない。しかし資本家と政府の召使たちはそれを利用しているのだ。

このように、戦争の原因は世界市場における民族資本の闘争なのである。ロシアの資本は、ドイツの資本とはほかならぬロシアで戦っており、オーストリア資本とはバルカンで戦っているが、イギリスやフランス資本は、ドイツ資本とアフリカ、アジアで小国家の各々の市場で戦っている。各々の資本は衝突し合い、争い、互いに追い出そうと躍起になっている。それぞれが単独で君臨し、自己のもとに〈独占権〉を維持したがっており、商品生産では労働者から、商品販売では購入者から、とことん搾取することを願っている。

資本主義の発達が早ければ早いほど、この戦いに参加する国家が多ければ多いほど、その戦いは先鋭化する。そして戦いはより避けられないものとなる。

現代の戦争が最後のものであると、自分自身を慰めるべきではない。手中に国家権力を遮っている資本家・地主たちが存在する間、戦争は続くのである。現代の戦争と同じように、そのような戦争の目的はただ一つ、〈祖国〉の工場主や商人たちにさらに素晴らしい儲けを確保するためである。この目的に血を流す価値があるだろうか？　そのために仲間である他国の労働者を殺し、都市を破壊し、農民たちの平穏な村落が零落している時、労働者たちが利口に行動しているのだろうか？……果たして労働者は、戦争のために、おのれの私的搾取者や弾圧者・主人たちの儲けや利益のために自己の命を自主的に捧げるほど、彼らを〈好きに〉なれるのであろうか？

## 何をなすべきか？

戦争の真の原因、その目的を理解する時、「今、何をなすべきか？」という他の問題がもちあがってくる。今、流血の虐殺をどのようにやめるのか？　将来どのように民衆を、新しい衝突やいがみ合い、新たなる戦争から解放するのか？

これらの問題の解答を見つける前に、自分自身に一つだけ分からせる必要がある。それは、資本主義が存在する限り、土地、製造所、工場等に対する私有制が続く限り、市民が、持つ者と持たざる者として、国家における権力を握っている資本家に無権利な雇用労働者に分けられる限り、資本家が世界市場における自己の利益のために互いに戦う限り、それぞれの戦争は不可避であるということなのだ。

戦争が止められるのは、資本家の権力が破れた時、民衆に害を与え、民衆を流血の武力衝突の道に追いやる可能性が所有者・搾取者から奪い取られた時だけである。戦争を生み出すのは、不公平で、不正な資本主義社会制度である。戦争を止めるためには、社会制度を変革することが必要である。戦争を止めるには、資本家紳士連中からすべての製造所、すべての工場を取り上げる必要があり、地主からは土地を、私的所有者からは炭坑と鉱山を、資本家らは銀行を奪い取る必要があり、かつそのすべての財産を全人民的所有に変える必要がある。

戦争を止めるためには、民衆、労働者階級が、新しい、より公正な社会主義世界を獲得する必要がある。

民衆自らすべての国民的財産を手に入れ、国民経済国有財産を自ら管理し、すべての市民の需要と欲求のことを自ら考え、生まれ故郷の繁栄のため努力し、民族相互の兄弟的同盟の獲得に努める時、戦争はもはや起こらないであろう。その時は、隣人・人民は互いに零落することはなく、〈侵略的政策〉を遂行する意味がなくなり、自由な勤労人民の平和な国は、常に互いの話し合いにより合意ができるのだ！　その時は、戦争の主な責任者――戦争の後には自分のふところをはちきれんばかりに満たし、数百万の人々を破滅させた資本家の徒党は、それ以上は生じないであろう！……これは、労働者にとり重要な課題である。

しかし、問題は残るし、他の身近な焦眉の課題が残るのだ、つまり、いかに現在の兄弟殺し戦争を止めるか？　何をなすべきか？　どうするべきか？

答えはある。そして、特に重要なことは、答は一つであり、かつそれは万国の労働者に対するものである。つまり、政府が他の国の兄弟に兄弟を、労働者の同志に労働者の同志を派遣すれば、世界のすべての労働者にとり共通の敵は残り、ロシア、ドイツ、フランス、イギリスの各々の労働者の利益は一つで、かつ同じものとなる。

平和をかち取るためには、第一に戦争責任者たちに答えるよう要求する必要がある。いったい誰の責任なのか、ツアーリやドイツ皇帝なのか、彼らの外交官と大臣なのか、これらすべて従順な資本の御機嫌取りたちか、誰なのか、彼らではないのか、流血の災難の責任者は？

彼らに答えさせよう！

無能な政府、金持ち・豪商の庇護者を追放せよ！

ツアーリ、国王、皇帝、ドイツ皇帝を倒せ！　彼らの大臣、憲兵、賄賂役人を打倒せよ！

国家における権力は人民のものであるべきだ！

平和を望む者や犯罪的戦争に飽食させられた者は、人民の外部ではなく内部の敵と戦う兵士の隊列に加わるべきだ。その者は自分自身にこう言うべきだ、「クレストヴニック家、グチコフ家、モロゾフ家、プリシュケヴィッチ家の紳士諸氏と連中すべての仲間たちの栄光のために死ぬより、我が民衆の自由のため、労働者階級の権利のため、労働者の事業の勝利のために我が命を捧げん！……」と。

ロシア人やドイツ人、他のすべての闘っている国々の労働者が自分にそのように言い聞かせれば、世界には流血を続ける力がもはやなくなり、ひとりでに平和はやってくるのだ。

唯一必要なことは、各々の兵士が戦場にて、労働者各人が作業場にて、自分自身に明らかにすべきことは、「我が敵は、自国で我が家にいる自分のような権利を奪われた者ではないこと。資本により誰が抑圧されているか、誰の命が切実な糧を得るための闘いであるのかを」

我が敵は、自分自身の国の中に存在する。そしてこの敵は、あらゆる労働者の共通の敵なのだ。この敵は、倉欲で、裏切りで、階級的な政府である。この敵は、労働者階級の無権利である。労働者同志、敵軍の兵卒よ！　今や我は知る、「君は、我が敵対者にあらず！　手をさしのべよ、同志！　君を含め我ら双方は、虚偽と弾圧の犠牲者なのだ。我らの共通の敵は背後にあり、我らの小銃と機関銃の銃口を、我らの真の、我らの共通な敵の方に向けよう……」

そして、我らの勇敢な司令官、元帥や将軍がすべて我らからあわてて逃げるだろう！……戦いに行こう、それぞれが自分の国、我らの抑圧者に向かって、祖国から人民の真の敵、ツアーリ、国王、皇帝を一掃しよう！

我らの手に権力が握られたその時、我らが自らの平和条約を、負けた資本家の頭上で結ぶのだ……。そのような道がまさに、人民の確固とした平和を目指し、労働者の事業の勝利のため、資本主義社会を公平で、より優れたすべての国の労働者の社会主義的兄弟関係の世界に変えるために闘うことを望む者がとるものなのだ。

この道に呼んでいるのは、同志諸君なのだ。ロシア、ドイツ、イギリス、フランス、イタリア、ブルガリアと他の諸国家の組織された自覚のある労働者・社会主義者たち、社会主義者で労働者の事業に忠実で、偉大な労働者の誓い――「万国の労働者、団結せよ！」を忘れなかった社会主義者たちなのだ。

革命的労働者組織の赤旗の下へ急げ！

大義のために、同志諸君、事業のために！

資本の名誉のための犠牲はもうたくさんだ！

我らの共通の敵は背後にあり！　戦争責任者を打倒せよ！　資本家とツァーリどもを打倒せよ！

我らが祖国の解放と確固たる平和のために戦いに行こう！

間近い待望の社会主義革命万歳！　各人民の社会主義的兄弟関係の勝利万歳！

# 第5章　コロンタイの女性解放論

## 『経済の発展における女性の状況』

コロンタイ登場以前のまとまった女性解放論としてまずその筆頭にあげることができるのは、アウグスト・ベーベルの『婦人論』（一八七九年）であろう。ベーベルの死後一年で第一次世界大戦がはじまり、その五年後にはロシア革命が勃発したため、彼は実際にはロシア革命の成就やその後の戦時共産主義時代から新経済政策（ネップ）にかけてのあの複雑で紆余曲折に富んだソヴェート時代の史実を眼にすることができなかった。またそれによって自己の著書を補うことも不可能であった。この意味でコロンタイの著作『経済の発展における女性の状況』(1)はベーベルの『婦人論』を補足し、発展させたといってもおおげさではなかろう。この著作にはコロンタイの女性解放論の核心が書かれており、その中で一貫として書かれているテーゼは「女性の地位は、いつの時代でも、いかなる社会でも、女性が経済において担う役割によって決定される」というものであった。この著作は、コロンタイがロシア社会民主党の女性部長時代にモスクワのスヴェルドロフ大学でおこなった講義に若干手を加えて刊行されたものである。内容的にはつぎの一四の講義に分かれている。
(1) 原始共産主義時代における女性の地位と役割。
(2) 閉鎖=自然経済下における女性。
(3) 封鎖・自然経済のもとにおける女性。
(4) 手工業、職人的生産、および共同体農業における女性の労働。
(5) 商業資本の発展期およびマニファクチュア初期における女性の地位。
(6) 大資本主義生産の発展と女性労働。
(7) 女性問題の原因。
(8) 女権拡張運動と女性労働者の階級闘争参加。
(9) 世界大戦と女性労働。
(10) 戦時共産主義時代における労働の組織。
(11) 戦時共産主義時代における女性の労働条件とその保護。
(12) 生活革命。
(13) 道徳革命。
(14) 女性問題の展望。

このうち(1)から(7)まではベーベルの『婦人論』の骨子と大体類似している。その内容としては、過去数千年来の人類社会の歴史的ならびに社会的構造の分析、とりわけ女性の奴隷化は女性が社会のための生産労働の分担を止めた結果として起こったことの確認、私有財産制の形態をとりだしてからの女性の経済的依存に起因する男性支配の構造的分析がおこなわれている。またこの資本主義体制のもとでは、ベーベルが言っているようにすべての男性が自分の優位を当然だと思い、女性の大部分もこのことをしかたないことだと諦めていること、まさにこの考えのなかに女性のおかれている状態のすべてが反映されていること等が指摘され、真の女性解放は社会制度の改革を経ずしては不可能であること等マルクス主義的女性解放論に立脚した論が展開されている。

（8）から（14）まではその後の歴史的展開による新しい史実を背景としたコロンタイの分析と創造的提言が述べられている。

（8）の項目ではまずブルジョア女権擁護運動の特徴とその限界について述べられている。コロンタイはこれらの女権論者を特徴づけて、一九世紀全般を通じて彼女たちは生活の全領域において資本主義の枠内で男性と同等の権利を要求しており、新しい社会制度については一度も考えたことがない、と指摘し、また第二には彼女たちが全女性の代表者として階級的予盾を超越していると錯覚していると述べている。また第三には女権論者は、女性が社会に対して生産労働をもたらすのみならず、社会に健康な子孫を与えることを要求していることをまったく考えておらず、母性の擁護、母としての女性の利益の擁護は女権論者のプログラムには入っていないと主張している。

この女権論者たちの思考傾向に対して、コロンタイはつぎのような問題を投げかけている。すなわち、女性の純粋な肉体的特性とその社会的任務である分娩は女性があらゆる面で男性と同等の権利を獲得した場合でも依然として残るということは記憶しておかなければならない。女性が市民であり、また労働者であるばかりか新しい生命の担い手であることこそ、女性をして男性とは違った条件の上に立たせているのである。それゆえ新しい社会を望む女性労働者はこの地点から出発しなければならない。

資本主義経済の発達とともに大工場生産の近代的組織はもはや女性の労働なしには存在できなくなった。しかし一方では強固な私有財産制に基づくブルジョア制度は家族制度を必要とする。女性労働が増大し、一般的になり、女性の経済的自立と夫からの非束縛性がうちたてられると、家庭はそれまでの強固さを失って崩壊し没落する、とコロンタイは予測している。このコロンタイの指摘は現代にも通ずるところがあり、なかなか鋭い指摘といえるのではなかろうか。この資本主義経済の実態とは裏腹にこれに追いついていないのが男性と同等とはいえない立法面での権利の諸関係である。結婚における男女の平等な権利、相続権、選挙権獲得闘争等は一九世紀の六〇年代以来ブルジョア女権運動の焦眉の的となった。女権論者たちは声高に同権思想のみを主張したが、コロンタイはこの考えには与しえなかった。何故なら単純な同権志向のみでは女性の地位の改善はおぼつかないと考えていたからにほかならない。男女同権を求めるのと同時に母性に対して、国家は特別な配慮をするように要求すべきであるというのがコロンタイの結論なのである。

さらにコロンタイはベーベルについて触れ、ベーベルの『婦人論』はいわば「働く女性の聖書」であると絶賛し、この著書によって女性の隷属の根源と理由が明快になり、女性の無権利状態がなぜ生じたかが明らかにされ、ブルジョア社会の性道徳と結婚問題とにおけるあらゆる虚偽と偽善のヴェールが剥がされたと述べている。「ベーベルの著作が出現して以来、売淫問題はまったく別の光の下におかれ、この問題は社会の階級的組織と資本による労働の搾取とに関係ある現象であることが明らかになった」[2]。そしてベーベルの最大の功績は「彼が女性解放問題に関して労働者の二重の任務を明確に公式化したことである」[3]。すなわち、闘争の統一と、母性機能を源として発生する女性に関しての特別な階級的課題に対する明確な認識をもつという任務であるとコロンタイは述べている。

（9）においてコロンタイは、ロシア革命の前段階としての第一次世界大戦時におかれた女性の地位と状況について触れ、戦時中の国民経済に女性が引き入れられたことの功罪について説明している。戦時中男性労働者の不足と女性労働者の賃金の低廉を理由に女性労働者は大量に生産現場に動員された。これは女性があまり組織化されておらず、意識が低く、自己の階級的利益をあまり主張しないことから企業主には都合がよかったからであろうとコロンタイは分析している。女性が生産現場に引き入れられること自体は有害なことではなく、むしろ将来の女性解放の土台を強固なものにする可能性を秘めているが、問題は女性の労働そのものではなく、搾取のされ方にあるとコロンタイは指摘している。

ブルジョア社会は女性労働者の生活負担を軽減したりすることはなかったので、戦時中の女性労働者の生活はますます逼迫したものになり、彼女たちは当然のことながら不穏分子に変化していったのであった。例えば一九一五年の四月暴動の主謀者は兵士の妻たちであった。女工たちもきわめて積極的なストライキ参加者たちであった。しかし一九一八年から一九一九年にかけて交戦国が深刻な不況に直面すると、女性労働者の解雇が相次いでおこなわれ、女性失業者の数が急激に増大した。このように生産力の一時的勃興と停滞は女性労働者の生産現場への誘引と解雇を引き起こすことになり、女性労働問題をより複雑なものにしてしまうのである。企業主は自らの政治的思惑から企業内に労働者をのこそうと努めるが、この政治的胸算用の第一の犠牲になるのは女性労働者なのである。

コロンタイは最後に「資本主義が存在する限り、労働と資本の相互関係問題の有機的な一部分をなしている女性問題を総じて解決することは難しい。ブルジョア資本主義諸国における勤労階級の女性にとっては資本の力が労働を支配し、私有財産制が生産、分配、消費の合理的調整を妨げている限り、女性労働者たちの境遇の改善を期待する根拠は存在しない」と結論づけている。
(10)、(11)では戦時共産主義時代における女性の労働条件の改善と母子保護について具体的な政策が施行されたことが述べられている。
(10)においては戦時共産主義時代に新たに設けられた義務労働制について言及された。社会的富の増大をはかるためには労働能率を高めなければならない。そのためには生きた労働力の計算とその正しい配置を考慮しなければならない。この計算と配置がもっとも簡便な義務労働制という形式をとったのである。
労働能力のある男女に均等に適用された義務労働制は国民経済における女性の役割を根本的に変革させた。個別的な家庭消費のもとで非生産的に消費されていた女性の膨大なエネルギーは社会的な消費組合のもとに一気に開放された。ソヴェート食堂、託児所、コンミューン等の設置は女性の肩から非生産的労働を取り除いた。家事労働から解放された女性の力はもっとも有益なものとして社会的経済に組み込まれた。義務労働制は私生活の根本的改造と共産主義的原則に基づく生活条件の組織化という問題に結びついたのである。

義務労働制によって必然的に引き起こされた生活改革の萌芽は女性の地位に人類史上でもっとも偉

大な変化をもたらした。義務労働制は農村に住む女性にも適用された。農婦を家から誘い、公認された社会的な生産労働につかせることによって彼女たちは新しい条件の上に立った。

都市においてもすべての女性に義務労働制が適用された。この時代には女性労働者の健康と労働を十分に守り、過渡的な時代における個々人の特殊性を考慮した多くの法令が出された。例えば義務労働には男性は一六歳から五〇歳までかり出されたが、女性は四〇歳までであった。すべての妊婦と、八歳以下の子どもをもつ母親は子どもの世話をする者がいない場合義務労働制は適用されなかった。出産後子どもが死亡した場合でも分娩の日から八週間までは義務労働制を免除された。自分を入れて五人以上の家族の世話をする必要のある女性も義務労働制を免れた。三〇パーセントの労働能力を失った女性も同様に免除された。概して女性は比較的軽い仕事につかされた。そして女性を生産に誘引することにより、女性解放の道を開かせたのであると最後に誇らかに記されている。

(11) の労働条件とその保護では、両性の成年に達した男女の労働者に獲得された基本的なものは八時間労働制であった。夜勤は男性の場合は一週七時間以内、女性の夜勤はまったく禁止された。一九一九年一〇月四日付の労働人民部の特別規定により、当該地方の労働委員部、労働組合、労働監督委員会の承認を経て女性の夜勤が許可されるようになった。しかし、一九二〇年一〇月の規定により、妊婦と乳児をもつ女性の夜勤は禁止された。とりわけ、ソヴェート法は母性保護の見地から女性の夜勤、時間外労働、地下労働を禁止した。また保健上有害な生産労働や、運搬の仕事を制限する(重量制限　一〇フント仕事―一四・一キログラム以下)規定も定められた。

しかしコロンタイは全般的な内戦時代において、労働力の不足と現在の労働力を最大限に利用するという観点からこれらの法令がかならずしも遵守されなかったと正直に述べている。それにもかかわらず、ソヴェート政府は労働保護の分野で、とりわけ母性保護の分野では世界に誇れる社会主義的立法の一分野をもっていたと評価している。そしてこの母性保護策の基礎として、十月革命直後に開催されたロシア第一回女性労働者会議で各項目が詳細に審議されたと記されている。この母性保護のための法令の策定にコロンタイが中心的に携わったことはいうまでもない。以下この項ではその具体的な保護策の数々が紹介されている。

ロシアにおける母性保護の基礎には新しいつぎのような原則が打ち立てられている。国家による保障は例外なく全部の市民が受けられるというものではない。他人の労働を搾取していない勤労階級の女性のみがその対象になる。肉体労働に従事するあらゆる女性は分娩期の前後一六週間にわたって国家から生活を保障され、他の労働に従事するものは一二週間にわたる休暇と手当をもらう。この手当は賃金の全額分に相当する。一九二〇年一一月の労働人民委員部の法令により頭脳労働者で特に疲労を覚えさせる条件の労働に携わっている者（例えば、電話交換手、電信従事者、タイピスト、女医等）は分娩の前後一六週間の休暇が受けられる。休暇中妊婦と産婦は彼女たちが権利としてもっている全給与を受けることができる（一九二〇年一一月法令）。乳児をもつ母親はその授乳期間中当該地方の最低賃金額の半額以上を支給される。これでは不十分で、各々の母親は乳児の世話料として現物支給を受ける権利をもっている。ソヴェート・ロシアは備蓄が十分ではなかったにもかかわらず、第一に母親と乳児を保障したのである。規定により各々の母親は乳児に対する支給品として一五アルシン（元ロシアの単位。一アルシンは約七一センチ）の織物を受け取る権利がある。しかし、後年母性保護部はこの支給を既製品で支給するようになった。

乳児をもつ母親は自宅から二露里（ロシアの旧単位。一露里は一・〇六七キロメートル）以上離れた場所で就業しないことを要請された。すなわち、国家の全貯蔵品が算出され、全勤労者の間で設けられた一定の基準に従って分配された。妊婦と授乳中の母親は特別のカテゴリーに分けられた。妊娠の後半期以後から乳児に授乳している期間、母親は勤労者用の配給食料の割当以外に小麦、ひき割り穀類、バター、砂糖等の付加栄養物を受けた。乳児にはその上石鹸と灯油が与えられた。電車や汽車に乗る時、また許可証や身分証明書を受ける時、妊婦は全露中央執行委員と同等の権利をもち、順番を待たずに乗車し、証書を受ける資格を得ていた。これらのことは世界のどこの国にも見られないことである。母性扶助に対する国家の支出は数十億ルーブルに達した。一九二〇年度中にその扶助料は三四〇億ルーブルに達している。同志レベヂェフは的確にもつぎのように指摘している。「母性の保護事業に国家の財政が配分されるようにすることは共産主義の未来の建設者としての新しい世代を保護する事業に衷心より関心を抱いている階級のみが決定することができるのである」

母性の保護と保障はロシア革命のもっとも大きな社会的勝利であり、疑いもなく、女性に集団労働と、自分の本来の使命である母性との統合を容易なものにした。そしてこの項では最後にコロンタイは当然のことながら男女に同一労働同一賃金が実施されていることもつけ加えている。(4)

(12) の生活革命では、革命後の新しい経済システムとともに当然生活もそれにふさわしく新しい原理のもとに構築されねばならないことをコロンタイは提唱している。とりわけ、家事と母性保護と育児の社会化は女性の解放と同時に国家にとっても大なる利益をもたらすと主張している。第一に家事の社会化に関しては、コロンタイは公共食堂と共同住宅の設置と数を増やすことを提言している。コロンタイは、勤労国家で独立した人格をもち市民として承認されている女性が、夫に好感をもたれるがためにいったい誰が何時間も台所に立って時間を費やすことを好むであろうかと疑問を投げかけている。

コロンタイはつぎのように呼びかけている。「男に、女が如何に上手にパン生地をこねるかのためではなく、女のなかに魅力的なものがあり、女のなかに個性や、人間的な〈我〉があるために女を愛し、尊敬させるようにさせなさい！」「結婚を台所から分離させせよ！」ときっぱり言い切っている。そしてこのことは「女性の歴史的な運命においては、少なくとも宗教を国家から分離するより以上に重要な大改革である」[5]。と歴史上未曾有の大胆な発言をしている。

共同住宅に関してはコロンタイによると、戦時共産主義時代にはかなり普及していた。そこでは湯沸かし器や共同台所、共同洗濯所が設けられ、燃料、電灯も保障され、掃除は専任の掃除婦にまかされている。また場合によっては託児所や幼稚園もある。これらの諸設備が完備していれば、女性の精力は蓄えられる。「女性たちは願っている」とコロンタイは記している。「このような家が多くできて、女性の力を消耗させるようなあらゆる無益な家事を一掃すること」を。共同住宅は都市経済や住宅問題を合理的に解決するのみならず、女性の生活から煩雑さを取り除き、家庭と労働の両立を女性に保障するものであったのである。

第二の母性保護の社会化という点では、生産力の発展と生産の復興という見地から母性保護が重要であるという認識に立っている。それは一つにはできるだけ多くの労働力を非生産的な労働から解放することである。またもう一つには未来における労働力の確保である。この新しい原理に立てば、子どもたちへの配慮は個人的、家族的な問題ではなく、社会的、国家的問題である。また母性が保護されるということは、単に女性自身の問題であるばかりではない。それ以上に国民経済の任務からも重要であることは明白である。このように母性は新しい観点からみられるようになり、母性が社会的任務であるという認識がもたれるようになった。ソヴェート権力は、母性の重荷を女性の肩から取り除き、それを国家に転嫁するように様々な方策を講じている。幼児についての配慮と保護、物質的な援助、社会教育的な設備などこれら一切を母性と幼児保護部と教育人民委員部の社会教育課が負っていた。

母親から母性という十字架を取り除いて、母親と子どもとの共同生活が産むほほえみと喜びだけを残すことがソヴェート権力の母性問題解決の原則である[6]。

労農政権下では妊婦や、乳児をもつ母のために設けられた診療所の網は全共和国に広まっている。帝政ロシアでは診療所は全部で六つしかなかったが、現在、診療所は乳児院と同様何千もの数にのぼっている。重要なことは子どものめんどうをみるという肉体労働を母親から軽減することである。

ここでコロンタイは母性に対する考え方を述べている。すなわち、母性たることは子どものおむつを替えたり、子どもに湯をつかわせたり、子どものゆりかごの側に縛り付けられたりすることではない。母性の社会的義務とはまずもっともよい状態で子どもを産むことによって集団に奉仕しているのだという自覚をもつことである。そして第二には自分の乳で乳児を養うことである。そのことによって女性は労働国家の一員たる権利をもち、乳児に対する社会的な義務が遂行されるのである。それ以外の成長していく子どもへの配慮は集団の手に移すことができる。もちろん母性の本能は強い。それを退化させる必要はない。しかし、なぜその本能を自分の子どもに対してだけの狭い愛や、配慮に限定してしまうのか？　なぜこの価値ある本能により高い段階まで素晴らしい芽生えを発達させ、自分の子ではなくて、他のよるべなき子どものことを思いやり、その子らに優しい愛撫と愛を与えようとはしないのであろうか？　このようにコロンタイは自分の子どもだけに限定された利己的な狭い愛をもつのではなく、母たることは単に個人的なことではなく、社会的な義務をも兼ね備えていることを明らかにしている。

労農国は具体的な方策として母親から過重な負担を取り除き、女性を保護する目的で革命の最初の年に「母の家」を建設した。母の家は出産前や出産後の最初の月に煩わしい家庭や家族から一時離れて、最初のもっとも責任ある日々を子どもに注意を傾けることができるように配慮されている。月日が経てば、母の眼は重要ではなくなるが、最初の週間に母と乳児の間にはまだ生理的な結合のようなものが残っており、このようなとき母から子どもを引き離すことは合理的ではない。

その他、育児の社会化のために企業や官庁に属する託児所や、町立の託児所、市立の託児所などが設立されている。これらの施設が労働女性の負担をきわめて軽減したことはいうまでもないことであるが、まだまだ十分とはいえない。このほか三歳までの孤児や、捨て子を収容する子どもの家、三歳から七歳までの幼稚園、学齢に達するまでの子どもの遊び場、子どもの共産の家、子どもの労働の家、小学生や学齢前の児童のための無料食堂などが次々と建設された。

最後の結びとしてコロンタイは家事が資本主義的経済を補っていること、私有財産が強固な閉鎖的な家族形態をなしているブルジョア社会では女性のための出口はないこと、抜本的な生活の改革こそが両性間の相互関係に根本的な変化をもたらすということを主張している。

(13) の道徳革命では、新しい生産条件と経済上の新しい組織は当然のことながら新しい生活と道徳律を生むと述べられている。プロレタリア独裁のもとでは道徳律は集団の利益から直接派生する。両性関係における道徳律の変化はもっとも顕著なものである。第一次大戦時、女性による労働の増大は女性の経済的独立を築き上げた。また結婚外の分娩が増大することにより、過渡期におけるブルジョア道徳のあらゆる規範はたちどころに消滅していった。ソヴェート共和国では革命後の最初の月に教会結婚が廃止され、法律上の子どもと私生児との区別はとりはらわれた。共産制度と義務労働制により、結婚生活からあらゆる物質的打算がなくなった。これまで女性に一方的に求められた貞操や処女性は私有財産の上に作られた社会には必要であった。それは子どもの出生の合法性を決定するのに必要であったからである。私有財産をもつものは血縁の相続者に財産を相続させることを願った。私生児を承認する場合は、蓄積された財産が分散する可能性があったので、ブルジョア社会ではタブーとされた。

革命後に起こった家族婚姻関係の変化とともに売淫に対する考え方も変わった。売淫は女性が男性から経済的に束縛されたことの結果である。自分の労働で自分を養う可能性がなかったことから起きていることである。戦時共産主義時代には女性が家庭外で一定の仕事を必ずもつようになってから、職業的売淫は急速に姿を消すようになった。ソヴェート権力は売淫に対してはまったく新しい見解を示した。売淫が追及されたのは売春婦が売淫をおこなっているからではなく、その人間が働かないこと、生産労働に従事しないことからであった。

総じて労働国家では、女性が職業的な売春婦であるか、または自分の有意義な労働によらず、生活を保障された法律上の夫に自分を売って生活している法律上の妻であるかには差異を認めなかった。(7) 義務労働に従事しない、労働の逃避者であるいっさいの女性は売春婦であるという理由で義務労働を強制されたのである。現実にはネップ時代に党の活動家として名が知られていた夫が自分の留守中に身を売ることしか生きていけない女を連れ込んでいた場面を設定したコロンタイの小説『姉妹』(一九二三年)(8)には「一体どうやってこんな出口のない状態の女を手玉にとることができるのか？　彼は意識の高い要職にある労働者ではないか！　職のない同志をたすけるかわりに彼はその人間を買うなんて！　自分の快楽のためにその肉体を買うなんて！　これは余りにも生々しいことだったので私はすぐさま自分に言い聞かせました。このような人間とは断じて暮らせないと！」(9) 革命間もない時代の貧困と混乱の狭間でコロンタイは悲憤やるかたない思いを綴っているのだ。事実、乳児をかかえた女性は一般的に解雇されやすく、男女差別は禁ずる必要があると一九二二年二月に法令まで出されるが現実には守られなかったようである。女性の失業による売春婦への転落は当時凄まじいものであったようだ。ネップ政権は見るに見かねて一九二二年一二月、解雇に関する男女差別禁止法令の遵守、女性労働者のための職業訓練に重点をおいた諸対策を特別に指示した。(10)

「我々は売春婦と自分の夫に扶養されて生きている法律上の妻との間に、彼女の夫が誰であっても、たとえ、それが〈人民委員〉であろうとも、差別を設けなかった」(11) とコロンタイもつけ加えている。

最後にコロンタイは「家族は進化を経験し、家族的な結束が弱まり、母性は社会的な機能に変化しつつある」と述べてこの項を結んでいる。

終章の女性問題の展望ではコロンタイはいたずらにブルジョア的女権論に立って女性同権主義を唱導するべきでないこと、むしろ、女性の肉体的精神的な特質、両性間の差異や、それらの長所を考慮しながら、その特性に従って、それぞれの異なる仕事を遂行するべきことを主張している。男性と同一の種類の労働ではなく、母性をもっている女性の利益を保ちながら、女性の力を有効に使うことこそがこれから注目されるべき点なのである。このことを換言すれば、女性は国家に対して、男性と等しく働き、また国家に新しい成員を与えるという二重の意味での義務を課せられているのだから、国家の方も当然女性に対して（男女平等という見地からも）特別の配慮を与えることを義務としなければいけないとコロンタイは主張しているのである。もちろんこのコロンタイの見解の大前提になるのは男女同権が保障されていることであるのはいうまでもない。

## ベーベルの女性解放思想

コロンタイは伝統的ロシアの革命的民主主義者たちの思想を基盤にしながら、マルクス思想の多大な影響をうけたベーベルの女性解放思想からも大なる影響を受けた。以下、コロンタイが如何にベーベルの影響を受けたか、その推移をみていくことにする。

ベーベルは一八七九年二月ライプツィヒで、『女性と社会主義』の初版を出した。[12] 折しも社会主義者鎮圧法施行下のもとであったから、当時としては画期的なことであった。その後女性解放のバイブルとして多くの人々に読まれ、一九〇九年にはベーベルはその著作に最後の手を入れ、一九一〇年には第五〇版を重ねたのである。

この『女性と社会主義』のなかでベーベルは「社会の完全なる変革と、社会主義的基盤上での建設によってはじめて女性の完全なる解放が可能である……」と主張し、このことはその後多くの論争をひきおこしたのであった。この場合、女性の男女同権の要求を未来国家の建設の後で保証させるという誤った認識をこの言は意味していなかった。その証拠には一八七五年のゴータの統一大会で、綱領の要求として男女同一の選挙権を提議しているのである。ベーベルはプロレタリアートの責務として男女同権を義務づけたのであった。当時ドイツ社会民主党のなかの俗流日和見主義者たちは自分たちに都合のいいように誤認し、現実の女性の要求とその組織化を無視するような見解に走ったのであるが、ベーベルはむしろ女性の要求を正しく位置づけたとさえ言えるのである。ベーベルの見解を正当なものとして評価したのはまず、ドイツ社会民主党のなかではクララ・ツエトキンであった。当時ドイツ亡命中のコロンタイもこれに賛同したことは容易に察せられる。

コロンタイの活動からもわかることであるが、女性の同権を獲得するための要求を未来の国家の設立まで延期させるという誤った見解とはコロンタイの見解がベーベルの場合とまったく同じようにかけ離れていることは明白な事実であることが証明されるであろう。しかるに初期ソヴェート政権時代にみられた豊かな可能性を秘めた女性解放をめざす萌芽も様々な俗流的な解釈と曲解のために摘みとられてしまったようである。

次に掲げるのはコロンタイが初期ソヴェート政権時代にベーベルの女性解放論をどのように位置づけ、評価していたかが如実に解る論文となっているので引用してみることにする。このベーベルへの追悼文[13]を読むと、ベーベルへの深い思い入れと同時に当時の新生ソヴェート政権においてコロンタイが彼の〈未来図の描写〉を一部実現させようとした意気ごみを感ぜざるを得ない。

## 女性の権利と自由をめざす偉大な闘士――アウグスト・ベーベル追悼

人の言葉が、特に生彩なく、力なく、不完全であると思われるような機会、事件が生じるし、我々が受け入れる言葉では表現できないような大いなる悲嘆も起きることがある。まさにそのような感情が生じたのは、一九一三年八月のアウグスト・ベーベルの訃報によるものであった。

深い悲しみが、大きなうねりとなり労働者世界に広がり、幾百万もの人々の心に響いた。しかし、悲嘆とともに、別の感情も大きくなり沸き上がってきた、つまり誇らしい喜びの感情であるが、これは悲しい事件がすべての国と民族の労働者階級の代表をより緊密に結び付ける糸により、ベーベル自身の出身階層を統一する新しい源に変えられることである。ベーベルの死は、同じ旗のもとに立つ人々にとり大きな損失であるのみでなく、彼の逝去は政治的大事件であり、それに対してはすべてのブルジョア世界が同情するのが自らの義務とみなした。社会と広範なジャーナリズムにおけるこのような生きた関心をかきたてるのは普通、即位した人物、ポピュラーな詩人、高名な芸能人の死だけである。

だがアウグスト・ベーベルは、国王でもなければ詩人でもなく、芸能人でもなかったのである。彼はプロレタリアートの息子にすぎず、自らは旋盤工であり、かつブルジョア世界が憎しみをもちさげすみ、さげすみをもち憎む人々の指導者であった。

労働者党の指導者に対する、その相いれない思想上の敵側からのこの度外れの関心は、なんと説明されるのだろうか？　この場合に絶大な役割を演じたのはベーベル自身の水晶の如く純粋な、堂々とした高潔な人格であることをおそらく何人も否定できないであろう。しかしこの事件が五〇年前に起きたとすると、そのような貴重な人格を有するほかならぬベーベルの死が、このような感情をもたらしたであろうか？

その尊敬は誠実なものか、あるいは偽善のものか、ベーベルの思想上の敵たちが彼の真新しい墓の前でぬかずきながらどちらをあらわにしようとも、これはブルジョア世界の単にベーベルの人格に対するやむをえない譲歩であり、それなりの兆候であり、注意深く育て上げた運動の力と影響力増加の指標である。

ベーベルは、彼個人または彼の功績を賛美することを好まなかった。ジンゲルが亡くなった直後、私は彼から、リープクネヒト、ジンゲル、アウアーおよびベーベル自身のような〈古参〉の大立物がどのように形成されたのか説明を聞くこととなった。このような個人たちが形成できたのは、ベーベルの考えによると、運動がはじめられたばかりの時機であり、党はいまだ弱体で少人数であり、その当時は活動の範囲が果てしなく、人のなかで眠っている才能が存在していたのである。その当時、党内でいま実際におこなわれている分業、機能別専門化はまだ存在せず、活動的な党員それぞれは、理論家であり、実践家であり、政治家であり、かつ組織者であることが必須であった。「その当時は、我々それぞれが万能選手でなければならなかった」とベーベルは語った。それにもかかわらず〈好条件〉だけでベーベルが生まれたのではない。意義があるのは素晴らしい、崇高な人材であった。去ってしまった指導者に〈最後の別れ〉をしながら、ブルジョア世界が何とかして公に認めようとすることは、ベーベルの苦労が無駄にならないということや、組織された労働運動とともに、その成長力が不安な敵意を起こさせるようなまじめな政治勢力、あるいは敵対者を、〈古い世界〉が考慮に入れざるを得ないことである。

しかし、労働者党の力と意義を高めるためにそのように多くの創作活動……を有していた人との死別は、運動の参加者にはとりわけ辛いことである。

もしベーベルの死がすべての労働者階級にとりかけがえのない損失であるならば、もっとも搾取され、かつ困窮に陥っているその階級の部分である、婦人、女性労働者にとり損失の痛みは倍増される。女性労働者がその階級で失ったのは、指導者、偉大な敏腕家のみではなく、女性の全面的解放理念を目指す最も勇敢な戦士を失ってしまった。ベーベルは、女性社会運動の真の創始者であり、その運動の理論家である。彼の著書『女性と社会主義』は、これは文字通り〈女性の福音書〉であり、我々の目には成長し、強化し、発展する女性社会運動の建物の確固とした土台の役割を果たした。

今、三四年前に（一八七九年に）発行されたこの書物をひもとく時、その中で結論づけられる思想と情勢が、我々にとって一般に認められた争う余地のない既知のことと思われるが、それは、その書物の意義と女性問題の歴史において果たしたような、革命の中でベーベルと同時代人たちの知性にもたらしたような大きな役割を、我々が労して自らに説明できるのである。この偉大な書物の功績を評価することが我々にできるのは、たとえ大ざっぱでも現在と過去にあるものを比較した後だけである。

現在、我々には強固で、急速に人数が増加している形成された女性社会主義者組織があり、数万ではなく、数十万の女性労働者を引き入れている。女性社会主義運動は、〈赤軍〉全般に不可欠な補足的要員にすぎない。今日、この要員の利益と必要性をあえて公に疑う社会主義者はいない。女性の人権における自らの回復の階級解放を目指す共同闘争をかち取る女性労働者の要求は、全般的運動課題に数え上げられる。それと同時に、女性運動が広がる、つまりフェミニスト・ブルジョアおよびプロレタリアート・社会主義的運動の二つの互いに著しく異なる方向がすべてより明確に見える。現在では、労働運動に人員と精神的損害をおよぼし、〈性による〉分裂を運動にもたらすことで、これら二つの流れが合流し、女性労働運動がフェミニズムの波の中で溶けてしまうような、如何なる危険もないし、起こり得ない。国民経済生活の激変の渦にさらに大多数の女性たちが巻き込まれるにつれ、対立する社会的両極端の女性代表者たちが相互利益の闘いの分野でぶつかりあうにつれて、全女性の事業、〈姉妹のような感情〉に対する幻想が水蒸気のように吹き飛ばされてしまうのだ……。

女性の権利と利益を目指す闘争の分野での階級的区別がますますより明確に、より明瞭に浮かび上がってくる。

ベーベルが自らの本を書いていた一八七〇年代当時は、まだ大きさも控えめなパンフレットほどのものであったが、それは分厚い本となり、五一版を重ね、すべての主要言語にて翻訳されることが必然的であった。つい最近まで女性労働運動は一般に存在していなかった。女性たちは少数の人々や小グループにて労働者組織に加わり、そのなかで目立たない消極的な役割を演じた。パテルソンはイギリスにおける脆弱でばらばらな女性労働組合を結集し、集中化しようと試みている。ドイツでは女性社会主義者たちが、六〇年代末と七〇年代初めに最初の女性労働者組織を出現させようとしている(14)。

しかし、これらの試みは警察の弾圧による危険にさらされ消滅しつつあるか、女性労働者たちの間に目覚めた抗議の意義を、その時期にはまだ考慮できなかった同志・男性側からの冷淡な無関心により凍結されるかである。

だが、ごく一部の人にとりブルジョア階級の女性収容所における事態がよくなった。その頃、フェミニスト運動ははっきりした社会的組織としての性格をまだ帯びていなかった。国際女性会議もなければ、選挙権国民会議もなければ、女性大会もなければ、活気のあるデモンストレーションもなかった。女性解放理念そのものは、観念論的原則の形式で表現され、その実現の可能性を信じていたのは特別な個人、すたれたリベラリズムの〈偉大な伝統〉の担い手のみであった。そして、純粋に経済分野、熟練した手作業と頭脳労働の市場においてのみ有望な稼ぎへの道を自らの力でつけたが、その道は競争者・男性たちの広い肩でさえぎられるものであった。闘争はばらばらで個人主義的におこなわれ、各々の闘争が自分のことを目指し、〈女性〉のではなく、自らの新しい宿命を運命から取り戻すものであった。しかし、女性はその一歩毎にもう一方の性の代表である競争者・男性たちの抵抗に出くわすことになったので、女性たちはすべての〈悪の根源〉に気がついた。このことから、今ではブルジョア運動からも気の抜けているフェミニストの無邪気な〈男嫌い〉があったのだ。

周知の知的傾向として、フェミニズムが、イギリスやアメリカでより強固な基盤を一八七〇年代に作ることがすでにでき、ナイチンゲール、ジョゼフィヌイ・ビョトレル、フレイ夫人の各々の名前が、女性の社会活動の統一された新しい各分野をそれにて特徴づけ、D・S・ミルを支持する小グループが女性の政治的同権の旗を掲げることを決意したのに、当時、ベーベルが住み、活動していたドイツでは、女性のブルジョア運動がやっと見受けられただけであった。

その運動の輪郭がはっきりせず、かつ定まっていなければいないほど、ルイス・オット・ペテルスとアウグスト・シュミットにとり、階層や階級の区別なく全女性の事業統一を宣言し、すべての女性を団結させることがより容易であった。

悪意に満ち彼等を威嚇する保守的思想の代表者たちに囲まれ、中傷、嘲笑や侮辱を浴びせられる最初の女性たち、つまり〈女性の大義〉、〈全女性の利益〉をめざす戦士たちは、団結し、自らの隊列を固め、抑圧され統一された〈女性の民族〉として立ち上がる……一つの出口を見つけた。そして、あらゆる階層の目覚めつつある女性たちは、自己にとり最も近しく大事なスローガンが映えるその旗に自然に結集された。複雑で混乱した状況が生じた。一方では、民主主義の代表者たちにとっては自らの保護のもとに女性解放欲求を取り入れる必要があったが、他方では、自らには無縁である階層の女性の権利を支持してあたかも労働者階級のように登場し、それでなくても不安定な階級的立場をさらに放棄した。ベーベルの著書は、社会的相互関係のこの迷宮から社会民主主義を脱けださせ、しかも階級の大義を損なわず、かつ女性解放の理念にすべてを奉仕させ、労働者階級が平然と行進できる道を示した。

ベーベルの著書の基本的な命題を思い出す前に、その当時、女性の平等と解放の問題に対する労働者の組織部分の関係がどのようなものであったのか、記憶を再現するのは有益なことである。

一般民主主義的理想の不可分として、理論的には女性の平等の原則を認めながら、大多数の社会主義者たちは、この原則の実現を無限のかなたに持っていってしまった。政治的同権に関する話はなかった。しかし、女性労働の最も本質的な問題である産業への女性の参加については、まだ一八六〇、七〇年代の社会主義者たちにはきわめて混乱した認識があった。当時の一連の労働組織大会、つまりインターナショナルの各大会、労働団体、自主的教育団体等の全ドイツ同盟大会では労働者により規定が採用されたが、それには産業から女性が完全に除外し、女性の職業的労働を禁止する要求が言及されていた[15]。

第一回インターナショナル大会にて、いかにマルクスがクレリとの論争で同じ程度のすべての反動性を証明しても、広範囲におけるこの観点は容易にすたれなかった。立法による女性労働の保護に関し、当時、社会主義者たちは、女性の職業的労働の完全禁止への移行段階としての見地に立っていた。女性労働を規定する法案をドイツ国会で説明したモッテラーは、すでに一八七八年に次のように語った。「我々は、天性により女性に割り当てられた活動範囲外の女性の職業労働に対する基本的な反対者である。我々が願うのは、女性が自らの真の使命に戻ることであり、それゆえ、資本主義的搾取による肉体的、精神的抑圧からの女性解放を望むのである[16]」

社会民主主義側からのそのような観点は現在では有り得ないことだろう。しかし当時はその観点が、女性の工場労働の増加により起こされた重苦しい現実から直接出現したのだ。この労働が労働者の最後のよるべを奪い取り、最後の慰めである家族の喜びも取り上げてしまった。自宅外の女性労働で家庭をなくし、その最後の一かけらの暖かさと憩いを持ち去り、子どもたちを不具にし、母胎の赤子を殺し、女性を老けさせやつれさせたのだ……この新しい現象からの重荷が、最後の手に負えぬ困苦として過ぎ去ったおなじみの家族的形態のなごりに激しくしがみつき、労働者住民に襲いかかった。女性が自宅外の仕事に去るという事実に目をつぶり、この事実のなかに苦しくいまわしくもよき将来への避け難い段階としてあることを認めるために、過去の家族理念の崩壊によるすべての悲哀に耐えねばならなかった。

社会主義者たちを支配したのは、女性市民としての女性の同権問題に関するより小さな不明確な点であった。一八七五年のゴータ統一大会でさえも、党の政治的要求を決定する条項の作成時にそこに女性を含める問題が白熱した論議を呼び起こした。ガッセルマンは双方の女性同権の問題における要求を、将来役立つものと現在受け入れ可能なものに区別する必要があることを証明しようと努めた。「女性の選挙権に関し、最初に必要なことは、何が現在の状況に適応し、何が将来役立つのか区別できることである。言うまでもなく、人類の半数である女性の社会的権利の剥奪はきわめて不公正なことであり、社会が正さねばならないことである。しかし今日、女性は一般的に男性から著しく取り残されており、それはある程度彼女が受けている劣悪な教育によるものである」。従ってガッセルマンの考えによれば、女性に政治的同権を与えるのはまだその時機でないのである。

ベーベルは、すぐさまこの間違った観点に反対し、両性なる者たちに対する選挙権拡大の要求を綱領に入れることを大会で提案した。ベーベルの提案は通らなかったが、それでも彼には譲歩がなされ、単に男性なる者たちと表現した以前の文案箇所に、ゴータ綱領では女性をも意味する「それぞれの市民」の語句が入れられたのである。

そのようないまだ漠然とした思想的雰囲気のもとでベーベルの書も生まれたのである。問題の理論家、社会主義者に困難な課題が控えていた。一面では、女性をあらゆる隷属から解放する原則を労働民主主義の保護のもとにし、生まれた社会経済的関係においては女性の権利を復帰へと指し示すことが必要であった。他の面では、女性運動そのものに明快さを加え、あたかも階級的利益の上に立つような、全女性の事業に関する労働者階級にとり有害な幻想を粉砕することが必要であった。ベーベルの著書により、この二重の課題が解決できたのである。

彼の最初の配慮は、我々の時代における女性と全社会的運動の間に存在する密接な結び付きを解明し、決定することであった。エンゲルスとマルクスの命題を用いて彼は、経済の様々な段階における生産関係と社会における女性の社会的地位との緊密な関連を明らかにした。しかし、ベーベルは過去に留まらなかっただけではなく、彼等と将来を結び付けることができたし、過去に則り女性問題と女性運動の運命の今後の発展傾向を生き生きとした筆致で書き上げたのである。

自分たちにかせられた無権利のくびきを自らかなぐり捨てようとする女性たちに唸り、悪意をいだき身構えるブルジョア社会に向けて、バーホヘンの母性権利理論の支持者である彼が投げつけたのは、この無権利が一度でも神により定められたものでまったくないこと、昔の社会的集団・氏族において主導権が女性・母親に属していた時には、何千年もの長きに渡り異なった関係が支配していたこと、女性の無権利が一時的な歴史的カテゴリーにすぎないということである。

これは重要な命題であり、現代の女性の隷属を根底から揺るがしたのである。史的唯物論の理解に基づきベーベルが自らの書により示そうと努めたのは、社会的集団の中で女性が巡り合う役割により女性の地位が変化することである。女性が直接消費のためではなく、再生産または交換のために参加するところでは女性の地位は別であり、彼女の労働は直接消費材の生産に彼女がたずさわるところ、彼女の労働が家事に限られるところよりもさらに高く評価されるのである。現在、女性の労働は国民経済で重大、かつ多大な役割を果たしており、それゆえ、女性たちには喪失した自らの自由の回復を要求する権利があるのである。しかし、自らの自由を回復し、それを目指し闘う女性の権利を認め、ベーベルが自らの書により強調するのは、その解放が現代の社会的労働制度の枠組のなかでは達成できないことである。女性解放は社会主義でのみ、かつ社会主義を介してのみ可能である。

興味深いことに、母性の権利問題に関するベーベルの主たる反対者の一人は、妻であるマリアンナ・ベーベルである。ドイツの公の学問分野で崇拝されている自身の堂々たる著書『母権と婚姻』のなかでマリアンナ・ベーベルは、母性の権利がどこでも見られる現象であったことは決してなく、また父権制に先行した必須の歴史的段階ではないと断言している。母性の権利はまったく例外的な状況でのみ、農耕文化の比較的低い段階で、個々の農耕種族、好戦的な民族等により取り囲まれていない種族に存在したのであった。一連の理由としてベーベル夫人により証明されることは、母性の権利を無条件で一般化してはならず、さらに多くのおびただしい量のバーホヘンの時代から蓄積された新しい社会主義的資料は、母性の権利がほとんど決まった経済組織だけに該当し、決してすべての民族が必ずこの段階を経過したのではないという命題の正しさを認めさせている。自らの最後の訂正された五〇版でベーベルは、この方向で若干の修正を加え、彼の以前の断固たる主張を和らげたのである。それにもかかわらず、マリアンナ・ベーベル等の科学アカデミー正会員、学者たちの如何なる反論も、社会における女性の地位と国民経済のその役割との間に存在する争う余地のない関係に対するベーベルの基本的立場を動揺させるものではないのである。

私的所有の確立、交換経済の実施、他人の労働の搾取に基づく生産システムの導入とともに、ひとたび女性の抑圧が実社会で起こると、その抑圧が姿を消すことができるのは、これら三つの主要な現象の廃止によってのみである。もし古い世界がそのまま残るのであれば、権利における男性との如何なる上っ面で形式的な女性の平等は、政治的であれ、職業労働的であれ、女性を社会的、経済的奴隷制度から解放しないのである。それゆえ、女性運動が実際に全面的な女性解放の課題追求を望むのであれば、女性と労働者の運動の最終目的は一致するのである。

「女性問題は、我々にとり社会問題の一面にしかすぎない」とベーベルは述べており、この問題は、従って社会的対立を完全になくし、その対立から発生するわざわいを除去することでのみ最終的な解決を見出だすことができる。(17) これは、自らの解放を目指す女性の闘争に対する社会民主主義の特別な関係を定義した命題の一つである。この命題によりベーベルは、現代階級社会の基盤を乱さず、同権と特権を男性とともにかち取ることを予見していたフェミニストたちの幻想を打ち砕いた。

しかし、これらの命題とともにベーベルは、他の命題も提起した。ベーベルは、女性の無権利と抑圧の二重の特徴を指摘した最初の人であった。「女であることでその多くが、二重の関係で苦しんでいる。第一に、女であることは、男性との社会的および公共的関係により苦しむことであり、この関係は変わるが、法の前と権利において形式的な同権では取り除けない。第二に、女であることは、女性が、一般的にはプロレタリアート女性がとりわけ、プロレタリアート男性と同じように、存在している経済的関係で苦しむのである[18]」

女性、とりわけ女性労働者が存在している関係と抑圧のこの二重の特徴は、女性労働運動の二重課題をつくるのである。(一) 無権利と抑圧される階級の女性代表者として、階級の同志と並んで自己の解放を目指す闘争。(二) 女の性の代表者として、女性にのしかかっている特殊な社会的抑圧から自己の解放を目指す闘争。この二重課題は女性の社会運動の基礎をなし、党が明確な階級的立場を捨てずに女性解放問題を社会主義綱領に入れることができた。

余すことなく自らの著書でブルジョアスタイルのフェミニズムへの熱中から女性たちを未然に防ぎ、繰り返し歴史的にかつ現実より手に入れた実際の資料を用い、女性の無権利と抑圧の根本が経済、現存の生産関係にあることを示しながらベーベルは、女性の立場が本来の階級の枠内でもこの同じ階級の男性の立場とは同じでないことに、常に注意を促したのである。「女性と労働者の立場の類似点は多くあるが、ある一つの点では女性は男性の先を行っている、つまり、女性は、奴隷制度におかれた最初の人間的生き物である。奴隷が存在する以前に女性は奴隷とされてしまった[19]」。このことから、自己の要求を階級的同志に注意を促し、党を女性の利益を目指す闘争に参加させる、女性の社会的運動を引き出す特別な課題が生じるのである。

ベーベルの著書は、現在でも女性問題に関する社会民主主義の基本原則読定の理念においてあらゆる厳しい評価に耐える、偉大な役割を果たした。

しかし、この問題の個々の部分に関しては、ベーベルの著書が特に性道徳からブルジョアのかびを除く分野で、傑出した教育的意義をもたらした。ベーベルの外に女であることの代表者としての、女性の解放要求を目指す旗を誰が掲げ、持ったのであろうか？「両性の社会的独立と同権の地位なくして、人類の解放はない[20]」。現代的道徳のあらゆる猫かぶり、すべての君子ぶり、いっさいの表裏性を仮借なくベーベルは自らの著書で暴き出した。結婚と売春は同じ一つのメダルの二つの面にすぎないが、女性の体を商売とする問題に光をあてたそれぞれの頁は、ブルジョアの表裏性と君子ぶりを摘発する源として長きに渡り存在するであろう、とベーベルは明らかにした。主として〈打算〉あるいは〈理性〉に基づく現代の破棄できない結婚とはいったい何であるのかと示し、ベーベルは〈二重の道徳性〉の打倒および心の魅力に基づく自由な結合に対する自らの支持者ぶりを大胆に言明した。

現代社会により用いられる〈二重の道徳性〉に関し、仮借のない皮肉で貫かれている女性の性の解放問題に捧げたベーベルの著書の各頁は、表現力と思考の見事さの点で最も鮮明である。同じようなこれらの頁のために、女性労働者だけではなく、国民の他の階級や階層の女性たちも自らの心の中にベーベルの永久の記念碑を建てるべきであろう……。

アウグスト・ベーベルは、理論分野における単なる女性の守護者ではなく、彼は自己の信念を人生経験に実施したのである。上述したように、彼の第一の命題は、ゴータ統一大会にて党綱領に女性の政治的権利能力の要求を加えるイニシアチブの拠り所にしていた。ベーベルは一八七六年にライプツィヒにて女性政治大会をドイツで初めて開催した人であった。大会が取り上げた問題は、「現代国家における女性の地位および女性の社会主義との関係」であり、大会は女性たちを当時、目前に迫った選挙キャンペーンに引き入れるのに役立った。ベーベルは自己の回顧録で、大会は大成功であり、ホールは満員で、かつ女性たちは提起された問題に自分たちの関心を持ち彼女たちが目覚め社会活動を開始していることを述べている(21)。

ベーベルは一八九五〜一八九六年に選挙権を女性に普及することをドイツ国会に提案した最初の人でもあった。ここでは、ベーベルの声が女性の労働、政治的またはほかの利益のために演壇から高められた事例を列挙することはできない。このことはドイツと国際的社会民主主義のすべての歴史を繰り返すことを意味するであろう。しかし、ベーベルが常に女性労働の幅広い保護と母性の保障の支持者であったことを指摘しなければならない。一八九七年、チューリッヒでおこなわれた女性労働の保護に関する大会で、カールトン・ヴイアルとの論争においてベーベルがとった立場が、産業から女性たちを除外する方法にてのみ女性労働の重大な結果と闘うことがあたかも可能であるというような、古くさい時代遅れになった幻想に終止符を打ち、一八九九年ハンノーバーにおける大会で女性労働の保護分野での社会主義的要求の作成時に指導の絆となったのである。

女性たちがそれぞれ闘いの道に入ろうとする試みにベーベルがいかに暖かく応えたかについては、ロシアの女性労働者には生き生きとした例があり、最初の女性の日に向けロシアに送り届けた彼の心のこもった文章がそれぞれの記憶にある。女性たち特に労働者階級の女性たちは、ベーベルという偉大な教師のみならず、彼等の解放を目指す戦士、彼等の利益の誠実な守護者、真の友人……をも失ってしまった。

# 第6章　『赤い恋』にみるコロンタイの女性解放思想

コロンタイは職業的革命家であり一時大臣まで務めたが、多彩な彼女には社会科学関係の著作のほかに生涯に四作の小説がある。

いずれもロシア伝統のリアリズム文学の影響を色濃く受けた、緻密な描写と鋭い社会的抗議が込められた作品としていまだに人口に膾炙されている。そのうちの一つ、世界的にセンセーショナルを巻き起こした、英語で『レッド・ラブ』として一世を風靡した有名な小説に以下触れてみる。

『ヴァシリーサ・マルイギナ』は一九二三年、『働き蜂の恋』のなかの三部作の一作として書かれた小説である。そもそもこの『働き蜂の恋』は一九二三年、『感情革命と習慣革命』の一巻としてソ連国立出版所から刊行された。一九二七年に日本で初めてこの小説は『赤い恋』として翻訳されたが、この『赤い恋』という題名は英訳の『レッド・ラブ』を借用したものである。邦訳が刊行されるやいなや、赤い国における「愛情の共産化」などと内容が極度に歪曲され、センセーショナルに紹介された。性欲は一杯の水を飲み干すが如きという論理をこの本があたかも推奨しているかのように故意に解釈され、当時、反共宣伝の一部として大いに利用されたのであった。しかし、実際この作品が、性的欲望は一杯の水を飲み干すように簡単に片づければよいという考えに貫かれていたのかどうか、作品に即して検証してみる必要があろう。

## 『ヴァシリーサ・マルイギナ』

主人公のヴァシリーサ・マルイギナは、いわばコロンタイの分身ともいえる人物として描かれている。この小説は夫との別れのあと、一九一七年から愛しつづけた年下の革命家ドゥィベンコとの愛の生活と別離を下敷きにして書かれたのであった。

もともとコロンタイはサンクトペテルブルグの将軍の娘として生まれ、開放的で自由豁達な家庭の雰囲気のなかで何不自由なく過保護に育った。二一歳でポーランド人のウラジーミル・コロンタイと結婚し一子をもうけるが、この結婚生活は三年で終わっている。一九八九年、二六歳の時、コロンタイは家族をふり捨ててマルクス経済学研究のためスイスに旅立った。コロンタイはスイスを中心にヨーロッパの革命思想家たちと交わり、ヨーロッパ仕立ての革命理論を身につけ、九〇年代後半にロシアで盛んであったナロードニキ的なテロリズムと手を切った。一九〇五年の第一次革命が起こったときは、雄弁な革命家として運動に参加し、私的所有を廃止した共産主義こそ女性の真の解放を約束する社会であることを唱導し、ロシアで初めて社会主義的女性論を展開した。一九〇九年には『女性問題の社会的基礎』を執筆し、体制変革なしには真の女性の解放はあり得ぬことをその著で明らかにした。

こうしてロシアの地で初めて、ナロードニキ的な女性革命家でもなく、またヨーロッパのブルジョア的女権拡張論者でもない、新しいタイプの女性革命家が誕生したのである。後にはじまったドウィベンコとの共同生活は当時としては大胆かつ挑戦的なものであり、革命家のなかにもその華やかな男性関係に眉をひそめる者もいた。しかしヨーロッパ仕込みの合理主義的な思考法と子ども時代から身につけた自由主義的な生き方のせいか、二人の愛人関係を通常の男がやっているようにこそこそと隠しだてなどしないで堂々とつづけたのであった。この小説のなかでも自分のリアルな恋愛体験にもとづく愛の葛藤が綿々と克明に描かれている。

ヴァシリーサ・マルイギナは二八歳のメリヤス工場の女工である。彼女は都会育ちの女によくあるように、やせて腺病質な体つきをしている。ヴァシリーサは情熱的で才気煥発なところがあり、戦争がはじまるやいなや「ボリシェビキ」になり、メニシェビキや社会革命党員たちの言を次々と論破した。彼女の夫であり、同志のウラジーミルは、アメリカ帰りの〈アナーキスト〉と人々に言われていたが、このことをヴァシリーサは百も承知であった。事実、ウラジーミルは実務的な能力には非凡なところがあったが、規律性がなく、決議を無視し、何でも主観的にやってしまう欠点をもっていた。彼は少年の頃アメリカに渡り、そこで職業を転々としながら簿記学校にも通い、金持ちの綿花商人に雇われ、自動車の運転手の職にありついた。商人は彼のことを〈アナーキスト〉だと承知しながら尊敬してくれた。そんな彼であっても、ヴァシリーサの彼への愛は決して変わらなかった。

二人はすでに七カ月も別居生活を余儀なくさせられている。ヴァシリーサは一般的な党務のほかに「コンミューンの家」の組織づくりもはじめていた。今までのように皆がバラバラにやっていた単なる「共同住宅」ではなく、「共産主義」的な精神が吹きこまれたものをめざしていた。共同の炊事場、洗濯所、共通の食堂などを設け、皆が集団のために働くという構想をかかげていた。しかし最初の頃は毎日、いさかいと不和の日々がつづいた。ヴァシリーサは毎日役所をあちこちかけずり廻って交渉し、「コンミューンの家」をなんとか軌道にのせようと努力する。

会計報告を役所に提出し、修理補助金も貸しつけられるようになったが、「独立採算制」をとらなければならなかった。彼女の夫のヴァロージャ（ウラジーミルの愛称）に、いかに「コンミューンの家」を維持することが大変か何もかも打ちあけたかったが、夫は夫で重要な任務を抱えて他の場所で頑張っていた。それは彼がかつて勤めたことのある某商会の貿易の仕事であった。その企業を復活させ、調整するという責任ある立場に彼は立たされており、その仕事から手を放す余裕はまったくなかったのである。彼女は「コンミューンの家」の仕事でヘトヘトになっていた。

初期ソヴェート社会においては家事、育児の社会化は喫緊の事柄であった。それは革命的イデオロギーによって推し進められたというより、むしろ革命直後の社会的、経済的混乱を避けるための苦肉の手段をみつけることが肝要であった。食生活の社会化は戦時共産主義の物資の不足から必要とされていた。当時極端な話、「コンミューンの一〇人のメンバーが一片のパンを喜んで分け、一つのスプーンを五～六人で順番に使うなどの生活を余儀なくされており」、コンミューンの家をつくることは必須なことであった。そうこうしているうちに、夫から窮地に立たされているという手紙を受けとり、夫の任地に出発する決心をする。二人の別居理由は互いに相手の仕事の邪魔をせず、仕事に身も心も献げるというためであったのに。

こうして「コンミューンの家」の生みの母であるヴァシリーサは未練を残しながら「コンミューンの家」を去る。

やがてヴァシリーサ・マルイギナは「女たち」の味方として女性の経済的自立と政治的自由の獲得、女性労働者の母性の保護をめざし、彼女らの権利を守る代弁者として日夜励むようになる。彼女はケレンスキー時代（一九一七年七月から十月革命に至るソヴェート政権誕生まで）には市会議員選挙の候補者に選ばれるなど、メリヤス工場の女工たちの大きな支持を受ける。彼女自身、子ども時代から工場で働いていたので、彼女等の言い分も分かるし、要求もよく分かったのである。しかしある時同志たちはマルイギナをこう非難する。

「女たちの問題は後まわしにしたらどうかな？　今は緊急の問題が山ほどあるではないですか！」

ヴァシリーサはこの同志たちの意見にいきりたってくってかかる。

「『女たちの』問題が、どうしてほかの問題より小さいのですか？　みんながそんなふうに考えがちだから、『時代おくれの女』が生まれるんです。もし女性がいなかったら革命はできません。女こそすべてです。女がくよくよ考えたり、夫にぐずぐず言ったりするから男も人生を無益にすごすのです。『女を獲得することは、事を半ば成しとげること』なのです」

と、コロンタイはヴァシリーサに自己の見解を述べさせている。このヴァシリーサの言はソ連時代における男女のあり方を検証する場合、きわめて示唆に富んだ意見である。つまり、ソ連においてはソヴェート憲法にも約束されているように、男女平等が大前提であるが、女性の就業率が高いにもかかわらず実際には家事の大半が女性の手に委ねられていた。とりわけ一八八〇年代の後半には女性の家事労働は週四〇時間に達しているのに、男性のそれは六時間のみと言われている。

もちろんこの背景には家父長敵伝統と根強い男女の性別役割意識が働いていることは言うに及ばない。後年ペレストロイカやグラースノスチなど新しい社会変革のための波が押し寄せたにもかかわらず、このような男女の役割分担意識による女性に対する家事の押しつけの固定化は免れなかった。

従来、ベーベルやエンゲルスは、女性解放は社会制度の変革の後で初めて達成されると言っているが、制度がいくら変わっても人間の意識変革を進めなければ、いつまでたっても女性の真の解放は達成されないことは自明である。制度の変革の後ではなくて、同時に意識の変革も強力に押し進めなくてはならないのである。コロンタイには恐らくこのマルクス主義的女性解放論の解釈の仕方に誤解をもたらずことについて次のように言葉を補って論及している。「女性の隷属と無権利状態は私有財産制の確立と共に発生したと思われている。しかしそのような見解は誤りである」[1]。しかし、この私有財産制は実際、すでに存在していた女性の隷属状態を形式的に強化していたとコロンタイは言うのだ。コロンタイによれば、女性の隷属化の真の理由は「性による労働の分業化であり、生産労働を男が、補助的労働を女がするという分業の在り方にあった」という[2]。一般的には男性論者はソヴェート時代において、性差別は社会的モメントによって誘発されるものとし、生理的モメントによるものであることはほとんど無視していたようである。コロンタイは女性の解放論者としてこの点を鋭く見逃さなかったと言える。

エンゲルスは資本家と労働者の対立は資本家と労働者が法律上平等となる民主共和制において初めて純粋な形であらわれ、それはむしろ止揚されるものではなく、反対にそれが闘われる地盤が初めて整わされたのであると力説している。この論理を男女の対立に敷衍して、つぎのように喝破しているのである。「近代的家族における夫の妻に対する支配の独特の性格や、夫婦の真の社会的平等を実現する必要性とその方法も、夫婦が法的に完全に同権となった時初めて白日の下にあらわれるだろう」(3)。すなわち、エンゲルスの表現を借りれば、「社会主義は男女の対立を止揚するのではなく、むしろそれが真に解決されるための地盤を始めて提供するのである」と。

しかし、全身全霊で女性の解放を怒濤のごとく一気に社会主義によって達成されるべきものと考えていた彼女には、そのような段階的な達成の仕方はどうしても肯定することができなかった。たとえば文中、ヴァシリーサにも前述のように、女の問題を後まわしにして緊急の問題を片づけるとは何事かとどならせてもいる。時折しも臨時政府ケレンスキー政権から革命政権への移行の時期であり、このヴァシリーサ、すなわちコロンタイの考え方は、実にその時代そのものが要求していたアクチュアルなものでもあったわけである。この点に関しては、男性のレーニンも種々心を砕き、つぎのような名言を吐いている。

「社会主義社会の建設そのものは、われわれが女性の完全な労働をかちとって、こまごました、人を愚鈍にする、非生産的な［家事］労働から解放された女性といっしょに新しい仕事にとりかかるときはじめてはじまるだろう……」(4)

ソヴェートにおける社会主義的建設の揺籃期にはこのようなレーニンの柔軟な思考があったにもかかわらず、何故、七〇余年を経たロシアにまったく逆の現象がみられるのであろうか。それはやはり、意識革命の不徹底さと、スターリンの台頭、家庭を生産の基礎単位とするためのスターリンの家父長的家庭強化策と強引な集団的農業の遂行による経済の失敗、スターリン自身のマルクス・レーニン主義の歪曲、社会主義理念を自己の都合で捻じ曲げ、それを個人的覇権主義に徹頭徹尾利用しようとしたことに尽きる。この点は後述することにする。

かくして生産の効率的追求のために、女性は再び家事労働の鎖につながれる革命以前の状態に戻ってしまったのである。

この小説でもご多聞にもれず、ヴァロージャが支配人になってからはやたらと客が多くなり、その接待や料理の手配については料理女がいるにせよ、ヴァシリーサに主婦としての家事が全部委される。しかしヴァシリーサ自身にもそのことの責任の一端があることは否定できない。家庭の外では家事の軽減のために共同の炊事場や食堂や託児所を建設してもらおうと駆けずり廻りながら、家庭に戻ると相変わらず革命前よりつづいている古い夫と妻の役割分担を批判なく担っている。ヴァロージャが「腹がへった。メシはまだか」などと言うのを平然と許しており、首尾一貫性に欠けている。

ヴァシリーサはヴァロージャに対して負い目を一つもっていた。それは自分が処女でないという事実である。ヴァシリーサはヴァロージャと一緒になる時、ヴァロージャの口から純潔な処女のために自分の心と愛を守り通したいというのを聞いて苦々しい気持ちになった。ヴァシリーサは、機械部隊のペーチャ・ラズグローヴイが戦線に旅立つ前に彼と関係したことがあるし、党の組織者で婚約者だった男とも関係をもったことがあるからである。ヴァロージャはヴァシリーサの杞憂を払いのけるかのように「君は僕のもの……君より清い人はこの世の中にはいないよ。君の心は純潔だ」と言ってくれるのであった。

しかしこのヴァロージャの甘い言葉もそう長くはつづかなかった。七カ月の別居生活の後、ヴァシリーサが夫の赴任先を訪ねると、夫が看護婦と関係していたことがすぐにばれてしまうのである。その後しばらく平穏無事がつづくが、ふとしたことから彼にニーナ・コンスタンチノーヴァという若い愛人がいることに気づく。なんでも貴族の家庭の出身で、親類縁者も少なく、ネップマンのサヴェリーエフの世話をうけているとかで、五、六カ国語に堪能という理由でサヴェリーエフが仕事のあっせんをし、住み家もみつけてやったという。ヴァロージャに言わせると、ニーナはブルジョア家庭のお嬢様育ちのため、折れそうにひ弱で自分が守ってやらないと生きていけないのだという。また、ヴァロージャはニーナの処女を奪ったということで彼女に責任を感じ、世話をする義務感をもっているというのである。

一方県議会の統制委員会はヴァロージャを告発しようとしていた。嫌疑をかけられた理由は「奔放な暮し」をし「模範的」ではない行状があること、とりわけ彼が二世帯を維持する金をどこから手にいれているかという点なのであった。しかし実際にはヴァロージャは二世帯を維持できるほどの金はもっていなかった。確かにヴァロージャは、ニーナ・コンスタンチノーヴァを養っていたかもしれないが、ヴァシリーサはヴァロージャの給料では足りなくて自分の蓄えを家計維持のためにどんどんつかっていたのであった。それにヴァロージャは派手好きで、次から次へと党の幹部やネップマンを自宅に招待するので、とうてい彼の給料だけではやっていけなかった。それにもかかわらず、夫はみさかいもなくニーナ・コンスタンチノーヴァに金をつぎこんでいるのだ。ヴァロージャに対するヴァシリーサの疑心暗鬼と不信感は深まるばかりであった。

この小説の後半の部分には、如何にヴァシリーサが男に外に女ができたことで悶々とした日々を送り、ヴァロージャに対する未練と怒りの念が交互に彼女の脳裡をおそい、如何にヴァロージャから次第に愛する気持ちが薄れていったのかが実に詳細に綿々と書き連ねられている。そしてヴァシリーサのこの愛と慟哭の日々は、彼女の愛がヴァロージャに対して如何に真摯なものであるか、そして愛が深ければ深いほど傷も深いということを物語っている。ヴァロージャ自身も二人の女の間で苦しみかつ悩んだ。そして遂にヴァシリーサの方をとる決意をし、ニーナとの交渉をあきらめて彼女を思い切ってモスクワに引っ越しさせようと決意するのである。ヴァシリーサはニーナが土地を離れるときにみせた涙に自分でも思いもよらぬあわれみの情が生まれてしまう。それはニーナの涙に対するあわれみの心であった。ニーナが指の先で涙をぬぐっていた姿を思い出すと、苦しみに悶え、嘆き悲しみ、子どもまでできたのに中絶してしまったというニーナの心の痛みややるせない女心にすっかりあわれみと同情を感じてしまうのであった。そしてヴァシリーサはニーナ宛にペンをとる。

「……あなた方は互いに相性がとてもいいのです。あなたこそウラジーミルの妻になるべきです。

……二人の生活は苦しみ以外何もない」

とつづり、自分がヴァロージャと別れるのは、ニーナが夫をとりあげたのではなく、ヴァロージャの自分に対する愛がさめてしまったからであった、と書く。ヴァシリーサ自身もヴァロージャと別れた後に妊娠していることに気づくが、彼女は当時はやったように子どもを中絶しようとはせず、社会の子として立派に育てあげる決心をするのであった。そのために早くも保育所をつくることに没頭してしまう。そして子どもと共に生きて働き、人生を勇敢に闘おうと新たな決意に燃えるところでこの小説は終わっている。

こうしてみてくると、女主人公ヴァシリーサが同時に何人もの男とあたかも喉の渇きをいやすかのように乱脈な性交渉をもったと一般に言われていることとはほど遠い内容なのである。一人の精神的にも経済的にも自立した女が、あの革命後の国内戦の時代を経た最も経済的に混沌とした時代に、主義のために、また女性の解放のために闘い、かつ愛し、傷つき、懊悩し、自己再生していく過程がきわめて真面目に几帳面に描かれている。むしろこの場合、喉の渇きをいやすかのように同時に二つの家庭をもち、「一人の妻は家のなかの家事をやらせて、党員と結婚生活をやっているという口実にし、もう一人の妻は『秘密の家』に愛と心の慰めのためにおいておく」夫のヴァロージャの方がよっぽど乱れていると言った方が適当である。このヴァロージャの性的乱脈ぶりを、むしろ妻のヴァシリーサの方が、はじめのうちはそれをヴァロージャにとって「一杯のウォッカ」にすぎない、「飲み干せば、すぐに忘れる」と自ら心の高鳴りをしずめ、夫を理解し、そういう夫を受け入れようと無駄な努力をしているのである。

このように実際は性の渇きを「一杯のウォッカ」を飲み干すような感覚で満たしているのは、女主人公ヴァシリーサではなく夫のヴァロージャの方であることはすでに明らかなのであるが、それでは何故世間一般には、まったく一八〇度逆の構図のすりかえがおこなわれ、宣伝されてしまったのであろうか。これには明らかに意図的な理由がある。その理由の一つとしては例え赤い国の共産党員であっても、男性の性的乱脈を糾弾したからといって少しもセンセーションを巻き起こすことにはならないことによるのである。一九二〇年から一九三〇年代の社会的慣習からいうと、そのようなことは西欧では日常茶飯事で、むしろ男の甲斐性ととるのが普通だったのである。ところが女の場合であると、処女であること、女が貞操を守るということは私有財産制度をとる国においては絶対的に求められた要件であり、女が男と同様に自由に性交渉をもちたいときにもち、しかも複数の男ともつなどということはタブーであり、このタブーを赤い国の女はじゃんじゃんやってのけるのだ、なんと空恐ろしい国ではないかということを一部の人が宣伝したかったのではあるまいかと思われる。またもう一つの点は、日本の一九二〇年代、一九三〇年代の左翼活動家のなかに、身の廻りの世話をしてくれ、なおかつセックスの処理をしてくれるハウス・キーパー的なるものを許す下地づくりにこの考え方が一役かったということもあながち嘘とは言いきれないであろう。

さて以上の点と関連して、女が男なみの性道徳観をもつことがタブーとされたことと女の処女性に価値を見出すこととは、まったく表裏一体のことなのである。前述した如く、ヴァロージャが当初ヴァシリーサに自分の愛を処女にのみ献げたいという願望を告白したことと、後に知り合ったニーナ・

コンスタンチノーヴァと別れられない理由を、自分がはじめてニーナの処女を奪ったからだとヴァロージャが述べたことは、彼がどちらの点でも陳腐なブルジョア的な道徳観にのっかってしまっていることを明白に物語っているのである。

ここで注目したいのは、コロンタイが女にも男と同様にブルジョア的な性道徳観をもつことが、それがとりもなおさず男女平等であるとは短絡的に考えていないことである。せめて男も女も同じスタート地点に立って新しい社会にふさわしい新しい道徳観をつくる必要性があることをその著『新しいモラルと労働者階級』(一九一八年)のなかでも力説しているのであって、受けとめる方もこの点を決して性急に誤解してはならない。コロンタイは、いずれ将来女性と男性が同一の道徳的基準で考慮される時代が来ると信じて疑わなかった。要するにコロンタイは、性道徳の内容の如何はさておき、女性が同じ道徳的基準ではまったくはかられていないという社会的現実を手厳しく告発したかったのである。

## ネップ批判の小説

さて、今まで『ヴァシリーサ・マルイギナ』におけるコロンタイ自身の独特な女性解放思想といくつかの問題点をみてきたのであるが、この小説『ヴァシリーサ・マルイギナ』は女性解放思想以外にも、革命後のロシア・ソヴェートが戦時共産主義時代を経て、新経済政策(ネップ)に突入していった時代そのものを実に克明に記録している点でユニークな作品となっている。ロシア・ソヴェート文学のなかでネップ時代を見事に反映させた作品としては、他にミハイル・ブルガーコフの一連の連作『若い医師の記録』や『犬の心臓』、『ゾーイカのすまい』（戯曲）などのすぐれた作品群があるが、この『ヴァシリーサ・マルイギナ』は、ネップ時代におけるネップマン像を典型化させて描いたことですぐれた時代の証言としての役割を担っており、その描写の仕方もリアリティに富んでいて、別の側面から言えばこの小説はいわばネップ批判の小説といっても過言ではないのである。

この小説のもう一方の主人公ヴァロージャは、ネップ政策によって浮上してきた典型的ネップマン（私的商人、私的実業家）として描かれ、否定的人物像になっている。例えば看護婦やブルジョアの娘に手を出せば、党員である以上、統制委員会の査問をうけることになるし、ひらの店員から支配人になり上がってからは、日夜客を呼びつけては豪華な晩さん会を開いたりするし、家政を妻のヴァシリーサに託しておかなければ気が済まなかった。毎晩招待される客は次から次へと変わるが、ほとんどが実務家であり、昔は商人だった人もいる。客のなかにはコムニストがいる場合もあるが、彼らは商売にすっかり馴れ、今では「赤い商人」になりきっていた。主人のヴァロージャも車一台の他に散歩用に馬まで資本として購入し、都会では圧倒的に部屋が不足しているというのに、広々とした一戸建ての家をあてがわれ、何人もの使用人を使い、ぜいたく三昧の暮らしをしているのである。ある時ヴァシリーサが外出から戻ってみると家の庭には積み込み人夫がワイワイあふれていた。彼らは口々に「最高額だ！」「……仕事は放棄だ」とか叫んでいた。

やがて「かしら」が選ばれ、ヴァシリーサと交渉した。ヴァシリーサの方もすっかり興奮し、自分が「支配人の妻」であることを忘れてしまい、積み込み人夫たちの要求問題にすっかり夢中になってしまうのであった。そして彼らの要求をまとめるのを手伝っていると夫が血相を変えて帰宅し、いったいどんな権利があってシンジケート（ネップ初期の計画的原料買付、製品販売のためのトラスト連合）の仕事に口をはさむのかとヴァシリーサを激しく責めたて、「いやらしいペテン師め」とまでヴァシリーサに向かって叫びたてた。ヴァシリーサはその夫の叫び声を聞いて、急に自分たち二人がまるで別々の陣営に所属する敵のように思えて心を深く傷つけられてしまう。ここでは労働者と〈支配人〉がまるで階級的に対立しているかのように描かれ、コロンタイがネップを全面的に否定していることが手にとるように分かるのである。

こうしてすっかりブルジョア的になったヴァロージャは、時々鏡の前でお化粧をし、香水などをにおわせながら囲っている女の家に出かけていく。ここまでくると、シンジケートの人もブルジョアの旦那もまったく同じであるというふうに感ぜられるのである。またヴァロージャはひどく浪費ぐせが身についてしまっている。ヴァシリーサが別居後、夫の赴任先にきてみるとヴァロージャは妻に自慢たっぷりの様子でミラーのついた洋服ダンスや絹の布団、しゃれたランプなどを次々とみせびらかし、自分が如何に高給をとっているか、その額まで言うのであった。ヴァシリーサが夫に「飢えている人がいるというのに、こんなガラクタ共に給料をつかうことがどうしてできるのか」と詰問すると、ヴァロージャは真っ青になって激高するのであった。

ヴァロージャのシンジケートでの有能な支配人ぶりは党中央からも高く評価され、新しい原理のもとに書かれた会計帳簿は特に賞賛され、支配人としての地位を不動のものにしたのであるが、一方では規律を無視し、エゴイスティックで性的放埓な私生活ぶりで何度か統制委員会にかけられ、国家保安部（ゲ・ペ・ウ）の追及もまぬがれないような事態を何度もひき起こした。その度に党員で知名度の高い妻ヴァシリーサを隠れみのにして巧みに泳ぎきって、自己の私腹を肥やしていった。

最初のうちはヴァシリーサも彼を努めて理解しようとするが、何度目かの彼の裏切りのあとで決してこのような男とはやっていけないことに気づくのである。また、彼が何度も開く晩さん会には、ネップマンの連中が代わる代わる訪れ、度々ヴァシリーサに不愉快な思いをさせた。とりわけ人差し指に宝石入りの指輪をはめているサヴェリーエフは、眼が狡猾そうで、すべてを呑みつくすような不敵な笑いをいつも浮かべ、噂によればヴァロージャと「わりかん」でニーナ・コンスタンチノーヴァを囲っているとも言われている輩だった。ヴァシリーサはヴァロージャに、あのいやらしい山師のサヴェリーエフと交際しないでくれ、家には入れてくれるなと何度か懇請するのだが、ヴァロージャは聞きいれようとしない。確かに彼自身もサヴェリーエフを尊敬はしていないが、サヴェリーエフは古いつてをかなりもっていて、顔が広いから、サヴェリーエフを通じて商人たちともつきあいができる、無価値なブルジョアかもしれないが、モスクワは高く買っているから、彼との交際は断つことができないというのが、ヴァロージャの言いわけであった。またサヴェリーエフ以外にも次から次へとヴァロージャの家にあらわれるネップマンたちの薄汚れた面々をコロンタイは実にこと細かく、嘲笑をこめて描いている。

長い別居生活のあとでヴァシリーサが汽車で夫の赴任先を訪ねた時、偶然にも同じ車室で女のネップマンと出会った状況をつぎのようにリアルに典型化している。彼女はおしゃべりでイヤリングをつけ、香水をプンプンにおわせ、絹のものを身にまとってシュルシュルいわせている女だが、何故か同室のヴァシリーサを敬遠し、時にはヴァシリーサにこんなことを言う。

「ねえ、ごめんなさい、あなたのお腰の下に私のショールがありますわ……。しわくちゃになりますのよ」

「ねえ、夜のお仕度がございますの、その間廊下に出てくださらない？」

ヴァシリーサにはこの香水のにおいで鼻がまがりそうな女がこの車室の主人公で、自分がおなさけで入れてもらっているような不愉快な気持ちにたちまちなってしまうのであった。

このように、この小説の全編を通じて堕落したネップマンたちの生活や言動と、革命後国内戦時代を白衛軍と闘った、緊張はしていても充実した日々が交互に浮かびあがり、国内戦時代にはヴァロージャとヴァシリーサがいかに手に手をとりあって同志的愛情のなかで共に戦友として闘ったか、そしてその忘れ去ることのできない日々は二度と戻らないという切なく甘い回想が現実のブルジョア的な生活の描写の合間合間に綿々とつづられているのである。

コロンタイがこの小説でネップ批判をしたことには、それなりに当時の政治的背景が存在していた。そもそもネップとは何かと言えば、革命後の内戦状態のなかで食糧の割り当て徴発制など、あらゆる資源を国の手に集中的に管理していた戦時共産主義の政策から生産者の自主性や商業の自由を認める新しい経済政策に移行（一九二一年）したことをさし示すものなのである。新経済政策 **Новый Экономический План** の頭文字をとってネップと呼ばれた。穀物の調達方法は、割り当て徴発制度から食糧税制度に移行した。割り当て徴発制度は農民のなかに絶大な不満をひきおこし、ソ連のあちこちで暴動が起こった(5)。この徴発制度のおかげで、家族の人数分を差し引いた分が国家に全部強制的に徴発され、そのために農民の働く意欲をすっかり阻害し、不満分子を輩出せしめてしまったのである。この農民の不満をそらすためには新しい経済政策が緊急に必要となった。すなわち、農民が国家に納入する食糧税を一定のものと決め、残りのものは自由に処分できるようにし、収穫をあげればあげるほど農民自身の懐がより豊かになるという原理であった。

この原理はきわめて効果があり、ネップ導入の二年後一九二三年には、革命後初めて外国に穀物を売り出すほど生産量が著しく上昇した。当時農業のみならず商業の面でも一部手直しがなされ、段階的に完全独立採算制や自己調達制がとり入れられ、商業的才能のあるものは、メキメキ頭角をあらわし、ネップマンとして私腹をこやしながら泳ぎ回ることができたわけである。

このように、レーニンは革命後の混乱期にネップを根付かせることによって固定税の思想をソ連の地に導入し、農業を飛躍的に発展させたが、ネップの主要な思想は経済的自主性であり、農業のみならず、一般的に集団的あるいは個人的な生産者が経済的自主性をもつということだったのである。当時「労働者反対派」という分派の党員グループを組織したコロンタイには農業政策を元にしてできたネップの核心を理解することは困難であった。

# 第7章　コロンタイの自由恋愛論と超法規的性道徳論

## 『三代の恋』――世間を驚愕させたコロンタイの恋愛観

コロンタイは職業作家ではなかったので生涯に四冊しか小説を残していない。かの有名な三部作『働き蜂の恋』（このなかの一作が日本で『赤い恋』として昭和二年に翻訳された）のうちの一作『三代の恋』のヒロイン、ジェーニャに象徴される、コロンタイ自身の〈自由恋愛論〉は周囲に大きな波紋を投げかけた。「深く愛するにはあまりにも多くの時間と精力を奪われるが、双方にとって都合がよければ愛なくして結ばれてもそれは〈不道徳〉というレッテルを貼られる必要はない(1)」という論理は当時党内でも激しく攻撃された。

このコロンタイの新しいモラル観は有害なブルジョア的恋愛観とみられ、レーニンから「水一杯論」として徹底的に批判を加えられたのである。とりわけこれらの小説の思想的バックボーンをなしている一九一八年刊行の論文『新しい道徳と労働者階級』は、党内では、もっともラディカルなテーゼとして一大論議をまき起こした。コロンタイは恋愛を多元的なものとみなし「恋愛の究極的目的は

〈大いなる恋〉に基礎をおいた一夫一婦的結合でこれが根本的なものであるが、それがいつもまったく不変で固定化されたものではなく、恋愛結合の様々な型のあらゆる段階がある」と主張し、個人的にも一七歳年下のドゥィベンコとの愛人関係を、華々しく堂々と展開させた。

日本においても大正期より昭和初期にかけて、『働き蜂の恋』がきわめてセンセーショナルに紹介された。この『働き蜂の恋』が何故にかまびすしく、必要以上にわが国でさわぎたてられてしまったのかは今後とも慎重に検討する価値があるであろう。

特に論壇の集中砲火を浴びたものは、かの有名な『三代の恋』に象徴されているコロンタイ自身の異端的〈自由恋愛論〉であった。『三代の恋』のジェーニャ（日本の翻訳書ではゲニアとなっている）は、新しい価値基準でつくられるべき社会主義社会の建設のために日夜奮闘している。内乱時代を経て、新しい社会建設のために振り向けている時間を個人的な恋愛などにぬくぬくと割くことはとうてい許せない。奔放な自由恋愛に走るジェーニャと母親のオリガ・セルゲーヴナは真っ向から対立する。ジェーニャの母、オリガ・セルゲーヴナはジェーニャと一八〇度違う見解をもっているが故に、ジェーニャを理解することも許すこともできずに苦しむのであった。「いったいこれは何なのであろうか？いかなる道徳的基準によっても抑制されることのない、野放図な好色さによるものであろうか？それとも新しい慣習を創造する何かなのか？　あるいは建設途上の新しい階級の〈新しい道徳〉という課題を生み出す何かなのだろうか？」(2)。

オリガ・セルゲーヴナは自分の心のうちをつぎのように告白しているのである。

「それには何等の愛情も、苦しみも、悔恨もまったくありません。そこにあるのはただ自分の正当性に対する冷え冷えとした確信と、どこでどのように会うにせよ、快楽をもぎ取る権利が自分にあるという信念だけがあるのです。これこそが恐ろしいことなのです。そこには温かみなどもまったくなく、他人や他人の善意に対しても何等基本的デリカシイーがみられないのです……」(3)

このジェーニャの考えに象徴されるコロンタイ自身の〈自由恋愛論〉は多くの論議をまき起こし、またいくつかの批判を免れることはできなかった。このうちレーニンとクララ・ツエトキンとの有名な談話「水一杯論」は公人の知るところとなった。「……両性間のお互いの関係は、社会の経済状態と、生理学的見地からの研究によって頭のなかで切り離された肉体的欲望との間の、力の競り合いの表現にすぎないものではありません。両性関係の変化をイデオロギー全体との関係から切り離して直接に社会の経済的基礎に還元しようとすることは、合理主義であって、マルクス主義ではありません。むろん渇はいやされねばなりません。しかしふつうの人間はふつうの境遇の下で溝にはいつくばって泥水を飲むであろうか、あるいは縁が幾人もの唇でぬらぬらにされたコップで水を飲むであろうか？だが社会的側面がいちばん重要です。もちろん水を飲むのは個人的な事柄です。しかし恋愛においては二つの生命が問題であり、そして第三の新しい生命が生じてきます。このことのなかに社会の利害が社会に対する義務が潜められているのです」(4)とし、恋愛が単に個人的な枠組のなかだけでは片づかず、社会性のなかで考慮されるべきであると真っ向からコロンタイの説に反論しているのである。またこの一杯の水論が当時の青年層に与える影響がいかに甚大なものか、この理論の信奉者がマルクス主義者であると主張しても、そんなマルクス主義はまっぴらご免だと激しい憤りをもって主張している。

このことからもわかるように、レーニンは「自由恋愛」をプロレタリア的なものではなく、反動的ブルジョア的なものであるとはっきり区別しているのである。このレーニンの考え方はイネッサ・アルマンドへの一九一五年一月一七日にベルリンで執筆された手紙のなかでいっそう明快に述べられている。レーニンはイネッサの小冊子のプランについて、「恋愛の自由」という要求の全文削除をアドバイスしている。すなわち「恋愛の自由」ということになると様々な解釈が成り立つわけで、レーニンはその自由を十通りに分けて分析している。

1　恋愛問題での物質的（経済的）勘定からの自由か？
2　物質的わずらわしさからの自由か？
3　宗教的偏見からの自由か？
4　ローマ法皇などの禁止からの自由か？
5　「社会」の偏見からの自由か？
6　狭い生活環境（農民あるいは小市民あるいはブルジョア・インテリゲンツィアの）からの自由か？
7　法律、裁判所、警察からの自由か？
8　恋愛にむきになることからの自由か？
9　子どもを産むことからの自由か？

## 10　姦通の自由か？

イネッサの意志に反して、「恋愛の自由」と言えば一般読者大衆は必ず8、9、10の意味ととられることは明白である、とレーニンは主張するのである。(5)

ソ連問題の研究家、ルドルフ・シュレジンガーはその著『ソヴェート・ロシアの変わりゆく姿勢』のなかでイネッサ・アルマンドへのレーニンの手紙をとりあげ、この手紙には、自由恋愛に対する正統派マルクス主義者側からみた見解が最も顕著にうかがえるとし、見かけは革命的で左翼的であっても、実際には反動的でブルジョア的な「自由恋愛」のような要求や様々な流行の考えに対する過熱ぶりに特にレーニンは警告を発していると解釈している。

またシュレジンガーの見解によれば「部分的にはラディカルなフェミニズムとまた部分的には現実的状況から発展させられたコロンタイの自由恋愛のイデオロギーはネップ下の社会的道徳的崩壊の一つの表現となった。そしてそのことが党の観点からけなされたのであった」という結論を下している。また別の箇所で『三代の恋』についてふれ、マリア・セルゲーヴナとジェーニャとの対立を旧世代のボリシェビキと若者のボリシェビキとのイデオロギー上の対立としてみて、単なる世代的ジェネレーションの間のギャップには決して解消させていないことが特徴的である、(6)と評している。

これに対してイトキナはその著『革命家・雄弁家・外交官』のなかで、社会制度が変革され、打算による結婚の基礎が破壊されれば、両性の結びつきが正式的手続きによる（登録婚）形式をとるか、または一時的形式をとるかは問題ではないというコロンタイの見解を厳しく拒絶しながらも、コロンタイが恋愛を〈多角的〉なものとみなし、労働者階級のイデオロギーにおいては恋愛には形式的な境界線はまったくもうけられないという考え方を紹介している。そしてこのことが自由恋愛への呼びかけとして一般に受け取られてしまったとイトキナは述べ、コロンタイが決して単なるブルジョア的なラディカルなフェミニストではなかったことを暗に物語っているのである。(7)

以上みてきたように、コロンタイの〈自由恋愛論〉を強く押し出した性道徳観は当時様々な物議を醸し出したのであるが、当時コロンタイはさまざまな試行錯誤を経ながらも自ら理論構築を模索したのである（その模索中に執筆されたものが一九一八年に『新しい道徳と労働者階級』として出されている）。なぜなら革命以降の新しい共産主義をめざす社会における結婚関係は、マルクスやエンゲルスにとっては定式化されていないからである。わずかにエンゲルスが未来社会における両性関係についてつぎのように記述している。「……来るべき資本主義的生産の一掃後の性的関係の秩序について今日我々が推測できることは主として消極的なものであって大部分は脱落するものに限られる。だが何がつけ加わるであろうか？　それは新しい世代が成長したときに決定されるであろう。この世代はその生涯を通じて貨幣やその他の社会的権勢の手段で女性の肉体的提供を買い取る状況に一度も遭遇したことのない男性たちと真の愛情以外の何らかの配慮から男性に身を任せたり、経済的な結果を恐れて恋人に身を任せるのを拒んだりする状況に一度も遭遇したことのない女性たちとの世代である。このような人々が出てきた場合、彼らは、今日の人間が彼らのなすべきことだと考えていることなど、意に介さないであろう。彼らは彼ら自身の実践とそれに応じた個々人の実践に関する世論とを、みずからつくるであろう――それでおしまいだ[8]」。

このように両性関係の定式の理論化がまだおこなわれていないにも関わらず、現実には社会主義化が進行する社会において、コロンタイならずとも女性解放論に関心のあるものなら、当然両性関係の未来の構図を頭に思い描くに至るのではなかろうか。

もともとコロンタイはスイスのチューリヒでマルクス経済学を学び、このマルクス主義経済学の観点に立って女性問題を論じた著作が多いのである。一九〇九年一月に書かれた『女性問題の社会的基礎』ではロシアの遅れた資本主義体制における女性の最も虐げられた状態を見事に浮き彫りにし、その解放の方向を明らかにしているし、一九一六年の『社会と母性』では各国の母親と子どもの状況を分析し、母と子どもを真に守るためには根本的社会変革が必要であり、早期の共産主義の実現が急務であるとし、一九一七年一二月三一日には「女性の社会的機能としての母性の保護と国家の直接的義務としての幼児の保護」についての審議機関として国家保護人民委員部に母子保護課を設立する。

コロンタイ自身も自分のことを後年振り返って、「自分を社会主義に駆り立てたものは女性のおかれた劣悪な条件であった」と言っているように、エンゲルスやベーベルの女性解放論の忠実なる後継者といっても過言ではないのである。然るに『三代の恋』に代表されるコロンタイの新しい性道徳観への試論はマルクス主義陣営のなかからもブルジョア的自由恋愛というレッテルを貼られ誹謗をうけるに至ったが、その原因は、当時の社会的状況と密接に関係していることは否定できない。すなわち、革命後、国内戦を通過していった時代そのものの特異性を考慮に入れるべきなのである。この時代的特異性を考慮する上で、当時の社会主義政権成立直後の家族法のあり方とその後の推移と変化を視座にいれておくことはきわめて肝要であろう。

## ラディカルな性道徳論「恋愛と新道徳」

コロンタイ自身がもっていた性道徳論は未来社会における婚姻消滅論をも射程距離にいれた、二六年法典よりもさらに上をいく超ラディカルなものであり、一般民衆の意識には、はるかに遊離した絵空言として映ったとしてもおかしくはなかった。しかしながらコロンタイの基本的理念は経済的諸条件の制約からの人間解放をめざした、原始的マルクシズムをあまりにも純粋かつ忠実に履行せんがための模索であった。そしてそのラディカルな理論内容はその過程における試論であり、決して到達点を示すものではなかったのである。

コロンタイの道徳論を強く反映した文学作品として『働き蜂の恋』のなかの三部作のひとつである『三代の恋』があることはすでに言及した。この作品の理論上の中心的バックボーンをなすものとして『新しい道徳と労働者階級』のうちの「恋愛と新道徳」(一九一八年執筆)という論文があるので、その理論的内容と構成を考察してみたい。日本においてもこの「恋愛と新道徳」の内容がコロンタイ受容にあたっては誇張され、歪曲されたかたちでセンセーショナルに紹介されたきらいが大いにあった。

コロンタイは「恋愛と新道徳」のなかでドイツの女流作家グレーテ・マイセル・ヘスの論文「性的危機」を参考にしながら、両性結合関係を(1)合法的結婚、(2)売淫、(3)自由恋愛、に分類している。そこでコロンタイは両性関係の最も良き関係を築くためには人間心理を根本的に作り替え、恋愛能力を高めるよりほかはないと指摘し、そのためには当然の帰結として、社会的経済関係の根本的な再構築、すなわち共産主義への移行が必要であることが大前提となっている(9)と指摘する。

合法的結婚は、①結婚の不解消性——一方的解消の宣言では不可能であること、②所有の不可分性という二つの嘘の原理に基礎をおいている。①の結婚の不解消性は、心理学上の学説と矛盾する〈人は全生涯変わらない〉という考えに依拠しており、たった一度で幾百万人もの同時代人のなかから自分の魂とぴったり調和する他の魂を、ただそれだけで結婚を保障しうる第二の〈自己〉を見出すことを要求するのである。

マイセル・ヘスはこの点を住居にたとえて、「結婚は住居のようである」、「その欠点は住んでみてはじめて分かる」。だからといって不完全な住居を何度も取り替えることは、それは運が悪いことなのである。「長い人間の生涯のなかで、恋愛関係の取り替えは正常な、不可避的なこととして社会のなかで認められるべき現象である」とマイセル・ヘスは主張している。

②の所有の不可分性については、結婚者に対する財産の支配をコロンタイは指摘し、財産が第一で恋愛が二の次になり、人格的幸福と喜びは金銭の所有関係に従属することになると述べている。こうして真実の愛は窒息してしまう。この所有関係は夫婦関係においては狭量なる同居を導いてしまうのである。経済的独立のない夫婦の一方は、相手が自分とは調和しない精神・肉体の持ち主であっても適応するように義務づけられ、同居を余儀なくされるのである。たとえこの場合、災いのような愛があるとしても、日常的同居は火のような恋を冷ややかなものにし、耐えがたい紛争を引き起こすもの

なのである。

合法的結婚の「不解消性」と「所有の不可分性」は人間の心理に有害な作用を及ぼす。合法的結婚の今日的形式は精神を貧困にし、ロシアの天才トルストイが憧れを抱いている「偉大なる愛」の蓄積をいかなる形にせよもたらさないのである。

つぎにコロンタイは（2）の売淫についてふれ、売淫の社会に対する害毒を分析している。すなわち、売淫は人間のノーマルな観念を歪曲し、精神を不健全にし、貧弱なものにし、情熱的な恋愛経験の能力を精神から奪い取ってしまうと激しく批判している。コロンタイは一九二一年に書いた「売淫とその闘争手段」のなかで、「売淫において役割を果たすものは女性の生得的な傾向ではなく、まずなによりも第一に女性のおかれた保障のない立場や、夫や家族、結婚から独立していない女性の立場と堅く結び付けられた社会的現象である。売淫の根は経済関係のなかに埋没されている」と売淫の根本原因を鋭くついている。

革命政権樹立後、一時、街から消えていた売淫が、ネップ政策が原因になって息を吹き返した事実はコロンタイにとっては実にやるせない怒りを催させる事実であった。このブルジョア的社会現象に対して真っ向から抗議の狼煙をあげて書いたのが、『働き蜂の恋』のなかの一作『姉妹』であり、そのなかでコロンタイはネップによる混乱ぶりを克明に描くことによって最も激しいネップへの批判を展開させたのである。

つぎに（3）の自由恋愛についてである。これは古き道徳に対して新しい道徳という意味で出現したのである。真に自由な恋愛は、合法的結婚や金で得る売淫と比べるとはるかに時間と精力が必要になってくる。ただ会うだけでも仕事のための大切な時間が大幅にそがれてしまう（『三代の恋』のなかで主人公の言い分として同じことが繰り返されている）。自由恋愛は結局別れてしまうか、合法的結婚の型をとって終わりになってしまうかである。

「大いなる恋」を基礎とした結婚を考察してみると、「大いなる恋」はわずかな幸福者にしか与えられておらず、運命の与えるごく希な贈り物なのである。マイセル・ヘスは「大いなる恋」がないときは「恋愛遊戯」で代用されると述べている。さらに「大いなる恋」が全人類の財産となるためには精神を高く深めてくれる恋愛学校を通過しなければならない、「恋愛遊戯」も人間の心理に恋愛能力の蓄積を可能にさせる学校であると力説している。

「『恋愛遊戯』は相手を完全に所有しようと要求したりすることや、すべてを呑みつくす悲劇的顔をしたエロスではないばかりか、単に生理上の行動にすぎない無教養なセクシャリズムでもない。（中略）

『恋愛遊戯』は非常に洗練された精神と細やかな思いやりと心理的な気配りを必要とする。それ故に、『大いなる恋』それ自体より、より多くの人間の魂を教育し、形成することができる」

こうして情愛的な僚友の学校を卒業したものだけが、「大いなる恋」を得るにふさわしい人間となり、情愛的僚友関係は恋愛能力を高め、「大いなる恋」を受け入れるための準備を整えてくれるとコロンタイは述べている。そして恋愛の秘める潜在能力についてコロンタイはつぎのように高らかに唱導するのである。

「あらゆる恋愛経験は人間の精神を貧弱にするのではなく、逆に豊かにしてくれる。恋愛はそれ自身一つの大きな創造力である。恋愛はそれを感じる者のみではなく、それを贈られる者の心を拡大し、豊かにしてくれる。

恋愛がなければ人類は味気ない、貧弱な感じをもつに違いない。恋愛はきっと未来において崇拝されるであろう。自分の個そのものの認識、永遠に我々を脅かしている精神的孤独から逃げんとする熱望は決して生理的飢餓の荒っぽい満足では達成されない。

恋する者との完全な調和の感情だけが、この渇きをなおすことができる。ただ〈大いなる恋〉のみが完全な満足を与えることができる」

このようにコロンタイは究極的恋愛の目的は単純な肉欲の満足ではなく、人間の精神生活を高め、真に精神的充足感を与えてくれるためのものであることを力説しているのである。こうみてくると、コロンタイが性欲は一杯の水を飲む如く満たされるべきものだとして自由恋愛を唱えたと世間からこれまで喧伝されてきたこととは実質は一八〇度異なっていることが分かる。そして最後にこの理想的究極の形は、「大いなる恋」に基礎をおいた一夫一婦的結合であり、この型は性的結合の根本的な型となるであろうことを予測しているが、だからといってそれがまったく変わることなく固定化されたものではなく、一夫一婦制とならんで情愛的な僚友関係の限度において、恋愛結合の様々な型のあらゆる段階があるとしているのである。

このようにみてくると、一般的に『三代の恋』の主人公について、刹那主義的に恋愛の真似ごとをやっていると今までコロンタイは世間から顰蹙を買ってきたが、真面目な思考のもとに書かれていることが理解できるであろうし、コロンタイが究極的には一夫一婦制を目標としていたことは周囲の人々には理解されてこなかった意外なる事実であったと思われるのである。

コロンタイは一九二三年の論文「翼あるエロスに道を与えよ！（勤労青年への手紙）[10]」のなかで労働者階級のモラルはブルジョアジーのモラルよりいっそう厳しく、冷酷に翼のないエロスを排斥するであろうとし、ブルジョア社会における単なる肉欲の追求である売春のもとでの一方的な性欲の満足や、盗まれた愛である姦通を退けているのである。「翼なきエロスは肉体的消耗を招き、心のつながりや、快い感情の発展を妨げ、両性の相互関係における不平等を招くものとして労働者階級の利害に根本的に背くものである」と述べ、「翼あるエロスは翼なきエロスと同様にその基礎には性愛がある」としながらもこの二つの差異はつぎの点にあるとコロンタイは分析している。「他者に対する愛が新しい社会の建設に必要なものと認識され、プロレタリアートのもとでは愛は万人にむけられるが、ブルジョアのイデオロギーでは、愛は一個人に向けられる[11]」とし、翼なきエロスを堕落の象徴とみたのである。コロンタイはこのように一時的に俗流マルクス主義者が唱えていたような共産主義における間違ったモラル観を自らの論文の提示によって糾したのであった。

# 第Ⅲ部　ロシア／ソヴェートにおける女性問題

# 第8章　ロシア独特の女性解放運動

一八二五年、ロシアでは史上初めてツアーリズムに対する革命的行動がみられた。そしてこの行動はほとんど例外なく貴族によっておこされたものであった。当時ロシアの地を占めていたのはツアーリの専制のくびきの下におかれていた圧倒的多数の農民とごく少数の一握りの貴族たちであった。大部分の農民たちは文盲で、日々の生活に追われるばかりで、自分たちのおかれている構造的矛盾の解決には眼が行き届かなかった。この構造的矛盾にまず気づいたのがいち早く西欧的な合理主義を身につける機会を得ることのできた裕福で教育のある青年貴族たちであった。これらのごく限られた良心的貴族たちが一八二五年一二月、ツアーリ専制に反旗を翻しておこした蜂起、当時ヨーロッパ中に名を轟かせた「デカブリストの乱」（ロシア語では一二月のことをデェカブリということからこの名がついた）によって、多数の貴族たちがシベリア送りになり、家族と引き裂かれることになった。

## 自由をかち取るための闘いに身を投じたデカブリストの妻たち

シベリアの所轄署はツアーの命令がある以上、女たちを夫や息子の下にやるわけにはいかなかった。

最初にやってきたのはエカテリーナ・イワーノヴナ・トルベツカヤであった。彼女は夫がぼろぼろになった毛皮の室内着をまとい、腰縄をつけているのを見て、最初は卒倒してしまった。アンドレイ・ローゼンの回想(1)によれば、トルベツカヤはさして美貌でもなかったが、話しはじめると、その穏やかで美しい眼は光り輝き、快い声と流れるような知的で、善良な話し言葉は人を引きつけずにはおかないので、すべての人が彼女の話に聞き入ったと記録にある。

トルベツカヤについで、マリア・ヴォルコンスカヤが二番目にやってきた。夫のセルゲイは足かせを鳴らしながら、彼女のところに走り寄ってきた。後年ヴォルコンスカヤはその有り様を回想してつぎのように語っている。「その足かせを見て、私は気も動転して彼の膝の前に走り出て、まず足かせにキスをして、それから、彼にキスをした」彼女が夫を追ってシベリアにやってきたことは、純粋で無私な愛国主義の激情のために献身した人間に対する深い尊敬心を証明していた。トルベツカヤやヴォルコンスカヤにつづいて続々とシベリアに女たちがやってきた。女たちは監獄の近くの粗末な木造の小屋に住み、自分で食べ物を準備し、水汲みに行き、薪を割り、ペチカをおこした。女だけの共同生活がはじまった(2)。女たちの存在は囚人たちに大きな喜びとはげましを与えた。その時ロシアの有名な詩人アレクサンドル・オドエーフスキーは喜びの詩を歌った。

瑠璃色の空より天使が舞い降りて、
うつせみの娘のすがたとなりかわり、
慰めの笑みを浮かべて、

囚われびとに
愛と心の安らぎをもたらせり。(3)

このようにシベリアに単身やってきて夫の身近で生活をはじめた女たちの存在は囚人たちの大いなる心の支えになった。とりわけつぎの女性たちは歴史に名をとどめている。

エリザヴェータ・ペトロヴナ・ナリシュコーヴァは他の女性と同様夫の最良の友であった。五年間は夫とともにネルチンスキーの採炭場にいて、最後の五年間はクルガンのトボルスキー郡にいた。アレクサンドラ・イヴァーノヴナ・ダヴィドワは、子どもをペテルブルグに残して夫のもとに赴いている。彼女の切々とした気持ちは、ラエフスキー総督宛の書簡のなかに赤裸々につづられている。

「あなたさまは私とあなたの兄弟のことをお忘れにならず、私どもの子どもたちのことを父か本当の兄弟のようにおしらせくださいました。夫は度々私どもの子どものことを嘆き悲しみますが、私と同様神とあなたさまに希望をもっています。私はすでに自分のすべてを哀れな夫に捧げています。そしてたとえ子どもとの別れを惜しもうとも自分の聖なる責務を果たしているのだと言うことで慰めています(4)」

音楽家のチャイコフスキーは妹がデカブリストの息子と結婚していることからこのダヴィドワと知り合いになった。エヌ・エフ・フォン・メック夫人との文通のなかで、彼はこのダヴィドワについて一度ならず尊敬と親しみを込めて書いている。

「ここの生活の魅力はカーメンカに住んでいる人々や、総じてダヴィドワ家の家族の人々の高い精神性にある。この家族の首長は年とった夫人のアレクサンドラ・イヴァーノヴナで、人々と衝突するときに味わわねばならない数々の失望のぶんだけそれに報いてくれる人間としての完成度の高さをそなえている」[5]

そのほか一八二九年、チタより夫についてベレーゾフへ移動したアレクサンドラ・ヴァシーリエヴナ・エンタリツエヴァや、カミーラ・レ・ダンチュ（のちデカブリストのヴァシーリー・イヴァショフの妻となる）等がいる。カミーラは音楽の才に恵まれ、十分に教養があり、グランドピアノをひき、歌を歌い、マリア・ヴォルコンスカヤと上手にデュエットしたりしたといわれている。カミーラとイヴァショフの結婚はたいへんうまくいった。一八三二年の結婚記念日にはカミーラは母親につぎのように書き送っている。「私たちのこの一年間の結び付きはまるで幸福な十年間のようにすぎました」しかし、幸せは長くはつづかなかった。八年後カミーラは早産のため他界した。夫も彼女のあとを追って一年後に他界したといわれている。

デカブリストの妻たちは、監獄で夫とともに過ごすことができるように憲兵の主任に嘆願書を提出した。一八三〇年九月三〇日、それは受理された。当時の監獄の苛酷な状況はたとえようもなかった。「監獄のなかは蝋燭がなければ半日はなにも見えない状況で、壁は多数のひび割れで隙間風が入り込み、寒気はことのほか酷かったので骨身に応えた」（トルベツカヤの母への手紙、一八三〇年九月）ほどであった。

エヌ・デ・フォンヴィージナも当時つぎのように書いている。「あなたにはこの監獄の暗さや、湿気、寒さを想像することができないでしょう。もしもみんな健康で、健全な頭のままでいられるなら、それは驚くべきことなのです。なぜならここはとても暗いので、まったくなにもやることができないのです」

こうして過酷な自然と向き合い、また夫たちに対する国家権力の理不尽な干渉と非人間的な取り扱いを眼のあたりにして、デカブリストの妻たちは次第次第に目覚めていったのである。

エム・ヴェ・ニェシュキナはつぎのように言っている。「妻たちは夫の流刑の原因について考えるようになった。そしてそれらを考えていくうちに彼らの味方になった(6)」

女たちは自分の名前で手紙を書き、時として夫の手紙をコピーし、夫のために文通の手紙や小包を受け取り、ロシアや外国の新聞や雑誌をとった。この仕事は社会的な性格をもっていた。シベリア流刑者の情報が祖国の枠を越えて遠隔の地まで広がることをねらったのである。しかし、女たちはつぎの規則に同意させられてしまった。「監獄ないし、その壁のなかに住む囚人の妻たちは手紙を開封の状態で司令官に委託する以外は送付することができない。あらゆる手紙による伝達は他の方法では禁止する」。そこでデカブリストのなかのイヴァン・プーシンはシベリアに到着するや、父親と姉妹につぎのように非合法的に書いている。「そちらには合法的であろうと、非合法的であろうと書きます」好機をとらえて、プーシンは姉妹に予告している。「僕は行間にレモンジュースで書くよ。だけどレモンには注意してくれ。なぜならムハーノフが、この巧妙さはすでに明らかにされているとこの前言っていたから(7)」

流刑生活において夫とともに過ごした長い月日は女たちにとってはことのほか辛いものであったが、反面人生の良き学校になった。それは人生経験を豊かにしたばかりか、彼女たちのなかに専制に対する憎しみと積極的な抗議の感情を芽生えさせ、彼女たちを社会の不正を追及し、真に祖国に献身するという、社会性のある自覚ある女性に成長せしめたからである。こうしてデカブリストの妻たちの活躍はロシア中に広まった。これらの妻たちの勇気ある行動は女性の意識を目覚めさせ、一人の独立した人間としての自由をかちとる闘いに女性たちを駆り立てていった。すでに一八三〇年代から四〇年代にかけて、個人的自由と親からの束縛からの解放をかち取るための闘いがロシアの地でもみられたのである。

## チェルヌイシェフスキーの女性解放思想

新しい型の女性の典型はア・イ・ゲルツェンが主宰するモスクワグループの参加者のなかにみられた。一九世紀半ばのブルジョア的な改革と解放を望む革命的な精神は、女性運動の意識を高揚させた。しかしはっきりとした政治的綱領がないまま、女性運動は完全に限られた社会的傾向である反封建主義と、民主主義を守るものであった。一方では、ロシアにおける女性運動は革命的な経過や社会主義的教義の影響のみならず、西欧のフェミニズムの影響もうけていた。とくに影響を及ぼしたのは医学博士のジェニー・ド・エリクールが執筆し一八六〇年にパリで刊行された『解放された女性』であった。しかしながら反封建主義、民主主義的傾向がきわめて鮮明なロシアの女性運動は、ヨーロッパのフェミニズムの枠を越えたものであり、より一層広範な、深いものであった。

西欧では特に女性解放で名がのぼるのは女性自身である。しかし専制主義のロシアの条件下では、女性がいまだ市民として未成熟であったがゆえに、女性運動の思想的大黒柱になったのは男性であった。しかしながら、女性解放思想が形成されるやいなや、その積極的な唱導者となった女性たちはそれを継承し、活発な行動によってその内容を豊かにしたのである。とりわけ一八六一年の農奴解放にいたる大改革時代には農奴の解放と同時に女性の解放も叫ばれ、農奴解放論を唱える革命的知識人たちは同時にまた女性解放論者でもあったのである。これらの革命的知識人としては、まずチェルヌイシェフスキー、ピーサレフ、ドブロリューボフ、ゲルツェン等をあげることができる。とくに『何をなすべきか?』(一八六二年)を執筆したチェルヌイシェフスキーの女性解放思想は当時多くの人々の感動を誘ったのであった。

ニコライ・チェルヌイシェフスキーは一八二八年、ロシア正教の司祭の息子としてサラートフに生まれた。ペテルブルグ大学歴史・言語学部を卒業後、評論、西欧の新情報の伝達、紹介、翻訳をおこなっていた。様々な西欧の新しい情報に接するに及んで上位からの「農奴制の改革」の限界を知り、農民自身が覚醒し、農奴制を打倒する運動の展開を脳裏に思い描いていた。この構想はナロードニキに引き継がれることになるが、この間の運動展開の構想を誤認事件の逮捕で収監された獄中で文章化されることになった。この収監中にかかれたものが『何をなすべきか』であった。これは一応小説とされているが、一八世紀、一九世紀のロシアにおいて小説とされていたものはいずれも単なる文学を超えて、広く思想、哲学、社会情勢を伝達する一種、瓦版のような役割をもっていた。チェルヌイシェフスキーは、この小説を通じて西欧の自立し、お互いを尊重し、個性を磨き合いお互いを高め合う人間関係をこの小説の中で体現させた。当時西欧ではジョン・スチュアート・ミルの『女性の権利の擁護』など華々しい女性の個の確立が叫ばれた時代の影響を見逃すことはできないであろう。獄中で書かれた『何をなすべきか』は秘密裡に獄外に持ち出され、「同時代人」に掲載された。

一八五三年チェルヌイシェフスキーは今や自分の幸福そのものである人との関係をつづった日記のなかで強い決意を書いている。

「ぼくの考えでは、女性は家庭ではふさわしい地位を占めていない。あらゆる不平等がぼくを憤慨させる。女性は男性と同等でなければならない。しかし、棒が長いこと一方にねじ曲げられていると、それをまっすぐに伸ばすためには、もう一方の方向に長いこと曲げていなければならない。それで今でも女性は男性より低い地位にいる。一人一人の男性がもしまともなら、自分の妻を自分より高い地位におかなければならないとぼくは考える。この一時的な置き換えは将来の平等にとって必要欠くべからざるものだから。

ところで、もしも彼女の人生で真剣な恋が生まれたなら、ぼくは彼女に見捨てられる。でも、ぼくは彼女のために悦ぶだろう。もしも彼女の情熱の対象者がそれにふさわしい人ならば。それはぼくにとって深い悲しみではあるが侮辱ではない。彼女がもし戻ればぼくにとってどんなに大きな悦びになるだろうか！……君にまったく忠実なぼくは繰り返して言うよ、君の幸福を願うと同時に、ぼくは全生涯をかけて君が満足するためにそして君の幸福のために君が必要と思うことをやるだろう(8)」

二五歳の青年が書いた家庭と社会における女性の地位についての思いは彼の全生涯のプログラムになった。このプログラムは無条件に遂行された。たとえチェルヌイシェフスキーが愛する人から辛い試練をうけても。それればかりか、彼によって十年後に長編『何をなすべきか？』で展開された思想は、周知のように全世代の福音書になったのである。この哲学的啓蒙書というべき小説では、人間の個の確立のためにはあらゆるものを乗り越えて、自分の独立を守らねばならないという作者の固い信念が語られ、相手をどんなに愛していようと、どんなに信頼していようとこれに従属してはならないという作者の熱い思いが所々に述べられている箇所は圧巻だ。また当時の女性にとっては市民生活において、女性の自立した生活へのすべての道がほとんど閉ざされており、女性が真に自立するべき道はきわめて厳しい。この小説では、女性が真の独立を得るために長い道のりを歩まねばならないという教訓を述べている。この小説の主人公たちの言葉はすべて実在であった人物像の上に描かれたものだった。当時チェルヌイシェフスキー自身結婚する時は妻のオリガの完全なる人間としての自由と独立を保障したというから驚きであった。作中所々でチェルヌイシェフスキーは自分の考えを述べており、ヒロインたちの独立を助け援助したロプホープやキルサーノフなどの男性ヒーローは当時の女性読者の幅広い共感を得たのである。男性主人公のロプホープは、女性主人公のヴェーラが母の親権をもとに干渉され、自立を妨げることを防ぐため、完全に各々が独立した結婚をヴェーラに提案する。二人はヴェーラの条件通りに独立した部屋を確保、お互いの部屋に入る時は許可を得ることにした。生活維持のためヴェーラは洋裁店を開き、結構繁盛する。ヴェーラや女友だちのカテリーナは独立した洋裁店を開きお針子たちを雇い、自分たちの手で金を稼ぎ、自由をつかみとることができた。この物語の筋立てにはチェルヌイシェフスキーの強い意志と思想が貫かれており、家庭での専制君主を許さないばかりか、社会での専制君主を許さず、もし専制が強行される場合には必ず打倒するべきという作者の言葉が一つ一つの言葉の影に隠されているのだ。この爆発的な強い啓蒙はたちまち当時の女性たちの心をつかみ、心ある女性達を解放への運動に導いたのである。

ア・ヴェ・ルナチャルスキーはつぎのように公平にみている。チェルヌイシェフスキーにおいては個人的なものと社会的なものとがみごとに統一されていた。チェルヌイシェフスキーは、自分の個人的な生き方や、〈棒をまげる〉という原則にのっとって打ち立てられた妻との関係を長編『何をなすべきか?』のなかに具現化させた。いみじくもこの個人的なものと社会的なものとの明確な一体化は長編の抽象的なイデーを同時代人に生き生きと伝えるものにした。もしもチェルヌイシェフスキーが家庭と愛の問題を決定するのに独特の基準を最初につくった人であるとするなら、彼の実人生は先駆的なものであったといえる。(9)

## 女性ナロードニキ革命家

一八六一年のロシアにおける農奴解放はロシア人に新しい価値観の展開をもたらした。一八七三年から七四年にかけては、ロシアのインテリ青年の間では、農民共同体に基礎をおく社会主義を理想とする「ヴ・ナロード」(人民のなかへ)の運動が華々しく広がった。「ヴ・ナロード」運動は、当時の革命的知識人であった、ドブロリューボフ、チェルヌイシェフスキー、ピーサレフ、ネクラーソフらの思想的影響のもとにまたたくまにロシア全土に広まっていった。当時の若いインテリたちは、圧倒的多数の農民が専制の圧制のもとに無権利な状態におとしめられている事実を眼のあたりにして、ツアーリ打倒の必要性を痛感させられたのである。一八七六年の秋頃には、ナロードニキ綱領が作成された。

ローザ・フィグネルの回想によれば、このナロードニキ綱領はすなわち、ロシア人民は、一定の歴史的発展段階にある他のあらゆる人民と同様に独自の世界観をもっており、それは、彼らが生活している諸条件の下で培われ得る知的・道徳的理解力の水準に照応するものだという思想に立脚していた。この土地の上で人民は自分たちの古来の習慣に従って、つまり農村共同体によって生活しており、彼らは千年この方一度もこの農村共同体を手放したことはなかったし、いまも伝統的な敬意を込めてそれを保持している。農村共同体のためにあらゆる土地を没収すること——これこそは社会主義学説の基本的要求と完全に合致する人民の理想であった。

この「ヴ・ナロード」運動に参加した女性ナロードニキ革命家たちの数はおびただしいものがあり、ナロードニキの五人に一人は女性であり、彼女たちのストイックな運動への献身ぶりは実に超人的なものでさえあった。当時の革命的知識人たちの思想展開は彼女たちの人生観にも大きな影響を与え、彼女たちをして精神的、経済的自立へと駆り立てたのであった。とりわけチェルヌイシェフスキーの『何をなすべきか?』は広範な女性活動家たちに深い感銘を与えた。

この恋愛小説に触発されて、モスクワやサンクトペテルブルグでは、経済的女性の自立をもとめてアルテリ式裁縫店があちこちで経営されるようになり、男女平等による教育の機会均等が盛んに叫ばれるようになった。ところで女性が最初にサンクトペテルブルグ大学で聴講したのは一八五九年以前のことであった。チェルヌイシェフスキーは一八六〇年二月しばしば講義に出ていた従姉妹のことを親類に報じている。「奥さんや娘さんたちが大学を訪れるという習慣はここ二年間ぐらいのことです……しかし今や三〇人までの奥さんや娘さんたちが毎日講義に出ています。……すべての人がすでにこれに慣れていたので、大学の講義で奥さんたちを見かけるのは今やコンサートでみかけるのとまったく同じようです[10]」

モスクワ大学ではじめて聴講したのは、学生エヌ・エス・スラヴチンスキー（父は有名な文学者エス・テ・スラヴチンスキー）の姉妹たちであった。しかし学生は監督官に呼ばれ、もし姉妹が講義に出ることをやめなければ大学から退学させると宣告された。この噂が直ちにロンドンまで広がり、『カラコール』紙に「モスクワ大学で聴講したがっている娘さんが拒絶され、彼女がもし教室に現れることをやめなければ、当局は断固とした措置をとると脅している」という非難の意見書が掲載された。

一八六三年六月一八日には新しい大学法が確定された。大半の大学が女性に門戸を開くことに好意的であったが、大学法によれば、女性が講義に出ることは絶対的に禁止された。例外はただ一人、医学アカデミーで学んだヴァルバーラ・アレクサンドロヴナ・カシェヴァーロヴァだけだった。彼女はロシアで医学の学位をうけた女性第一号であった。

一八六一年の学生運動ののち、女性のための門戸は一時的に閉鎖された。その後女学校が開設され、サンクトペテルブルグ大学での女子の聴講も公に認められるようになった。

一八六〇年代の女性解放思想の波は多くの傑出したナロードニキ女性活動家たちを生んだ。例えば貴族出身のヴェーラ・ザスーリッチ、ペロフスカヤ、フィグネル、スピリドーノヴァ等が続々と輩出し、中には革命的活動のために名目的結婚（当時は名目的に結婚することにより親権から解放されることを望み、多くの女性がスイスやドイツの大学で学ぶために名目結婚により出国した）をする女性もいた。

彼女たちは年頃の娘が好んで身を飾るようなことはいっさいせず、ひたすら学問に励み、革命運動に献身した。たとえば、『ロシアでの赤き六カ月』（一九一八年、ニューヨーク）を刊行したルイーズ・ブライアントはその著書のなかで、スピリドーノヴァの人となりをつぎのように回想している。「マリア・スピリドーノヴァはまるでニューイングランド出身のようであった。上品な小さい白い襟のついた質素な黒い服や、彼女の廻りに漂う洗練された上品さ、厳格さの雰囲気は、きちがいじみたロシアというよりも、そんな地方に属するように思える。彼女は非常に若く三〇歳を越えたばかりである。またことのほか、ひ弱そうに見えるが、いわゆる『繊細』な人間特有の針金のようなくじけることのない強さと大きな回復力をもっている」しかしこの外見的印象とは裏腹に、一九歳のときにはタムボーフ総督ルジェノーフスキーを暗殺している。

ルジェノーフスキーは税金を払えない農民たちを拷問にかけたりする凶悪な人物として知られていた。ある時鉄道の駅に居合わせたスピリドーノヴァは最初の一発を彼の頭上に発射し、二発目はまっすぐ心臓めがけて狙い撃ちしたといわれる。彼女は明晰な頭脳と確かな腕をもっていたのである。とりまきのカザークたちは彼女を鞭でうち、「丸裸にして冷えきった独房に投げ込んだ。後で戻ってきた彼らは彼女に同志や共犯者の名前を話すように命じた。スピリドーノヴァは頑として口を割らなかった。そのため彼女の長い美しい束髪は引き抜かれ、体中をタバコで焼かれたのである。二晩彼女は憲兵やカザークに取り囲まれてすごした。しかし結局のところスピリドーノヴァは重い病に倒れてしまった。彼らはスピリドーノヴァに死刑を宣告したが、彼女はそれについてなに一つ分からなかった。また宣告が終身禁固に変えられたときも、それは同様であった。彼女は半分意識不明の状態でシベリ

ア へ 流刑に処せられた」[11]

これと相前後するが、ザスーリッチが一八七八年特別市長官を撃ったのはあまりにも有名な事件である。この事件の後、権力者を狙撃するテロ行為が相次いだ。結社「土地と自由」はプレハーノフ派の「土地総割替」とツアーリ専制の打倒を標榜する「人民の意志派」との二つに分裂した。この時ペロフスカヤもフィグネルも「人民の意志派」に参加し、ペロフスカヤは一八八一年三月のツアーリ暗殺の首謀者として処刑された。こうしてナロードニキ女性革命家たちは歴史を塗り替える大きな事業に参画したのであるが、革命運動の主流が次第にマルクス主義に移ると、個人的テロ行為を忌避する傾向が出てきて、彼女たちの存在は疎まれるようになった。しかし彼女たちの社会変革をめざす私情のない純粋さや革命に対する熱意、そしてまた経済的・精神的独立心の旺盛さは長く人々の記憶にとどめられたのである。

このようにロシアにおける女性解放運動は欧米のフェミニズム運動とは違って専制主義打倒と女性の経済的・精神的自立をめざす運動が混然一体となった極めて社会性の高い、イデオロギー的運動であったところに特殊性があった。そして政治的民主主義が未成熟であったロシアの地では欧米のように女性参政権を追求することがなかったところにも特色がある。

## ロシアのフェミニズム運動

一八世紀末から二〇世紀初め、ロシアの女性たちは結婚に際しては両親の同意と教会による承認が必要であった。離婚の時も教会の承諾が必要であった。さらに移動の際には未婚の場合は父親の承諾、婚姻後は夫の承諾が必要であった。しかし、まったく無権利状態かといえば、財産権、所有権は貴族から農民女性まで、中世時代のピョートル時代から認められていた。エヌ・シシュカリョバーによると、七世紀から一〇世紀にかけては、女性の財産権、離婚の自由さえ認められていたそうである[12]。結婚の際の婚資は自分の財産として認められ、また夫なきあとは夫の不動産の四分の一、動産の四分の一の所有を認められていた。故にその家にそれなりの功績のある女性は労働の対価として所有権を認められてきたので、堂々と自分の意見を夫に開陳することができたのである。このような基盤の上にロシア女性が自由と解放を唱えることが大っぴらにできるようになったのは欧米のフェミニズム思想、とりわけフランスのジョルジュ・サンドの自由な男装スタイルが女性に大きな影響を与えた。またそれと並んで、欧米の近代的思想の影響を受けたデカブリスト以来のロシアの革命的民主主義思想であった。ゲルツエン、ピーサレフ、チェルヌイシェフスキーなど名だたる革命家が輩出した。とりわけ、ミハイル・ミハイロフは雑誌「ソブレメニーク」のなかで男女共学の必要性を説き、男性と同じく女性の勉学の権利を強く主張した。女性たちは外国留学するために親から権利を得る手段として、偽装結婚で勉学の自由を得た。

ロシアのフェミニズムの運動は一九世紀後半に貴族階級の中にはじまり、性差別と階級的差別の二重の抑圧を受けていた労働者階級の女性のなかにも広まっていた。女子工員のストライキや産休の要求、同一賃金の設定などの要求が女性から次々と出たが、革命運動のなかでは取り組みは弱かった。ナロードニキの革命的女性活動家のヴェーラ・ザスーリッチやその他の女性テロリストたちは社会主義革命が成就された暁には女性差別も解決されるのではないかと考えていた。ロシア社会民主党の間でも女性労働者の独自の要求を達成しようとする動きはみられず、一九〇五年に高まった政治的高揚をいかに保ち、それをさらに革命へと盛り上げようかという願いに一心不乱になり、女性の要求に注意は払われなかった。革命への労働者の高まりに震撼した当時のロシア政府はその高まりを抑え込もうとする意図で労使双方の代表からなるシドロフスキー委員会を立ち上げた。四〇〇人の代表選出を決め、男女それぞれの選挙権、被選挙権を決めたが、選出された五人の女性は不適格という理由で選出されなかった。これに怒った女性たちは別個に女性進歩党と女性同権同盟を立ち上げ気勢をあげた。この組織には女性労働者のみならず、貴族女性、インテリ女性が参加した。一九〇五年四月サンクトペテルブルクで、イデオロギーや政治的信条を問わないフェミニスト女性たちの集会が開かれた。この集会では次の四つの分科会が立ち上げられた。

1　ロシアの様々な領域における女性の活動の評価
2　女性の経済状況——各分野の労働条件、家事労働の評価、女性労働の保護
3　女性の市民的、政治的状況、男女同権のための闘争手段
4　女子教育問題

この集会に初めてコロンタイは参加してみて、フェミニストたちが女性が抱えている問題を深く、広範にとらえ女性の間に男女差別の問題を具体的に解決しようとしているさまを観察することができ

た。それは女性の権利の獲得が超階級的運動からは決してうまれるものではなく、社会主義革命を通して初めて達成されるものであるということを広範な女性に宣伝する必要性を感じ、この取り組みにおいてフェミニストたちの運動より格段に遅れている社会労働党の内部にいかに取り組むべきかという緊急性を認識した。当時のロシア人女性は例え家庭から解放されても、移動する場合には夫のパスポートで移動しなければならず、女性の人間としての権利はきわめて狭小なものであった。この不平等は社会主義革命によって達成されるべきものであったが、党内ではその点について論議されてこなかった。

「女性解放におけるプロレタリア女性とフェミニスト」を執筆したコロンタイは、一九〇七年女性工場労働者の間に女性労働者クラブを立ち上げ、それらを基礎に女性労働者相互援助協会を立ち上げた。一九〇七年八月、社会主義インターナショナル第七回がシュツットガルトで開催され、コロンタイは代表としてその会議に参加した。そこでは、欧米諸国で女性参政権獲得の運動が展開されていた大きな波を社会主義の側がそれをどう組み込んでいくかという緊急課題が提議された。この中でドイツ社会民主党のクララ・ツエトキンは女性参政権の必要性を声を大にして主張し、その意見が可決された。一方、フェミニストたちはロシアで女性の統一組織をつくるために一九〇八年女性大会を開催する計画をたてていた。

コロンタイは超階級的な考え方には賛意をしめすことはできないが、政府も認める大会で社会主義の宣伝を兼ねた参加も有益と考えたが、党のペテルブルグ委員会は反対だった。

コロンタイは意に介さず、どんどん準備をすすめ、女性労働者クラブを基盤として、大会への代議員を選出させ、四五名からなるボリシェビキ、メニシェビキ、無党派の混成代表団が成立した。コロンタイはこの代表団の派遣のための経費を全部請け負った。しかし、当のコロンタイは出席できなかった。彼女が「フィンランドと社会主義」という論文で一九〇五年一二月武装蜂起を呼びかけていたことで官憲の逮捕が読み取れていたのでコロンタイは逮捕以前に国外に逃亡することになった。この時から八年の亡命生活を余儀なくされた。残念ながらこの大会ではフェミニストたちと労働者クラブの女性たちとの意見は不一致になり、労働者クラブの女性たちは会場を後にした。女性の政治的平等、経済的条件の改善で意見は一致できる可能性もあったが、階級闘争による体制変革を通じての男女平等という旗は降ろすことができなかったのである。コロンタイはこの大会の報告で発表しようと思っていた『女性問題の社会的基礎』（一九〇九年）で「……フェミニストたちの要求がどんなにラディカルなものにみえても、彼女たちが属しているその階級的立場から社会的、経済的構造の抜本的な改革のために闘うことはできない。」と、きっぱり宣言しているのである。女性独自の問題を狭い枠の中に閉じ込めるのではなく、それを社会的・経済的観点から深く追求せねばならないとコロンタイはこの時心の中で深く決意したのである。

# 第9章　新経済政策――ネップと労働者反対派

一九二一年、革命後の内戦状態のなかで食糧の割り当て徴発制など、あらゆる資源を国の手に集中的に管理していた戦時共産主義の政策から、生産者の自主性や商業の自由を認める新しい経済政策「ネップ」に移行した。

穀物の調達方法は、割り当て徴発制度から食糧税制度に移行した。割り当て徴発制度は農民のなかに絶大な不満をひきおこし、ソ連のあちこちで暴動が起こっていた。この徴発制度のおかげで、家族の人数分を差し引いた分が国家に全部強制的に徴発され、そのために農民の働く意欲をすっかり阻害し、不満分子を輩出せしめてしまったのである。この農民の不満をそらすためには新しい経済政策が緊急に必要となった。すなわち、農民が国家に納入する食糧税を一定のものと決め、残りのものは自由に処分できるようにし、収穫をあげればあげるほど農民自身の懐がより豊かになるという原理であった。この原理はきわめて効果があり、ネップ導入の二年後一九二三年には、革命後初めて外国に穀物を売り出すほど生産量が著しく上昇した。レーニンの表現を借りれば、コルホーズ以前の農村の社会構造は、まず家父長的、資本主義的、社会主義的、社会主義への過渡期という複雑な機能を持つ構造体であった。このうち、中農層は農民の基本的部分を構成しており、全面的集団化の過程にいたるまで維持された。貧農層は純粋にプロレタリ化せず、そのうちの多くの部分は中農層の隊列に移行した。

二〇年代農村の社会的、経済的発展はネップという政策の特殊性故に社会主義への道に移行しつつある特殊な形態をとったので以下、参考のため掲げる(1)。

| | 一九二四—二五年度 | 一九二五年度 | 一九二六—二七年度 |
|---|---|---|---|
| プロレタリアート | 2184 | 2454 | 2560 |
| 貧農 | 5803 | 5317 | 5037 |
| 中農 | 13678 | 13822 | 14280 |
| 起業家 | 728 | 816 | 896 |

単位：千人

レーニンは革命以降、この社会的経済現象をむしろ一つの成果とみなして次のように評価している。
「農民国でプロレタリアートの独裁によって第一の利益を得たもの、最も多くの利益を得たもの、たちまち利益を得たものは、全体として農民であった。地主と資本家が利益を得ていたロシアでは農民たちは飢えていた。農民は幾世期もの間、我が国の歴史において、自分のために働く可能性を持ったことは一度もなかった。農民は幾億プードもの穀物を資本家に、都市と外国に引き渡しながら飢えていた。プロレタリアートの独裁のもとで初めて農民は自分のために働き、都市の住民より良い食事をとるようになった。略[2]」。

このネップの育成は長い試行錯誤の過程を通じて社会に根を下ろすようになった。これにともない、農業生産の急速な復興がはじまり、当時ソ連邦全体の播種面積は戦前より七四〇〇万ヘクタール増加し、一九二七年に一億一二四〇万ヘクタールになった。農民は初めて自分のために働き、都市の住民より良い食事ができ、自分の穀物を食べる自由を得、飢えからの自由を得たのである。当時、商品貨幣的単純な交換は消費者から生産者への直接的購買により、四三%の生産物が流通した。現物交換を通じては二二%が可能になった。この交換関係を見ていくと、二〇年代末までに社会的には小商品的な、小ブルジョア的な関係が成り立っていたが、生産関係においては、資本主義側面と社会主義的側面が混然として存在したのである。この現象と二〇年代に階級闘争が農村で先鋭になったことは納得できる現象といえる。

レーニンは遅れた農村の社会主義的改造においてつぎのような注意点を述べている。

「ここでは一層ゆっくりと進まねばならない。……ここで布告や法令によって共同の土地耕作を導入しようとすることは最大の愚行であろう[3]」。ただ、ゆっくりと、ありとあらゆる漸進的、予備的段階を通じて「農民にまったく近づきやすい広範な過渡的措置を利用しつつ」「社会主義的改造の遂行方法を決定するに際しては、譲歩をおこないつつ」「ありふれた農民の水準に」に適合しつつ、このようにしてのみ農村に社会主義を建設し得ると力説した[4]。

こうして農村に社会主義を根づかせるための漸進的方策としてレーニンはまず、共同組合の設立を推奨した。レーニンはこの協同組合こそ、農民にとってもっとも簡単で、容易で、新しい秩序への近づきやすい方法であると確信したのである。

労働関係ではこのネップの政策は遅ればせながら、一九二一―二二年末において定着するようになったと言われているのが定説である。当時組合、労働関係、農業のみならず商業の面でも一部手直しがなされ、段階的に完全独立採算制や自己調達制がとり入れられ、商業的才能のあるものはメキメキ頭角をあらわし、ネップマンとして私腹をこやしながら泳ぎ回ることができたわけである。

レーニンは革命後の混乱期にネップを根づかせることによって固定税の思想をソ連の地に導入し、農業を飛躍的に発展させたが、ネップの主要な思想は経済的自主性であり、農業のみならず、一般的に集団的あるいは個人的な生産者が経済的自主性をもつということだったのである。

## エレーナ・カボ『労働者の日常生活概要』

さて、ネップを生きた実際の労働者たちの生活はいかなるものであったか。ここにきわめて興味深い事例のいくつかがある。かの有名なエレーナ・カボの『労働者の日常生活概要』(5)の記録である。

ネップ時代の都会に生きる労働者の生きざまが生々しく、その体感温度まで感ぜられるような筆致で実に立体的に描かれている希少性の高い文献である。筆者は一九八〇年代、レーニン図書館で閲覧、マイクロフィッシュを手に入れたが当時は危うく見過ごすところであったが、塩川伸明東大名誉教授の文献(6)で再確認し、ここであえて引用しておく。

エレーナ・カボは一四家庭を、革命前の停滞的生活をそのまま保持している第一グループ、変化の兆しの見える第二グループ、新しい生活様式の発展しつつある第三グループに分けている。これらの人々は例外的な人たちではなく、モスクワの諸工場の平凡な一般プロレタリアで、革命闘争や社会主義理念に目覚めて戦う意識の高い党員は含まれていないそうだ。彼らはその有能さのゆえに行政任務や活動に携わっているのでグループには入っていないとのことである。ここではごく一般的な普通の労働者家庭の生活ぶりのほんの一例をとりあげる。

第一グループ　停滞型

一番目に登場するのは四二歳の紡績女工（低熟練）である。彼女はカルーガ県の農民の出身で、学校には一度もいかず、今でも文盲である。一八歳でモスクワにやってきて結婚し、農村との関係を断った（しかし調査年の七月には農村に行っていたという）。その時以来一貫してトリョフゴルナヤ工場で働いている。

最初の夫と死別し再婚したが、これは非登録婚である。夫は妻よりはるかに高賃金であるにもかかわらず、家計に入れる金額は妻より少ない。典型的飲んだくれのタイプ。稼ぎの大半を自分で飲んでしまうからである。

彼女は映画にも演劇にもいかず文化的活動に一切興味がなく、政治にはまったく無関心、労働組合とは何であり、何のために必要であるかさえ理解していない。これは繊維女工の典型的《否定的なタイプ》であり、このタイプは今や少なくなりつつあるが女性のなかではまだ珍しくない。夫の方は半熟練工で、書くことはできないが読むことはできる。新聞を読んだり、映画に行ったりしていて妻より文化的である。一九〇五年にはプレスニャのバリケード闘争に加わったこともある。農村とは縁がない。両親は子どもの教育には注意をはらっていないが、トリョフゴルナヤ工場が教育を引き受けている。住宅の状態は著しく悪い。部屋には二つのコーナーがあって、妻のコーナーにはイコンがあって夫のコーナーにはレーニンの肖像がある。家計収支を見ると、低い賃金に借金をかかえ、やっと最低生活を維持している状態である。

――これを見ると、文盲で低賃金の妻が一身に家計を守って懸命に働いている様子が彷彿とする。ただし、社会的には否定されるべき女性像として見下され、文盲であるがゆえに、共産主義理論学習もできず、生涯自己と他者を解放する手立ても見いだせず、死んでいくのみであった。

### 第二グループ　変化の見える生活型

金属工と繊維女工の夫婦の例。その父親はクスターリ（手工業者）のもとで旋盤工として働いていた。父親は早逝、母親は今も農村に住んでいる。調査対象家庭の三番目の息子を育てている。金属工の息子は農村の学校に一年のみ通学、その後、工場付属学校に三年通う。一三歳で故郷を出奔、モスクワに出てきて自活する。年に一回、三〇日から四〇日農村に戻り、農作業に従事し、結婚も農村でした。一九〇五年の第一次革命時には一七歳であったが、「革命は彼のそばを通りすぎただけであった」。一八歳まで労働運動に参加しなかった。その年赤軍に動員され、共産党に入党した。「これ以降彼は文化的にも政治的にもかなり成長したが、自分の家族および農村とは疎遠になる」。この調査開始以前に彼は工場長の非行を暴露する投書を「労働者新聞」に投書、紛争が起きて解雇される。調査開始時には彼は失業中であった。彼はこれまで、勤務とクラブ、党の間を廻るだけで家庭からは疎遠になっていた。その理由は彼が酒好きで、そのことが党の間でも問題になっており、除籍の戒告をうけたこともある。

家庭に夫が寄り付かないので、妻が事実上の家長の役をこなしていた。彼女はモスクワ県の農民の出身で、学校に一度も通わず、今でも文盲のままである。一三歳でモスクワに出て、最初は子守、一七歳で繊維工場の徒弟となった。農村に帰村した時、結婚、戻って再び工場勤務をした。彼女は教養もなく、記憶も悪く、いつモスクワに来たか、いつ組合に入ったかも憶えていない。この調査は長男の助けによってようやく可能となった。彼女は若い頃ダンスが好きだったが、今や何の趣味もなく、劇場にも映画にも行かない。これに対して夫の方は兵役と社会活動で視野を広げ、新聞雑誌も数種類読んでいる。文学作品はほとんど読まないが、劇場にも行き、講演会にも出席する。

長男は調査時、母が勤める工場の付属学校に通学。利発で明るい子、一家に活気と文化をもたらす。むさぼるように本を読み、革命的な内容の小説や回想が大好きであるが、トルストイの『アンナ・カレーニナ』(一八七七年)やゴンチャーロフの『オブローモフ』(一八五九年)は気にいらなかった。そこには有閑マダムの不倫や怠惰な貴族の地主のことしか書いていないからである。

長男とは対照的に長女は妹が生まれるや否や、妹の世話と家事手伝いのために学校を捨てざるを得なかった。次男は農村の祖母の元で暮らし、次女は生まれたばかりだが、革命家のローザ・ルクセンブルグにあやかり、ローザと名づけられ、洗礼は受けていない。この家にはイコンがなかった。

――このように実質父親不在家庭では特別の社会的援助が必要だが、十分に受けた形跡はない。男の子と女の子の育て方では差別があった。長女は家の犠牲になり、子守でこの一家にとっては文盲の再生産をしている。党員の父親は社会の鏡になるどころか、否定的父親像として表彰されるに値する。

### 第三グループ　発展型

三九歳の金属工が主人公である。彼は人生の四分の一を苦役と流刑で過ごした。彼は農村の靴屋の息子で、学校に三年間通学、一五歳で絹織物工場に入ったが金属工場に移動、雑役から徒弟、その後仕上げ工になった。一九〇五年の第一次革命の時、ストライキに参加、ボリシェビキの秘密会合に出席した折、逮捕された。一九〇七—一三年アムールで苦役に携わり、その後、ザバイカルに流刑、二月革命を迎えた。モスクワに戻って再び金属工としてはたらき、その後旋盤の技術を身に付け熟練工になった。一九〇二年、地区ソヴェートのメンバーに選出され、労働組合の職場代議員になり、二四年レーニン記念で入党した。入党前の家庭は平穏だったが、入党後は家にいる時間が少なくなった。彼の妻は文化的、政治的に遅れており、三人の子どもの世話という重圧下にあった。

妻は夫の社会活動を歓迎しなかった。調査の終わり頃には家庭内生活は非常に緊迫した不和状態に陥っていた。

夫には家庭内の緊張事のみならず、工場でも気苦労がある。彼は職場代議員として労働者に報告しなければならないが、万事良好というわけではない。労働者を安心させるために現実と違った話をせねばならない時もある。団体協約締結は異常に長引いているし、人員削減に際して、専門家や職場長は個人的に気にいらない人間を解雇したり配転したりし放題である。

――このような余裕のない社会的状況では、子持ちの女性などは職責果たせないことを理由に真っ先に処分の対象になったであろう。乳児保育の受け皿がなければ当然そうなるのは目に見えていた。

ネップを通じて経済的自主性を持たせようとするレーニンの主たる意図の裏をかいて、個人的私企業が大手を振り、労働組合が党とは関係なく独立した存在として活動しはじめる弊害も出てきた。このような傾向は党組織を揺るがし、有害な動きとしてレーニンからは特に注意を向けられた。

一九一八年にメニシェビキとエス・エルが非合法化された。エス・エルは一九〇一年に創立されたロシアの小ブルジョア的、ナロードニキ的政党。個人的テロと暴動によってツアーリズムを打倒しようとした。一時的にロシアの革命運動に大きな役割を果たし農民に影響を与えたが、十月革命後はソヴェート権力に反対。ツアーリズムと闘ったのと同様の手口でソヴェート権力を打倒しようとした。その間、この党は零細党に転落、党員は国外に脱出、亡命し反ソ活動をおこなった。その後いったん解除された後、内戦末期まで非合法化されていたが、ネップ導入とともに厳しい弾圧の憂き目に会った。

労働組合でメニシェビキは一定の力をもっており、一九二一年に入っても、メニシェビキの力は衰えず、モスクワの化学労働組合では、執行部は労働組合がソヴェート権力に対して独立した権力を持つべきだという理論保持者が多数を占め、執行部は独立派一一人、無党派四人、共産党員ゼロとなってしまった。ついに党上部組織からの指令で、化学労働組合は解散され、共産党員による大会準備委員会が招集された。(7) 工場によってはエス・エルのほうがボリシェビキ党員よりも多くを占め、一カ月に及ぶ大ストライキがエス・エルの大物のオルグによって組織されたりしたが、一九二一年共産党の応援で形勢は逆転した。第四回労働組合大会の党フラクッションではエス・エルの大物が党中央指導に対する異議を表示したため、以後、そのエス・エルの大物は労働組合での活動を禁止させられた。

## 労働者反対派とコロンタイ

この当時より先鋭に活動したのは労働者反対派であった。彼らは組合内部における職務管理、組合内民主主義、党内の民主化などを要求して指導部を批判した。

労働者反対派の公的資料(8)などによると、一九二一年五月の中央委員会のリストには労働者反対派が多く占め、党員二二名に対し、反対派はなんと一九人も占めており、ほとんどが労働者反対派である事実は見過ごせない。これに対し、党中央委員会は変更を命じ、再度選挙がおこなわれたが、相変わらず多数を占め、労働者反対派は中央委員会の命令を拒絶、再度の決議命令でようやく従った。この当時金属労働組合議長のシリャープニコフは決議命令不服従で一九二一年八月の党中央委員会で除名処分をレーニンから提案されたが、除名はかろうじて免れた。

当時「労働者反対派」という分派グループにいたコロンタイには農業政策を元にしてできたネップの核心を理解することは困難であった。なぜなら、コロンタイの出自はもともと貴族の出で、汚れた労働（ロシア語では черная работа、すなわち直接、手を汚した仕事）の経験をしたことがなく、彼女の自伝によれば、政治的信念が固まり出したのは一八九〇年代の中頃で、その頃、啓蒙活動をしながら、労働者に講義をし、彼らと接触をはじめてからであった。その後、コロンタイの政治的見解を強固なものにしたのは、一八九六年のペトログラードにおける織物工による有名なストライキであった。それには男女合わせて三万六千人が参加し、エル・デ・スターソヴァ（一八七三―一九〇六年間に活躍した女性活動家。社会主義労働英雄。）や、地方で活躍していた他の共産党員、とともにストライキ参加者の集会と援助を組織した。プロレタリアートが資本家に隷属され、、無権利状態にあるなかでプロレタリアートの意識がどんどん成長していく明白な実例が断固としてコロンタイをマルクス陣営に切り替えさせたのであった。

このコロンタイの経歴を通しても分かるように、彼女は実際には女工の経験もなく、文物を通してその階層の過酷さを追体験しただけであった。故に、未経験な彼女が理論的習熟さにのみ頼った自身の未発酵なマルクス主義への傾倒は、彼女のなかで、急転直下中庸を排除し、過激なものに昇華し己をラディカルな運動へと駆り立てていったのも無理もないことであった。しかも、その理論的習熟はシリャープニコフ等の労働者との知己と労働組合を通じて会得したものであったので、農業の知識は一切なく、ネップの政策がそもそも農業とのかかわりのなかで生まれたことも理解することは土台できなかった。『赤い恋』にもみられるように、ネップマンたちの小金稼ぎに血道をあげる状況は彼女にはまったく理解できず、それがまるで資本主義的堕落としてうけとめられていたのであった。

モスクワの金属労働組合を中心にした「労働者反対派」の分派グループはほとんどが労働者出身であり、シリャープニコフも労働者あがりだった。彼に共鳴したコロンタイは、彼を真剣に一時期愛したこともあった。一九二〇年末にはコロンタイはこの労働者反対派にコミットし、レーニンとたもとを分かち、ボリシェビキによるゆがんだ体制の立て直しと、官僚主義の排除、プロレタリアートの

「階級独裁」を主張し、第一〇回党大会でレーニンの激しい理論的攻撃を受けるに至る。一九二二年コミンテルンにコロンタイは「二二人の声明」の直訴状を提出するが、認めてもらえず、逆に共産主義の敵であるという烙印を押されるはめになってしまう。一九二二年の第一一回党大会では党の規律に違反した、党に刃向かう有害分子としてコロンタイ、シリャープニコフ、メドヴェージェフ等の除名処分までが党内からもちだされる始末であったが、除名に至らず、警告にとどめられた。これにより、コロンタイとシリャープニコフを代表とする「労働者反対派」は完膚なきまでの敗退を余儀なくされるに至った。その後、一九二三年にはコロンタイはロシアを去り、ノルウェー・ソヴェート全権大使として派遣され、その後もメキシコ、スウェーデン全権大使としてめざましい活躍をみせるようになる。

しかし、その後も労働者の不満は鬱積され、様々な形で表出されたが、ネップ初期の反主流派の弾圧は一応この頃、鉾を収めた。なお、労働者反対派はこの後まとまったグループとしては解体されたが、元労働者反対派の活動家の多くは種々の反対派活動を展開し、党中央から迫害と弾圧を受けた。当時、コロンタイは外交官に転じ、二〇年代半ば以降内政にはタッチしていなかった。一方、シリャープニコフ、メドヴェージェフ等は一九三五年に「モスクワ反革命―労働者反対派グループ事件」なる裁判にかけられ、一九三六年にはスターリンによる弾圧が顕著になり、一九三七年には「テロリスト活動」のかどで、再度司法の手によって裁かれ、その後処刑された。一九九〇年代、ペレストロイカの政治状況下で、労働者反対派に対する三〇年代の弾圧・抑圧も見直され、社会的名誉回復と党籍回復も決定された。(9) しかし、マルクス政治理論上、集団的に党に従い、民主集中制を貫くという点では、レーニンに刃向かったことが大きな汚点となって残り、反対運動そのものが再評価されるようになったわけではない。一九九一年のソヴェート体制崩壊により、この件はお蔵入りとなった。

# 第10章　革命後のソヴェート家族法

ここでは、ソヴェート時代における家族法のあり方を俯瞰すると同時に、コロンタイがその在り方を基本的にどのように考えていたか、またそれが当時のマルクス的家族論の主流からはいかに遇せられ、その後二六年から三六年にかけてその急進的マルクス主義がどのように疎まれていったのかをみていく。

そもそも革命後のソヴェートにおいては国家の基礎的役割を形成するべき家族の意義は否定的評価をうけることに甘んじた。家族は古い存立基盤を形成するものとして社会的変革の妨げになると考えられた。私的な家族は労働者階級の団結心や連帯心の妨げになると考えられていたのである。ソヴェート国家の基礎単位は私的な家族ではなくて基本的には生産単位を基盤としたソヴェートそのものであった。故に、家族そのもののソヴェートにおける位置づけは甚だ弱い位置づけしか与えられなかった。革命以前の市民社会では家族の意義は扶養機能、すなわち、社会保障機能に求められた。しかし、革命の成功後にもし国家が、その扶養機能を全面的に肩替りすることができるならば、家族の存続の意義はもはや存立しない。また生産手段のみならず、消費手段も共同化されるのであれば、もはや家族は存立の必要性を喪失することになるのは当然の帰結である。ここから初期ソヴェートにおいての

「家族消滅論」が通説になる所以があったと言える。この家族消滅論と並んで婚姻消滅論を唱える輩も出現したが、それは少数意見であった。革命後のソヴェート家族法では離婚の完全な自由、同居義務の否定、夫婦別産制、夫婦別姓などの自由な男女の独立平等な意思に基づくものと思料された。従って婚姻は独立、平等な男女の意志に基づくものであり、国家的、共同体的結び付きではなく、自由な個人としての人間的結び付きになったのである。ここから、事実婚主義の思想が生まれたのであった。

## 「家族消滅論」——事実婚主義の登場

まず一九一八年の身分行為、結婚法、家族法および後見法に関する全ロシア中央執行委員会の法典「一八年法典」(1)は、ツアーリ政府時代のブルジョア的な法典と比較すると画期的なものであった。このうち特色ある事柄を以下いくつか列挙してみる。

(1) 夫婦の経済的独立性を保障する夫婦別産性の原則。
(2) 夫婦による子どもの扶養義務。
(3) 夫婦の同居の義務は負わないこと。
(4) 夫婦は夫あるいは妻と同一の姓を名乗るかあるいは統合した同一の姓を名乗ることができる。
(5) 婚姻による子どもと婚姻外の子どもとの間の平等性について。

(6) 結婚解消は双方または一方の希望で成立する。

以上の条件は様々な曲折を経て一九二六年一一月一九日、全ロシア中央執行委員会総会で新家族法典となって採択され、翌年、一九二七年一月一日に正式発効された。ここではこの法典を「二六年法典」と呼ぶことにする。当時事実婚主義に対して根強い反対意見があったが、賛否両論は、当時の世相をよく表しているといえる。

(1) について (第五章　夫婦の権利と義務)

一八年法典第一〇五条　婚姻は夫婦の財産の共有性を形成しない。

二六年法典第一〇条　婚姻前に夫婦に属した財産はそれぞれ独立のものとして残され、婚姻中に得られた財産は夫婦の共通の財産と考慮される。係争中のそれぞれの夫婦の財産配分は裁判によって定められる。

(2) について (第三章　子どもと親の財産権と義務)

一八年法典第一六二条　扶養の義務は平等な程度において両親にあり、両親によって与えられた扶養額は彼らの経済的状態によって定められる。しかし双方のどちらか一方によって支出される額は子どもが当該地で生活し得る最低額の半分より下回ってはならない。

二六年法典第四八条　子どもの扶養義務は両親にある。両親によって与えられる額は彼らの経済的状況によって定められている。

（3）について（第五章　夫婦の権利と義務）

一八年法典第一〇四条　夫婦のうちの一方の住居地の変更は夫婦のうちの他方にその変更に従う義務は生じさせない。

二六年法典第九条　夫婦は仕事と職業の選択の完全なる自由を享受する。共通の家政を営む方法は夫婦の双方の相互的同意によっておこなわれる。夫婦の一方の住居変更は他の一方にその変更に従う義務は生じさせない。

（4）について（第五章　夫婦の権利と義務）

一八年法典第一〇〇条　婚姻関係にあるものは共通の姓（婚姻姓）を名乗れる。婚姻の際、両者には夫（花婿）の姓を名乗るか、妻（花嫁）の姓を名乗るか、あるいは両者の姓を結合させたものをはっきり名乗るのかを定めることが委ねられている。

二六年法典第七条　婚姻登録の際には夫あるいは妻のどちらかの姓を名乗るか、あるいは婚姻前の姓のままでいるかの希望を出すことができる。

（5）について（第三部第一章　家族の権利）

一八年法典第一三三条　家族の基礎は実際的な出生によって認識される。婚姻外の出生と婚姻内の出生との間にいかなる差異もあってはならない。

*両親が婚姻関係にない子どもはあらゆる点で両親が婚姻関係にある子どもと同等の権利を有する。

**本条項の法令は一九一七年の一二月二〇日の市民権の憲章の発布以前に生まれた婚姻外の子どもにも適用される。

二六年法典第二五条　子どもと両親の相互的権利は血縁関係にもとづく。婚姻を成立させていない両親の子どもは婚姻の成立しているものから生まれた子どもと同等の権利を有する。

(6)について（第四章　結婚の解消）

一八年法典第八七条　離婚の基礎はどちらか一方の離別の要求と同様に夫婦両者の相互的同意にもとづく。

二六年法典第一八条　婚姻は夫婦の一方の要求と同様に夫婦双方の同意があれば解消することができる。

以上二つの法典を通じて分かることは、まず(1)については二六年法典の結婚前と結婚後の夫婦の財産の帰属を明らかにすることによって別産制の理念がより強化されており、(2)については子どもに対する両親の平等な扶養義務については変わらないが、一八年法典の扶養額規定を二六年法典で削除することにより、親の双方の親権を認めつつも、現実的扶養に関する女性側の弱き立場を考慮した法典になっている。(3)の夫婦間の同居の義務はなしとしたところは一八年も二六年法典も同一であるが、二六年法典では個人の職業選択の自由を唱うことにより、夫婦の間柄であろうと拘束されないこと、従って場合によってはその結果として別居もやむをえないということが暗に強調されているわけである。(4)の夫婦の姓については二六年法典では婚姻前の姓を夫婦がそれぞれ使用することを許すことにより、画期的夫婦別姓制への転換になっている。また(5)の婚姻内の子どもと婚姻外の子どもとの同等の権利を一八年法典では注の形で述べているにすぎないが、二六年法典では本文中に堂々とその同等の権利が述べられているところが特筆されるべきであろう。(6)については一八年法典も二六年法典もほとんど変わることなく、夫婦の一方の申し出により結婚が解消できることになっていたが、これが一九三六年になると双方の届出と変質し、実質的には離婚が容易にできないように歯止めがかかるようになっており、スターリン体制下における家庭が国家の一単位として厳格につなぎ止められていく過程の一証明にもなり得ている。

さて上述の(1)から(5)以外の、一八年法典と二六年法典との際だった対比を構成している項目に着目してそれらに言及しておく。

これまでのソヴェート時代の婚姻法を時系列的にたどると以下のようになる。

一九一七年　民事婚、子および身分証明登記の実施に関する布告　一二月一八日
一九一八年　身分証明書、婚姻法、家族法、後見法に関する法典（一八年法典）
一九二六年　婚姻、家族、後見に関する法典（二六年法典）

一九四四年　ソ連邦最高会議幹部会の幹部会令による家族法の改正

以上、二六年法典により事実婚が正式に採用され、四四年改正により事実婚は正式に廃止され、以降は登録婚主義期となる。

## 事実婚主義の十年

まず一八年法典と二六年法典を比較してみる。一八年法典の婚姻法典の項を参照してみると、そのうちの第一章の婚姻の決定形式には、（教会によらない）市民結婚のみがこの婚姻法に書かれている夫婦の権利と義務を生じさせる、と書かれている。宗教的儀式において僧侶を交えて遂行される結婚は、もし定められた方式に則って登録されなければいかなる権利も義務も生じない。あらゆる宗教婚を排除させるためには登録婚が唯一の効力ある手段であることを強調している。ただし、注には革命前、すなわち、一九一七年の一二月二〇日までの教会婚ないしは宗教婚は登録婚と同じ効力を発揮することが付記されている。これに対して二六年の法典では、これに対応して、次の諸条がある。「定められた方法で登録されていない事実上の婚姻関係にあるものは、事実上の同居期間を示す登録方法でいついかなる時でも正式手続きをとる権利がある」つまり、登録婚と事実婚には同等の権利があることを指摘しているのである。

また第五章の夫婦の権利と義務の第一一条では、婚姻前と婚姻後における夫婦の財産帰属はその夫婦の関係が登録婚でなくても双方がお互いに夫婦とみなし、事実上の結婚形態をとっていると法廷が認知すれば、第一〇条と同じ効力を生ぜしめることを認めて、事実婚を承認しているのである。

同じ章の第一二条では、登録婚によらぬ同居婚の証明は、

(1) 同居の事実。
(2) 同居の際に共通の家計であること。
(3) 個人的文通、その他の文章や、また状況に応じて第三者の前に夫婦関係を明確化すること。相互的経済的支援、子どもの共同養育費。

などの場合になされるとし、事実婚の内容まで定義化している。

このように、登録しなくても事実上婚姻関係にあるものは、もしも一一条としての諸特徴に近似しているなら婚姻時にも婚姻解消時にも扶養をうける権利がある。

以上いずれも全体としては二六年法典で事実婚を公に認めていく方向が積極的に条文化されていることが分かる。こうしてみると一八年法典から二六年法典への推移は事実婚を法的に認めるという方向に推移したといっても過言ではなかろう。この事実婚の法的認定は一九三六年のスターリンによる家族を国家組織の基礎細胞とみる家庭強化策が出現するまでのほんの数年の間のことにすぎないのであるが、当時のソヴェート権力化の社会に様々の波紋と混乱を巻き起こしたことはいうまでもないことである。

革命直後のソヴェート社会においては男女の法的・形式的平等のみならず、女性の社会参加という経済的自立志向の条件がある程度設けられたため、共同体の内部での婚姻の位置づけも弱体化され、独立した自由な男女の市民社会的契約関係として夫婦別産制、夫婦別称制、単位離婚制、同居の非義務化などの法律の条文が発生してきた。これにより古典的マルクス主義の唱えていた家族消滅論にも拍車がかかり、初期ソヴェートにおける事実婚主義が一時的に謳歌される時代が到来したのであった。古典的マルクス主義理論における国家消滅論（例えば、レーニンはその著『国家と革命』のなかで、「国家は死滅しはじめる。特権的少数者の特殊な制度――特権的官僚、常備軍の指揮官――に代わって多数者自身がこれに直接なりかわれる。そして国家権力の諸機能の遂行事態が全人民的なものになればなるほど、この権力の必要性はますます少なくなるのである」と論及）とならんでこの家族消滅論も当然の理として革命直後の初期ソヴェートにおいては一定の勢力によって唱えられていた。

コロンタイもこの説の有力な唱導者であったことは例外ではない。たとえば一九一八年の論文「両性関係と性道徳」のなかでは家族の意味を消極的にとりあげ、むしろネガティヴにさえ論じ、プロレタリアート階級にあっては階級利益のために奉仕することが義務であり、切り離された独立した家族の網の眼は問題ではないと述べている。(2) さらにコロンタイは家族に対する過剰な関心はプロレタリアートのイデオロギーを損なうものであるとし、あくまでも「労働者階級の道徳は個人的幸福や家族を犠牲にして、女性もまた家の敷居の外で展開しつつある生活に参加することを要求するであろう」とし、「女性を家に束縛することや、家族の利益を第一義的なものとすることや、夫婦の一方による他方への完全なる独占権の普及はすべて、労働者階級のイデオロギーの基本的原則である同志的団結を破壊するものであり、階級的団結の鎖を断ち切る現象である」と説いている[3]。
コロンタイは、来るべき共産主義社会が家族的扶養から社会的扶養への転化を推進させることにより、家族が消滅するとともに、婚姻関係も共同体的諸関係の意味を喪失した同志的・性的・知的な個人関係に変化し、両性が登録的形式にある永久的な関係をとるか、または手続きをとらぬ一時的ないし半永久的な関係をとるかはまったく意味がなくなると主張した。この点であまりにも一般とかけ離れた論法により、レーニンから批判をうけたのである。ここにコロンタイの急進的、当時としては異端的家族消滅論の原初的萌芽をみることができるといっても過言ではない。

以上コロンタイの性道徳論のバック・グラウンドとなった初期ソヴェートの事実婚主義と家庭消滅論をみてきたが、これらは、そのよって立つ基礎、つまり①扶養の社会化や、②家事の社会化、あるいは③社会保障の完備および、④男女の形式的ではない実質的平等が実現されているところではじめて効力を奏しだすのであるが、国内戦からネップ時代にかけてのソヴェート混乱期にはそのような前提条件はもちろんほとんどなかったわけであり、いたずらに家族の崩壊を助長したりすることや、弱者としての女・子どもの立場をいっそう不利なものにするばかりか、成金のネップマンと称する者たちが女を財にあかせて共同保有したりすることが頻繁に起こり、これぞ共産主義社会の醍醐味などとほざいたのであった[4]。

とりわけ弱者保護という観点が貫徹されたはずの新法典は、都市部よりも農村部においてより裏目に出ざるを得なかったようである。たとえばワースの『ロシア農民生活誌：一九一七―一九三九』[5]をみると、農村部においては、二六年法典の底流を流れる事実婚主義も男女関係の真の平等と解放を促進させるどころか、逆にいかに弱き性を抑圧し、虐げたかという事実のつみ重ねであることに驚愕の念を抱かざるを得ない。この農村における惨状をもし急進的女性解放論者コロンタイが眼のあたりにしていたら、いかなる感慨を述べたであろうか。この現状からみても、『新しい道徳と労働者階級』などの理論が、観念が観念を次々と生み出すような浮き上がった異端的理論として当時評価された理由がわかる。ワースの『ロシア農民生活誌』から少し長くなるが引用してみる。

「農村における女性の境遇は一九一七年以降進化したであろうか？　様々な布告は、農婦にソヴェートの選挙権と被選挙権、共同体の集会におけるメンバーとしての同等の権利を与え、あらゆる従属から解放し、男性と同じ権利を与え、夫婦の関係の終身性を破棄したが、まだ単なる宣言的な価値の決まり文句にとどまっていたように思われる」

例えば離婚の一方的申し立てによる解消は、立法者の意図に反して農村部では女性に悲惨な結果をもたらしかねなかった。抜け目ない農村青年がいつでも解消できるソヴェート的結婚によって農繁期に無報酬の労働力を手に入れることもできたわけである（農閑期になれば一方的宣言で離婚も可能）。農村の伝統をまったく考慮しないでつくった家族立法の誤った解釈がいかに女性の地位をおとしめたかの「結婚契約」の例証はつぎのとおりである。

「一九二四年六月一九日。私ことドゥブロフェキー村の市民コヴァレフ・エス・べは市民ロマネンコ・ア・エスとの以下の契約に、農業労働者組合の地方代表、同志カルペキンの立ち合いの下に署名する。（一）私こと、コヴァレフは、ア・ロマネンコを私の家で、私の費用で扶養し、一九二四年以降私の妻とみなすことを約束する。（二）私こと、ロマネンコは三年間上記の市民の妻であることを宣言する。（三）私こと、コヴァレフはロマネンコを私の妻とみなすことを宣言し、彼女の世話をし、その権利を尊重することを約束する」

さらに事実婚主義が農村で一八〇度違った見解により、まったくネガティヴに受け取られてしまった例をあげる。

「一九二六年以降新しい家族法が討論された際に、事実上の結婚の承認の問題が提起されたが、村ソヴェートの代表たちはその問題に断固として反対の意志表示をした。ある農婦はある地方ソヴェート大会でつぎのように説明した。『我々村人は我々の所では、都市が体験している慢性的不安定はいらない。数千の捨て子、我が農村をおそう浮浪児に責任あるのはこの都市である。人口の八〇％以上（農村人口）が都市住民のように行動するならば、わが国はどうなるであろうか？　判事の前でしか解消できない正式に登録された結婚、これこそ家族の安定性を保障するために我々に必要なものである！』実際両親と婚約者たちは、古風な、即ち教会における結婚をはるかに確実なものとしてみなしていた（結婚の九九％は教会でおこなわれた）。これが、女性が臨時の召使いの役におとしめられないための唯一の方法であった」

こうしてみてくると、弱者保護という目的のためにつくった新法典は、場合によっては弱者虐待や搾取という初めの意図とはまったく違った予測すらしなかった側面も出てきて、両刃の刃になってしまう危険性もあった。当時事実婚主義をともなって新法典が如何に一般の人々に理解されぬ、ラディカルな側面をもっていたかは容易に想像できる。例えば、弱者としての女性を保護する立場から、登録婚、事実婚のみならず、「男女の偶然的同棲に関しても、男に登録婚の場合と同じ責任を負わせるべき」だと発言しているケースもあり、(6) またコロンタイもこの点に言及し、登録婚上の妻、事実婚上の妻、偶然婚的な妻の三種類があるとし、第三のケースは保護されていないと批判したが、(7) 特異的な事象として一般的にはほとんど注意が払われなかった。それよりも何を持って事実婚とするかの定義づけの方がより注意が向けられた。

とりわけ、上述した第一二条の事実婚を認定するための指標としての、同居の事実、共同家計の存在、第三者に対する配偶者関係の表示などに関して、できるだけ多くの事実婚を救済する立場から出来得る限り様々な条件を配慮すべしという意見も出たが、上記の三条件が必要条件であることが全ロシア中央執行委員会で確認され、最終的に認定された。第一二条の実際の運用となると、厳密な意味での運用はきわめて困難な場合が生じた。厳格な運用は、当時事実婚の未来を理想主義的に予期した婚姻論とは折り合いがつかない場合がいくつか出てきた。例えば、同居の事実があったとしても女性を男のもとで働く被雇用者としてしかみない農村の実態は、都市、農村の具体的状況に応じて個々の指標を結び付ける柔軟な判断力が要求される、と判事に言わしめているのである。第一二条の解釈が実際法廷で争われた具体的判例を以下引用する。(8)

「一九二七年二月四日聖職者ボゴスロフスキー（当時六〇歳）が死亡したが、相続人は存在しないとみなされ、その遺産は国有化された。その後パブロワという二三歳の女性が故人の事実上の妻であったことを理由に相続権を主張し」たのが本件である。彼女によれば、彼女は経済的困窮にあったが、故人の死まで二年間故人と性関係をもっていた。彼女はボゴロフスキーの家の間借り人としてその一室に住んでいたのであるが部屋代は払っておらず、彼のために買い物をし、しばしば一緒に食事をし、長時間彼とともに過ごし、時々夜を共にしたと主張した。ただ故人が聖職者であったため第三者に対しては隠していたのであると主張している。原告側の証人たちは二人の夫婦関係は隠されていたとはいえ、明白であったとし、また故人もそのことを認めていたと証言したが、同じ間借り人の一人は、故人は厳格で臆病な人間であったと述べ、二人の性関係の存在を絶対的に否定した。

一九二七年一〇月二四日、県裁判所はつぎのような理由で婚姻関係の存在を否定し、原告パブロワの請求を斥けた。①二人の間に性関係があったという原告側の主張は信用できない。しかし原告側の主張を前提としても、なおかつそれは家族法典第一二条の定めた婚姻的同居でなく、単なる性関係であるにすぎない。彼女は庭を通って密かに神父の部屋に通い、窓をくぐり抜けて自室に戻っていたという主張も、この判断を裏づけるものである。②原告は経済的に困窮していたので故人と性関係を結び、故人の費用で食事をし、部屋代も免除してもらっていたが、その代わり、彼女は種々の日常的サービスを提供していた。このような関係を「共同関係を持つ同居」とみなすことはできない。③婚姻は男女の自由で公然たる勤労的結合である。本件ではボゴロフスキーと原告パブロワはそのことを第三者に対してしめしていなかったばかりでなく、それを全面的に隠していた。以上のように二人の関係には事実上の婚姻関係の存在を特徴づける要素は何もない。

パブロワによるこの判決の破棄申し立てを審理した最高裁も、彼女の請求を棄却した県裁判所の結論を支持したが、その理由づけについては次のような若干の修正をおこなった。「原判決は事実婚を認める場合の指標として、その関係が公然足るべきことを強調している。しかし問題はそれが公然たるかにかかわらず、現実の関係がどのようであったかである。事実上の婚姻関係を隠すのは周囲の目をおそれるからばかりでなく、その関係から生じる責任を回避するためであることが甚だ多い。その場合苦渋を強いられるのは『隠し妻』の側であり、男女平等という美辞麗句に酔ってこのような現実から目を背けるとすれば、それは裁判所が偽善に陥っていることを意味する。事実上の婚姻関係の確認に際しては、個々の場合の具体的状況に依拠すべきであり、原審のように、法律的判断によって一般的なかたちで婚姻の存在を否定することがあってはならない(9)」

このような、あらゆる状況を広い視野からみて女性にとって有利な状況をできるだけ見出す、女性保護の見地から好意的に判断してくれた司法事例は当時ことのほか多かった。

一八年法典の第二章では婚姻成立の実質的要件で婚姻の可能年齢を定めることと同時にそれらの婚姻を無効とする取り決めも第三章で決められている。これに反して、二六年法典では「婚姻成立の実質的要件」が第二章で「婚姻登録の要件」になっており、婚姻登録の無効に関しての条項は消えている。婚姻の無効制度は登録婚が主体であり、事実婚主義をとれば無意味になるとされていたことがわかる。

究極的には二六年法典は、婚姻無効制度は廃止された画期的なものとなり、婚姻登録の要件は婚姻登録のためには、婚姻登録者の相互の同意、結婚年齢に達していること、婚姻適齢は一八歳とするなど、婚姻をしようとするものの当事者同士の意志の尊重に重点が置かれた緩やかなものになっている。

以上が婚姻登録時の要件に関して述べられた法律文であるが、実際には多くの識者が結婚登録要件に反する要件も事実婚として認定されるべきと判断することが多かった。なぜなら、婚姻関係を事実上認めなければ、多くの事実上の婚姻関係を結んでいる人の法的保護を奪うことになり、女性の利益に努めている法典の精神に矛盾するであろうと意見陳述する学者も散見したからである。また結婚を当事者の私事とみなす立場から、婚姻無効制度は当事者の意志の及ばない強制的解消であり、「ソヴェート法では当事者による離婚が唯一の離婚の方法であり、国家権力の介入により、配偶者自身の意思に反する婚姻の解消が可能であったブルジョア婚姻法の名残が最終的にソヴェートから消滅した証である」と論じたペ・ギドリャノフの言葉は銘記されるべきであろう。

さて、財産関係ではどのように登録婚と事実婚では区別されていたのかをつぎにみていきたい。一八年法典では登録婚主義をとっていたにもかかわらず、学説によれば事実婚の保護の立場をあきらかにしていたし、事実上の妻の財産分割請求を認めた判例が豊富に存在していた。この事実はその後の二六年法典において、事実婚を採用する際の有力な決め手となったのである。この場合、最大の理由づけになるのは、ソヴェート法に一貫している基本原則としての「労働原則」に基本的視点をおけば、登録婚と事実婚を区別する論理性はなくなる。しかし実際の適用の場合には、「労働原則」を巡って解釈に若干の混乱がみられたようである。[10]

ソヴェート法では、共同財産制に用いられた基本は「労働原則」であり、妻も自らの労働によって財産形成に預かるのが普通であり、共同財産における夫婦の取り分はそれぞれの労働量によって決まる。この場合、家事、育児も社会的労働とみなされたことは画期的なことであった。妻の立場は強くなった。共同労働関係と一般的労働関係との間にはいかなる差別もなく、登録婚と事実婚を区別する理由もなくなる。ここから、ゲ・ラジンスキーは一九二二年の論文で、家族の共同財産に寄与したものは、登録婚、無登録婚に関係なく、財産持ち分があり、婚姻破棄の場合には財産の分割を請求する事ができると主張している(11)。また、家族社会学者のかの有名なイ・ヴォリフソンも共同労働関係の原理に基づけば、登録婚であろうが、事実婚であろうが関係ないと主張した。このように登録婚と事実婚との間に何ら利益がなければ、登録婚をわざわざする意味もなくなると一般的にみなされるようになった。また事実婚であっても、登録婚と変わりがなければ意味がないと考えられるようになった。

こうして登録婚、事実婚の意味が真剣に問われるようになり、二六年法典の事実婚主義にも微妙な陰りと揺らぎがみられるようになった。様々な案件からみていくと、登録婚に何の特点も見られなければ登録する意味もないし、また事実婚主義をとらなくても事実婚を保護できるし、事実婚を敷衍したからと言って格別な利点も見出せないということになると、教会婚や登録婚に比較して安定性を欠く事実婚主義を指してゼレツキーは、事実婚の配偶者権利は家族法上の権利というより、債権者としての労働者の権利と呼んだ方がすっきりすると主張した。スラーヴィンもこの主張を定式化し、事実婚の権利に関して、共同経営に参加した各人の持ち分の権利はプロレタリア国家における一般的な「労働原則」と等しいと論じた。

さて具体的判例を以下に取り上げてみる。判例はすでに一八年法典より、財産制に関しては事実婚を保護しているようである。一九二二年、事実上の妻への財産分割を認めた判例である。この判例は「ガブリロワ訴訟[12]」として名高い。ここでは事実婚の妻の財産権が保護されたが、それはガブリロワが事実婚妻だからではなく、彼女が実際の勤労経営に参加していたことにより、認められたということが大切な論点なのである。

マリヤ・ガブリロワは同棲していた夫との共同生活の継続が不可能になったとして別れることを決意、自分自身と三人の未成年の子どものために自分の属する財産持ち分の分割を要求した。それに対して郷土地委員会と郡土地委員会は財産の分割は可能と認め、マリヤの請求を受け入れた。ウラジーミル県土地委員会は一九二二年六月三日、夫、ガブリロフとマリヤの間には婚姻は成立していなかったとし、郷土地委員会と郡土地委員会の決定を破棄した。

マリヤ・ガブリロワによる、県土地委員会決定の破棄申し立てにより、土地紛争最高統制特別会議は事件の審理をおこない、同年一一月二〇日つぎのように決定した。①この場合婚姻が成立しなかったとしても、マリヤとその子どもたちが共同財産に対する正当な権利をもっている。なぜなら彼女はすでに一二年間そこで共に働いたのだから。②従って県土地委員会の決定は誤っており、不当である。③反対の郡土地委員会の決定は事件の本質と共和国現行法に基づいており、完全に正当である。④結論として当特別会議は、県土地委員会の決定を破棄し郡土地委員会の決定を有効なものと認める。

ソヴェート法では、共同財産制に用いられた基本的見地は「労働原則」であり、妻も自らの労働によって財産形成に預かるのが普通であり、共同財産における夫婦の取り分はそれぞれの労働量によって決まる。この場合、家事、育児も社会的労働とみなされていたことは言うまでもない。共同労働関係と一般的労働関係との間にはいかなる区別もなく、登録婚と事実婚を区別する理由もなくなる。故にこの判例の最終審理でも分かるように、マリヤと子どもたちは共同財産に対する正当な権利をもっており、仮にマリヤが勤労経営に携わっていなくても、当時、家事・育児は立派な社会的労働とみなされていたので、正当なる事由として当然それを請求することができるのである。

## 家族消滅論から家族強化論へ

以上ソヴェート事実婚主義に関して記述したが、一九二六年に確立された事実婚主義の原則は実質的には一九四四年のソ連邦のウカース（vKA3）法令によって廃止された。登録婚主義への再転換は一九三六年スターリン憲法が制定された時期に開始されたのである。事実婚主義の完全なる原則の遂行は一九二六年から一九三六年のほんの短い十年間に過ぎなかった。家族と婚姻を巡るソヴェート・イデオロギーにおいても家族消滅論から家族強化論への重大な転換がなされたとみられる。その法的転換は以下の決定事項(13)で明確にされた。

一九三六年ソ連邦中央執行委員会・人民委員会において「堕胎の禁止、妊婦に対する物質的援助の増進、大家族に対する国家援助の制度化、産院、託児所、幼稚園の拡大、扶養代不支払いに対する刑罰化、離婚法の若干の改正について」という法案が採択された。この法律は一見、母性と児童の権利、保護を明確化し強化しているようにみえ、コロンタイが提唱した「女性は国家に新しい成員を与える義務がある代わりに、国家も女性に配慮し、援助するべきである」という母性と児童を守るという根本理念と矛盾はしないが、二七条で離婚の完全なる自由に対して制限をもうけるなど家族消滅論から、家族強化に急展開させていることは否めない。もちろん二六年法典と同様に大規模な討論にかけられたようであるが、それが短期間のうちに全人民的キャンペーンに拡大していったことはスターリンの驚くべき人心操作の巧妙さを物語っているといえよう。

三六年の法令は、四四年法典のように完全な急旋回の事実婚廃止ではなく、二六年法典の第一条の登録婚の国家的・社会的利益の側面を発展させているように見える。しかしその底流には登録婚主義を暗黙のうちに是認させ、初期マルクス主義者たちの家族消滅論の理想論から急展開の家族強化へ変化させたスターリンの狡猾なみえざる意思が垣間みえるのである。(スターリンのこの施策には大きな野望が実は秘められていた。それを解き明かすには別の長論文になってしまうのでここでは割愛する)。

この期間当のコロンタイは何をしていたかというと、ネップと労働者反対派の項でも述べたように、第一一回党大会で、コロンタイはレーニンに徹頭徹尾批判され、党籍剥奪の憂き目にあい、幹部会の差し金で外交官として国外に出されたのである。これに及んでコロンタイは、女性労働者の国外からの組織化も、またさらなる理論化も不可能になり、三六年の事実婚の事実上の禁止に対する反論の討議の場にも参加し意見を開陳することはできなかったのである。国外に出されたといっても世界初の女性外務大臣としての職責は重く、その上心臓病も患っていたのでかなりの重労働であったはずである。これ以後、外交官としての経験を書いたものはあるが、事実婚消滅についての反論の文書はどこにも見当たらない。

こうして一九四四年七月八日、ソ連邦最高会議の幹部会令として多産の母親や母子家庭の母親に対する国家の援助拡大、母性の保護、児童の保護及び強化、「母親英雄」の名誉称号、「母性栄光」、「母性メダル」の制定が策定[14]されたのである。

一九四四年のウカース法により家族強化策の一環としての事実婚主義は廃止された。これにより、世界史上初のソヴェートの輝かしい事実婚主義の歴史は幕を閉じたのであった。

## 事実婚主義の終焉

初期マルクス主義学者たちは、社会主義制度のもとでは経済的機能は社会化され、貧富の差が排除され、平等化された男女は自由な価値観のもとに家族、婚姻関係を持つことができ、婚姻は私事となり、婚姻のための登録制度は不用なものになり、婚姻関係の登録は必要なくなり、最終的には家族消滅、平等互恵的な男女関係が可能になると考えてきた。

コロンタイは、革命後のソヴェート政権では、「家族は社会的変革の妨害要素として労働者階級の階級的団結や連帯性を阻害するものであり、新しい秩序のもとに共産主義社会を再編するための妨げになる[15]」とさえ考えていた。また第二点として、戦時共産主義を経て社会的混乱がいまだ平定されざる状況では、女性の経済力が十分保障されていない状況にあるという認識をもっていたが、その後女も男と同等の地位を占めるようになってきたという認識が次第に一般化されていった。弱者としての女の保護という観点は必要ではない、事実婚の使命は終わったという論が述べられるようになったが、その歴史的使命終了の明確な論拠と認識は残念ながらしめされていない。

代表的な論者としては例えば、デ・エム・ゲンキンはその著で「仕事のみならず、生活様式の点でも女性は男性と平等だ。もはや保護は必要でない。男に遺棄されようとも女は独力で生きていける」[16]という見解であった。この論理は二六年の法典ができあがった頃、正統派マルクス主義者たちは弱者保護の諸課題が実現される社会主義の制度の遂行のもとで初めて事実婚主義は完遂され、究極的には家族消滅論や自由恋愛にいたると考えていたが、ゲンキン等の考えは事実婚主義と家族消滅論とを切り離しており、その事由の明快な論理づけはなされていない。当初、彼らは、初期社会主義経済下の未発達な社会では、弱者保護という具体的な政策実現の方が現実味ありと考えたが、事実婚主義の使命は、二八年に始まった五カ年計画と急速なる農業集団化の波により国民経済が再編化された状況ではもはやそれは必要ではない、「むしろ家族の利益、未来の育ちゆく世代のために強固で安定した婚姻を保障する必要がある」[17]と主張した。

こうみてくると、正統派マルクス主義者の考える事実婚の位置づけと、ゲンキン等の考える事実婚の位置づけの間には大きな乖離があり、その乖離はそのまま放置され、あの激しい国内戦からネップの時代、その後のスターリン政権の成立、また四一年のファシスト戦にいたる間の目まぐるしい歴史的展開の中では十分な論争も国民間の討議も合意もされずに放置されたままになった。この点で、かのルドルフ・シュレジンガーも、「二六年法典が事実婚を承認したのは、当時マルクス主義者の真に共産主義的な『自由恋愛』に対する渇望と『家族消滅論』を軽視したのではなく、万が一、夫亡き後夫婦の共同財産を事実上の妻に供与し、妻に対する保護を事実上の婚姻関係にある妻にも拡大供与するための便法であったのではなかったか」とはっきり述べている。[18]

これに対してコロンタイはどうか。すでに彼女は労働者反対派の事件により、一九二三年より実質的に国外に追放され、その後外務大臣としての職務を全うすることにより、国内の政治には一切口出しをしていない。推論でしか言えないが、コロンタイがもし三六年時点でロシアにいたなら、激烈な反論を法学者やスターリン指導部に浴びせかけていただろう。まず、社会主義体制における家族とはどのようなものか、情勢分析から始まる事実婚の必要性、弱者保護の定義など喧々諤々の論議を巻き起こしたに違いない。しかし、残念ながら、当時彼女の論理を引き継いでくれる女性党員もほとんど組織化されておらず、まして広範な女性労働者の大きな輪もなかったのである。女性にとって女性自身に大切な法典内容を決断する場合には、女性個人のスタンド・プレーではとうてい不可能であり、層の厚い女性労働者の支持層の存在とその組織化、また男性党員の理解と共感を得ることが是非とも必要であったが、惜しくも当時の状況はそのような大前提は皆無に等しかった。

三六年を境にしてソヴェート事実婚主義は実質的に消滅、家族消滅論は形骸化し、強烈な家族強化論へと舵をきった。家族強化論は当時スターリンの台頭と同時に醸成され、この強化論によって社会主義国家をさらに強固なものにし、また強い家族の絆をもとに安定した人口再生産が目論まれた。戦力補強としての人口の増大化の掛け声は日増しに大になり、ファシズム戦を戦い、勝利を得、スターリンの覇権をさらに強固なものにするという命題に貫徹されることになった。

これらの事実を裏書きするものとして、元ゲペウの幹部、ソ連参謀本部情報部長代理、W・G・クリヴィッツキーの会見記から驚くべき事実を引用しておく。彼の回想によれば、スターリンは十年間の間に数えきれない銃殺刑、赤軍幹部の根絶やしを銃殺によりおこなったと陳述。とりわけ最近の人口調査がなされていないこと、なぜなら中央委員会扇動部が一九三七年のソ連人口を一億七一〇〇万人と見込んだのに、実際は一億四五〇〇万人しかいないことが判明。およそ三〇〇〇万人の人口が不足していた。これはスターリンの狂気の農業政策や、劣悪な条件下での出生率低下、大量強制移住、流刑が原因の死亡などによる人口減少に見舞われたことによった。しかも農業ばかりではなかった。モスクワ、レニングラードで工業企業の幹部の七五％が逮捕され、赤軍の幹部の頭部は切り落とされ、最も重要な軍管区の指揮は無能な軍人にまかされた。スターリンはソ連を滅亡に導いている。ソ連の本当の友、ロシアの本当の友とロシアに住む民族たちは、死刑執行人の手を止めるために声をあげるべきだと赤裸々に告発した[19]。

なぜそのような家族強化というコペルニクス的転回がソヴェート社会にもたらされたのか、その原因の一つには、スターリン専制強化により、列国と競合していくためには国民を組織し、対抗するための強力な家族政策が必要であり、その家族強化により人口増加を促進し、国力を強大なものにしたかったスターリンの野望から出たものである。これに対して当時の人口学者、家族社会学者たちはほとんど反対することはなかったようだ。否、反対意見があろうともスターリンによって政敵とみなされ刺客に倒れるのが関の山であったであろう。二つ目の原因は女性自身の意見はまったくうかがい知ることはできないことである。黙っていれば賛成とみなされるのが関の山であるが、スターリンの家族強化策に対する反対意見、ないし論文はみあたらない。専制主義というものは怖しいものである。戦時中の日本の暗黒軍国主義と何ら変わるところはないのだ。

# 第11章　女性解放の挫折とその後

一九九一年、ソヴェート政権の崩壊は世界を震撼せしめた。崩壊の直前までゴルバチョフのペレストロイカ政策によって、厳格で秘密主義の鋼鉄のような社会主義政権もついに雪解けの時代に突入したかと世間に思われ、好意的に受け止められていた。それまでのソヴェート政権のなかで、写真雑誌には大型トロリーバスを運転し、舗装道路の補修に出没し、たくましい腕で電信柱を肩にかつぐ女性の姿や、シベリア鉄道の駅ホームで見られるどっしりとした女性駅長のすがたが散見され、資本主義社会で女性はかくあるべきという固定的規範の鋳型に入れられていた世界の女性たちに新鮮なイメージを与えた。

## 社会的労働における男女平等と家事労働

ソ連における労働者中の女性の比重は一九二八年の第一次五カ年計画開始時には二四%であったが、四〇年に三九%、第二次大戦後の五〇年には四七%と増加、七〇年以降は五一%で移行、コルホーズにおける女性従業員は四九%にものぼり、全体として労働能力のある女性の占める率は一九五九年の

六八・四%から、七〇年には八二・一%にのぼり、就学中の女性の潜在的労働力をくわえると八九・七%になる。(注1)

この統計からも分かるように、社会的労働に関してはソ連の女性労働者の人口に占める比率は世界でトップであり、社会労働における男女平等は基本的に確立されているとみなされた。そして社会主義政権における男女平等の基本的確立は、就業中の男女差別の完全な排除をモットーとして守られてきたといわれてきた。しかし女性の就業意識を探ると、必ずしもそうとは言い切れない側面もある。例えば、一九七四年から七五年の企業調査によれば、女性が就業する主要動機は、①追加的家計収入の必要性四二・八%、②集団生活への参加希望二八・三%、③社会的労働への参加二一・九%、④経済的独立七%となっており、女性が独立した家計を担うという意識よりも多数が追加的家計収入の必要性を訴えていることは、自立した生計を担おうとする女性の意識が少ないことを物語り、女性労働者の意識のありようが問われているのではないかという問題性を投げかけている。(2)

このように社会的労働における男女平等は一応確立されているといえるが、社会的労働における男女の地位は十分に確立されているとは言い切れない面があった。その男女不平等の原因の一つとして真っ先にあげられることは、家事労働の負担である。

グリゴロフとシコトフの『新・旧の生活様式(3)』のなかで、一九二〇年代の半ばで男女の一日の時間の過ごし方を簡略に紹介すると、

| | 家事 | 休息 | 睡眠 |
| --- | --- | --- | --- |
| 夫 | 二時間〇八分 | 三時間二七分 | 七時間五九分 |
| 妻 | 五時間一二分 | 三時間二一分 | 六時間四四分 |

またカプースチナの言によれば、家事労働は七〇年代でも平均して女性は週三五時間、男性週一三時間から一四時間といわれ、この週三五時間という女性の家事労働に費やす時間を単純に計算すれば、上記に掲げた二〇年代の女性の一日の家事時間五時間一二分を七日間継続した時間にほぼ匹敵。一九二〇年半ばより、五十有余年の時間的経過を経ても、少しも変わらぬ女性による家事労働時間数とはいったい何事か、と問いたい。女性が男性の約二・五倍以上も家事労働に追われている事実は明らかであり、さらに八九年には状況はもっと苛酷になっていることが、つぎの報告から分かる。

一九八九年三月七日、社会主義政権末期。文化省次官シルコワの演説によれば、「女性の家事労働は週四〇時間に達している。それに対して男性はわずか六時間にすぎず、この原因としては、物不足による買い物の行列がさらに長くなっていることと、家事の機械化が先進国の五倍遅れていること」を挙げている。このような性別役割分業が極端におこなわれ、社会の意識が遅れている社会では、女性労働の質的向上を目指し、女性のさらなる技能習得や社会的地位の男性に劣らぬ向上を目指すにはきわめて不利な立場に女性が追い込まれているといえる。ここでは、家事・育児労働の育児については言及しないが、理由は簡単である。ソヴェート時代の全期間、育児については共同集団保育が積極的にとられ、子どもを一週間、一カ月単位で共同保育所に預けることが可能であった。ただし、内容の良さ、質の高さを問わなければの話である。事実ソヴェート政権末期は西側の情報の流入とその比較が可能になり、なかには、共同保育の質の悪さに気づいた親が、もしその親の収入が高い場合には金にあかせて私設の保育所に預けたりする例がみられるようにさえなった。

七〇年代、八〇年代のロシア社会の現実を知っている人なら分かるが、日常の食料品の買い出しのための大行列がどれほど女性のエネルギーを奪ってきたか、買い物のための東奔西走がどんなに女性ないし男性のエネルギーを奪ってきたか。消費財、食料品の供給増加への取り組み、サービス業の業務拡大、改善が必要であったが、それらは遅々として進まず、家事労働の効率化といっそうの社会化、また制度的、抜本的改革が本当は喫緊の課題であったが、ソヴェート政権崩壊までそれは取り組みが十分になされず、政権崩壊後も依然として改善されず今日にいたっている。

女性解放の命題は、初期ソヴェート政権による私的所有の廃止から計画経済により女性労働力を計画的に配置することで、それなりに十分とは言い切れないが一定の成果を挙げてきた。しかしその条件をなす家事・育児からの女性の解放はそれにともなう重要課題として意識的に取り組まなければならない課題であった。この重要な課題を遂行するために初期ソヴェート政権成立時に彗星の如く現れたコロンタイのパーソナリティと彼女の問題解決への意欲と能力は残念ながらその後のソヴェート政権では十分に生かしきれず、その後数十年の長い年月その課題は放置ないし、停滞のままであったことは悔やまれる。ここにこそロシア革命百年を経ても女性解放が十分に成就されない要因があると言っても過言ではない。

エンゲルスは言った。「近代的家族において夫の妻に対する支配の独特の性格や、夫婦の真に社会的平等を実現する必要性とその方法も、夫婦が法律上同権となった時、初めて白日の下に現れるであろう(4)」つまり、社会主義になって初めて、男女の矛盾が純粋なかたちであらわれる地盤を提供するのであり、社会主義になって男女差別が直ちに止揚されるのではなく、その地点から男女の差別が明らかになり、戦われる地点が提供されるという認識は重要である。さらにエンゲルスは言った。「近代的大工業は、女子労働を単に大規模に許すばかりでなく、それを本格的に要求し、また私的な家事労働をますます公的な産業に解消するように努めている(5)」

コロンタイによれば、「技術進歩はそれぞれの分野で専門家を生み出し、炊事、洗濯、繕い物、掃除その他の仕事もそれぞれ専門労働者に委ねるのが歴史の趨勢である」と分析している(6)。

コロンタイは家事の社会化が資本主義社会の中に見出せるとし、家事の社会化が社会主義社会と資本主義社会のなかで見られる違いは「資本主義下では金持ちのみがレストランを利用することができるが、社会主義下では食堂や炊事センターが共有財産になる(7)」。更にコロンタイは鋭く言及している。「金持ちは退屈な仕事をすべて自分の妻の肩から取り去っているのに、なぜ働く女性労働者たちは家事に時間を奪われ、苦しまなければならないのか!(8)」

コロンタイは社会主義の優位点は近代化による家事からの解放の恩恵を有産者階級のみならず、全女性労働者が享受し得る可能性を持ち得ていると喝破する。しかし現実にそのような見通し、先見性があろうともそれを喧伝し、実際に初期ソヴェート政権で組織化し、部分的にはコロンタイの呼びかけで法制化もしたが、その政策を拡張・維持拡大には残念ながらできなかったのである。なぜならそのような家事・育児の社会化を可能とさせるような文化的・産業的基盤と発展は初期ソヴェートでは見られず、また仮に期待できたとしてもそれをどのように具体的に社会に組み込み、組織化すべきかの先見性と、男女平等にはその具体化が必須という意識が一部の女性やコロンタイの認識を別にして、男性にも女性にも欠落していた。

しかし暗雲垂れ込めるなかで曙光はある程度みられたのである。初期ソヴェート政権下で家事・育児労働も社会的労働と同等とみなすことを法理のなかに組みこんだほんの短い時期があった。

この核心的なことをもう一度、ここに記載する。すなわち、一六年家族法典では、その第一〇条で夫婦共同財産制を定め、それに続く第一一条では、事実婚にも適用されることが明記されている。このことは登録婚主義をとっていた一八年法典においても事実婚の保護を要求している。事実上の妻の財産分割請求を認めた豊富な事例は、二六年法典で事実婚主義を認める有力な根拠となったのである。夫婦の共同財産制は様々な法関係のなかで、事実婚への適用がもっとも容易なものとみなされた。ソヴェート法の全法典を貫く「労働原則」を主柱におけば、登録婚と事実婚を区別する必要性はなくなり、事実上の婚姻関係を婚姻として保護する必要性もなくなる。これこそが最もすっきりした法理であり、そもそも一八年法典では夫婦はそれぞれ独立した平等な主体性をもつものとして別産制をとっていた。完全な別産制のもとでは登録婚も事実婚も、その財産関係では差はまったくなくなる。かつてソヴェート初期政権時代にこんなシンプルな法理が存在していたのは驚きである。それもそのはず、夫婦各々が別産制をとることにより、女性も本来は社会的労働に携わるべきであり、その条件を満たすためには家族機能の社会化は不可欠であること、その実現は結果的に初期ソヴェート政権マルクス主義者の抱いていた家族消滅論に行きつく。家族消滅論へのプロセスで公的な社会的原理で構築された食堂、洗濯場、などは社会主義を生きる労働者のための完全必須な条件として考えられた。

ただし当時の革命直後の経済的混乱期においては女性の低収入その他の理由で必ずしも妻の自立的独立的別産制を保持することはできなかった困難な状況があったがゆえに、便宜的に共同財産制をとらざるを得なかったと解釈され得る。この場合共同財産制として用いられた法理の基本は「労働原則」であり、妻が自らの労働によって財産形成に参画している以上その財産は共同財産とみなすというものであった。この場合、家事・育児労働も社会的労働と対等と見なすという有史以来、画期的なものであった。従来は家事・育児労働はアンペイド・ワークとみなされてきたものである。この「労働原則」の中に家事・育児を組み込んだことは妻の立場を著しく強化した法理であった。

初期ソヴェートの共産主義者たちは女性が家事、育児労働プロパーに専念することを批判してきたが、家事、育児労働そのものを否定的にみていたのではない。女性が家事、育児労働にのみ専念することを嗜好し、その中に沈潜することは社会的視野を狭め、狭い私的利害関係の中に身を置くことにより狭隘な視野を保持することしかできないことを彼らは批判していたのである。経済的混乱期に事情により家事、育児プロパーに従事せざるを得ない女性もいたわけで、それらの家事、育児労働も社会的労働と対等と一時期みなしてきた。彼らの頭の中には、遠からず未来において家事・育児労働が社会化され、公的な労働とみなされれば、「それはもはや人間精神をスポイルする必要悪的な労働ではなく、社会的に有意義な労働に転化するはずで」あると理想をえがいていたのである。(9)

この家事・育児労働を「労働原則」の一部と見なすことの原理がいつの間にか後の事実婚主義、登録婚主義の法理から抜け落ちてしまったことが大きな歴史転換的解釈の要因の一つであったといえる。

つまり家事・育児労働を経済的混乱のなかでの女性を救う一時しのぎの論理ではなくて、マルクス／エンゲルスが主張するような、社会的有意義な労働に転化でき得たならば法理としても押しも押されもせぬ社会主義的法として周知されるべきであったが、初期ソヴェート政権においては歴史的に時期尚早というか、家事の効率的機械化、また専門化、集団的育児方法の質の高い、専門的展開がないままに場当たり的なコンミューン的食堂で家畜に喰わせるような質の悪い食事の提供、低レベルの居住空間や人に夢を与えないような実利中心の物資の蔓延では、人は昼間の労働が終了したら家庭の安楽な寛ぎ、優しい家庭的奉仕を望むであろう。戦時共産主義的時代を経て、ネップに突入した時代を経て、家事・育児労働が「労働原則」の一部として認められず、その正当なる対価を女性が要求することもできず、当然女性が家事・育児をこなすことが暗黙のうちに社会主義社会に生きる女性に要求され、女性たちも黙認してきた。ロシア女性は三〇年代以降、表向き同一賃金、同一労働を保障されたソヴェート社会で、実は男女不平等社会そのもののダブルスタンダードとどのように向き合い、それを打ち破ろうとしてきたか。男性と比較してその後の多くの女性が実質、二重労働を強いられ、長きに渡って息も絶え絶えの労働就業に縛り付けられ、耐えなければならなかったソヴェート時代は、実に苛酷な生き方を女性に強いてきたといえる。そしてあまつさえ、事実婚主義が登録婚主義に集約され、強権的スターリン社会になっていった移行過程において、その詳細な移行過程における理由づけについて当時の法学者、家族社会学者らは検討を怠り、理論づけすることもできず、周囲の慣行に埋没して流されていったのである。

## 今なお続く性別役割分業の実態

これまで憲法に保障されている男女平等と実生活における男女の関係の乖離について多くは語られてこなかったが、ソヴェート政権崩壊後の今日において初めて、ロシア女性の口から語られるようになった。女性のおかれていた実態を過去のスターリン時代にさかのぼって検証された論文もようやく最近手にとることができるようになった。因みに『女性と社会主義』というオリガ・ヴォローニナの論文では、スターリン時代から八〇年代の末までを俯瞰しているのでそのうちの一部を要約しておこう。

三〇年代初頭のスターリンの本格的統治時代に突入して、女性は厳しい家父長的な権力と国家権力のくびきのもとにおかれ、新しい生活を築くための膨大な労働力の予備軍としてみなされ、自分の夫や、父と肩を並べることがすなわち女性解放の証であるとスターリンは唱えていたのである。ソヴェート女性の解放の神話は、女性に対する事実上の超搾取の実態を巧妙にカモフラージュしていたのである(10)。

女性の政治権力からの疎外は五〇年代から六〇年代にかけて継続していった。この政治権力からの疎外は、党が準備した決定を形式的に承認するだけの国家権力の架空の機関への女性選出のオープンにされていない割当数をカモフラージュしたのである。六〇年代の初頭から一九八九年に至るまで、女性代議員の選出は三三％にのぼっているが、これだけでは最高会議においても、党の中央委員会においても決定権を得るにはいたらなかったのである。[11]

ロシアにおける現代の女性は国民経済の半分を担い、平均的教育程度は男性を上回っているにも関わらず、国会に占める女性の数が少なすぎるので、女性のおかれている切実な立場を代弁し、政策、社会機構そのものを国会に進出してその能力を十分に発揮し、社会貢献できるような条件づくりを通して意識構造を変革してこなかったことが挙げられる。

はじめにで述べた独立新聞のソヴェート政権崩壊直前の九七年当時の分析結果でも依然として同様のことを指摘している。

(1) 失業率の割合が男性に比較してきわめて高いこと
(2) 女性の平均賃金は男性の三分の二にしかならない（非公式では三分の一と言われている）
(3) 女性は新しく進出してきた小規模のビジネスにはきわめて活動的であるが、大企業や大生産部門においては決定権をもっていないこと
(4) 育児や家事の負担は依然として昔と変わりないこと
(5) 女性の数は選挙人のなかでは優勢で、選挙においては男性に比べてはるかに積極的であるにも関わらず、政権機構のなかでの女性の参加はきわめて少ない。

このうち（1）、（2）、（3）は専門職における女性の占める位置が男性に比べて貧弱なので高度に突出した才能を発揮できないこと、またそれにより同レベルの男性をリードするだけの能力を社会が認めようとしないこと、また（4）は、育児、家事にのみ女性力を投入することの社会的損失について十分に男の上に立って説得していないこと、情けない話だが、女性自身がそれを女性の仕事として

肯定している人がかなりいること、そしてこれこそが最も重要であると思うが、（5）の点に関しては、ロシアの国会での女性議員の占める数は全体の一四・五％で、列国議会同盟（IPU）の二〇一六年一二月のデーターによると、世界ランキング一二六位でイスラム国のトルコやマレーシアに近い数である。この数値では女性に対する性別役割分業の実態を改め、その意識を正そうにも国会での女性の声は余りに少なすぎるのである。日本の一五七位よりはランキングは上であるが、かつて男女同権を表面的にせよ華々しく謳ってきた輝かしい国がロシア革命百年目でこのありさまではコロンタイがもし生きていたら大いに落胆するであろう。

# 終章　プーチンの少子化対策

これまでコロンタイの女性解放論と主としてソヴェート政権における女性のおかれた立ち位置をみてきた。残念ながら、コロンタイを軸とした初期ソヴェート政権の思い描いていた女性解放理論は頓挫し、苦い思いを噛みしめざるを得ない。この項では、革命後百年経過した今日、ロシアでの、女性の立ち位置は実際どうなのかを、プーチンの少子化対策政策と統計データ等を見ながら現状を伝えておきたい。

まず初めに、人口が少ないということは経済上また安全保障上どのような問題点を生み出すかを三年前、筆者が極東および中露の国境地帯を廻り、強い衝撃を受けた経験を披露しておく。筆者がアムール川を挟んで、両国の産業をつぶさに見学した時のことをここに抜書きしておく。特徴的なことは、黒龍江省とロシアの国境地域間の産業においては、中国の加工業がロシアの資源原料に頼っていることが明白な事実として捉えることができた。

中国側国境の職員に直接聞いた話では、ロシアから輸入している物品の七〇％は木材だという。中国側からロシアへの輸出品は衣類繊維品、加工軽工業品などである。ロシア側に技術がないわけではないが、加工業に携わることのできる人口があまりにも少ないことにより資源のみを手っ取り早く輸出せざるを得ない状況なのだ。そのために原木輸出の場合には高い関税率をかけ、資源を当てにして安く買い叩こうとする中国側の思惑とその状況をロシアはなんとか改善しようと努めてきた。そこでロシア政府はシベリアと極東を長期にわたって発展させるために、大統領直轄の国営会社の設立を計画したが、現実にはこの計画はどうもうまくいったとは思えない。

ロシア側のプロジェクトでは、二〇〇九―二〇一八年までの中露国境地域間プログラムがたてられ、その中心的課題は、資源依存の経済からの脱却をめざし、また中国の人口圧力と経済力に対抗できるよう極東地域の産業の高度化、人口の増加をめざすという意欲的改革であった。またさらにプーチンによる二〇二五年までの発展戦略プランが立てられ、その目的を以下の三点にしぼった。

（1）インフラ、交通網の整備、資源開発により北東アジアとの結びつきを強化。
（2）極東地域に新しい産業を発展させる。
（3）極東に人口を定着させる。流出の防止。そのために良い居住環境をつくる。

何故このような急を要する計画を立てようとしているかといえば、二〇〇〇―二〇五〇年の間に、世界の国々のなかで最大の人口減少数を記録するとみられているゆえである。これに対する危機意識から、プーチン政権は大々的な方策を講じることとなり、とくに少子化対策については、二〇〇七年初めから強力な対策を実行するべく様々な策定を考慮してきたのである。（しかし、数年経過した現在、ロシア側は幾分なりともその危機意識は収まった模様だ。なぜなら、クリミア半島の住民の自主的投票により、約二〇〇万の人々がロシアに帰属するようになったからである）。

## 人口減少問題

ロシアでは一九九三年に人口減少が始まった。死亡率は、ソ連崩壊後の一九九二年から九四年にかけて著しく悪化した。これは一説には男性のアルコール飲みすぎによることではないかという研究発表もあったが、今のところ定説が確立しているわけではない。ただ、どの人口学者も触れていないが、チェルノブイリの被曝や内部被曝の影響もあながち否定できないであろうということが筆者の類推である。

出生率は、一九八〇年代後半から九三年まで急激に低下し、その後もそれほど改善されていない。社会増加率は、一九九三〜九五年には旧ソ連諸国からのロシア人の帰還により、プラスの値になった。そのため、自然増加率のマイナスが補われ、九四年には、若干の人口増加をみた。一方、社会増加数は、九九年以降ロシア人のソ連諸国からの帰還が終わって小さくなり、増加率のマイナスも一段と大きくなった。

次に沿海州、ハバロフスク州、アムール州などの主たる極東の人口動態表によれば、いずれも死亡数が出生数よりも多いということは大幅な人口の自然増は期待できないということが分かる。この事実は、極東のこれからの産業育成や将来性などを考慮する場合に由々しき事実であることはいうまでもない。

体制崩壊から十年位経った二〇〇〇年以降、社会もいくらか安定し、高い経済成長が続くようになるなかで、出生率と死亡率に大きな改善が見られてもよさそうであったが、現実には、出生率の上昇はさほどでもない。合計特殊出生率（一人の女性が一生の間に生む子どもの数）でみても、日本の合計特殊出生率一・三二人（二〇〇六年）と比較してもロシアは出生率がもっとも低い国の一つになってしまった。一方、死亡率の方は、一九九九年以降の経済回復の時期にむしろ高くなっている。

極東に焦点を当てると他の地域に比較してそれなりの人口の増加はみられるのであるが、それにしても隣国中国の東北三省合わせて一億人に対する沿海州の六〇〇万人はいかにも少なすぎるといえよう。そこでプーチンの新たなる人口増加策が発表された。二〇〇六年五月一〇日に年次教書を発表し、そこで初めて「母親資本」という新しい画期的な政策を明らかにした。

母親資本は、一二月二九日付連邦法第二五六号「子どもを有する家族に対する国家支援の追加策」によって法制化された。それによると、この母親資本は、二〇〇七年一月一日以降に二人目以上の子どもを出産した母親が、出産三年後に受け取ることができる資本である。受取額は二五万ルーブルで、生涯で一回限り受け取ることができる。

この画期的人口増加政策により、プーチンはなんとか少子化に歯止めをかけ、ダイナミックな国力創出の基礎を築きあげようとする。この並々ならぬ意図を反映させているのが、ロシアに出かけると町のあちこちに立てられている写真入りのプラカードだ。元気のいい子どもの写真の上にはロシア語で、〝三人なんてたいしたことない！　三人は、一人、二人、三人で、わけないでしょ！〟という意味がこめられており、出産奨励が国家のかけ声で推進されているさまがよくわかる。

今後のロシアにおける人口予測は残念ながらあまり思わしくない。二〇歳から二五歳の女性人口は多く、さまざまな人口増加策により今後十年間は効を奏するであろう。しかし一六歳以下の女性の人口は極端に低いので、十数年後には深刻な減少状態になることは目にみえている。ロシア統計局では十年間は一億四〇〇〇万。十数年後再び減少傾向。二〇三一年一億三九〇〇万人、予測では二〇三一年に向けて人口は緩やかな右肩下がりになる。（二〇一六年度は、クリミアが住民投票によってロシアに併合されたので二〇〇万人増加している）。

二〇二五年のプーチンの発展戦略のうち、（1）と（2）の成果は着々とあげてきたが、（3）の人口政策はあまり成果をあげているとは言いがたい。もっとも少子化の傾向は極東にとどまらず、ロシア全体の傾向である。

## 今後の人口予測と人口増加策の問題点

二〇〇六年六月二〇日の安全保障会議において、「二〇二五年までのロシア連邦の人口政策構想」を策定することが決められた。その後、メドヴェージェフ首相を中心に作成作業が進められ、二〇〇七年一〇月九日付大統領令第一三五一号により策定された。「人口政策構想」では、三段階での政策の実施が予定されている。

第一段階：二〇〇七〜一〇年　人口の自然減少率を低下させ、社会増加（移民増加）を確保する。

第二段階：二〇一一〜一五年　人口動態の安定化。二〇一六年の目標は次の通りである。

人口を一億四二〇〇万〜一億四三〇〇万人で安定化させる。

二〇〇六年と比べて、合計特殊出生率を一・三倍に引き上げる（一・六九人程度となる）。

第三段階：二〇一六〜二〇二五年　移民の増加も計算に入れ、人口を一億四五〇〇万人にまで増加させる。

二〇〇六年と比べて合計特殊出生率を一・五倍に引き上げ（一・九五人程度となる）、死亡率を六二・五％の水準に引き下げる。さらに「年間三〇万人以上の移民増加を確保する」とあることはおどろきである。というのも、だいたいにおいて移民の定着率はそれほどよくない。

フランスの国立人口問題研究所は、二〇〇七年に出した研究報告のなかで、公式に移民が出生率アップに貢献しているのは〇・一ポイントと算出している。移民でトルコやアフリカから来た母親たちの合計特殊出生率はフランス人より高く三・三で、フランス国籍の母親より一・五倍も高い。しかしこれはあくまで現象的にそう見えるだけで、出産可能年齢を考慮すると、出産可能年齢に該当する外国人の女性の数は、フランスにいる出産可能年齢のフランス人女性のわずか七％しかいないのである。合計特殊出生率が一・五倍でもその超過分も百分の一しか効果がないことがわかる。だから全体的に計算すると〇・一ポイントのかさ上げしか期待できないことになる。単純な計算だけでも容易ならざるものがあるが、さらに移民の出産行動は受入国の女性の出産行動にだいたい同化することが多いらしいのだ。母国が多産国であっても、移民は入国した国の文化的規範や習慣、その他を受け継ぐ傾向が多いそうである。しかも生活が安定せず、十分な金を稼げない時には抑止行動をとり、出産を避けることになるケースが多い。

ロシアの場合はＣＩＳ（独立国家共同体）からの移民が極めて高いが、ほとんどが肉体労働の低賃金者が多く、十分な家庭生活を営めないケースが多い。しかも一九九一年のソヴェート政権崩壊後以降に生まれた人々はロシア語もままならぬ人々が出現しており、そのためロシア政府は移民労働を志す人々にロシア語の試験も課しているようだ。極東においては北朝鮮からの移民労働者が多いが、彼らはだいたいにおいて集団で入国し、集団の寮生活をし、労働は森林伐採などの一次産業に従事している者が多い。彼らの大半は定住するより季節労働者として働くケースが多い。ＣＩＳ以外では中国からの移民も多いが、定住する数は限定的である。しかし意図的に統計に出さないのか、そこのところは不透明である。政府の移民政策には一貫性がなく、頻繁に政策自体が変えられるとするなら、ロシア人と同様に移民に母親資本を与えたとしてもそれほど出産率がぐんと伸びることにはならないのである。しかし政府は移民の数を年間三〇万人ずつ増加させることを期待しているようだがとうていその数には及ばないだろう。

その証拠として、次頁の図表を参照してみると、二〇一一年のロシア連邦行政管区沿海州地域別移民の数は極東に来たものは七〇三五人で、極東を引き揚げたものは六四八三人で統計的に残留したものはわずかに五五二人である。それでも七〇三五人という数は、ＡＰＥＣを目指してプーチンの掛け声でルースキー島開発の為に呼び寄せられた数で引き上げたものより一応プラスになっているが、二〇一〇年の統計では来たもの三五六九人、引き揚げたもの三八三〇人で残留は統計上マイナス二六一人になっている。さらに住民として登録した人数を調べると、二〇一一年では三三四一人が登録し、そのうち引き揚げたものは三六六七人で滞留者はマイナス三二六人で、二〇一〇年では、登録人数は三五六九人で引き揚げたものは三八三〇人で滞留者はマイナス二六一人にのぼっている。この人口の移動状況をみると、移民として落ち着いて、余裕のある持続的生活を営み、子どもをもうけようとしてもほとんど望み薄にみられてもいたしかたないのである。今きわめて活気のある極東一つをとってもこうなのだから、ロシア政府当局が何を根拠に年間三〇万人ずつの移民の増加を考慮しているか甚だ疑問に思わざるを得ない。

この人口動態表を見ると、二〇一一年に沿海州から出ていったものが、沿海州に入ってきたものより多いことが分かる。

ロシア連邦統計局は二〇二五年までの人口予測をし、二〇一六年のロシアの人口は一億三七九四万人、二〇二五年は一億三四二九万人とみている。政府目標は、この予測と比べると、二〇一六年については四五〇〇~五五〇〇万人、二〇二五年については一一〇〇万人程度、人口を増やすことにある。この予測の数の中には当然移民の増加を見越しているであろうが、あまりにも移民の増加を高く見積もりすぎているようだ。筆者の推定ではそれほど爆発的に増加するということはないとみている。合計特殊出生率の目標は相当に高い水準であるが、人口維持水準である二・〇七人よりは低いのが現実的だ。

表1　ロシア連邦管区地方ごとの沿海地方における地域間人口動態 [(1)]

| | 2011 | | | | 2010 | |
|---|---|---|---|---|---|---|
| | 合　計 | | 内訳：住所登録済み | | 住所登録済み | |
| | 来た人々 | 去った人々 | 来た人々 | 去った人々 | 来た人々 | 去った人々 |
| 全 人 口<br>内　訳： | 15314 | 20718 | 7375 | 14160 | 7357 | 14843 |
| 中央連邦管区 | 1511 | 4099 | 706 | 3071 | 632 | 3418 |
| 北西連邦管区 | 702 | 2346 | 330 | 1637 | 401 | 1607 |
| 南連邦管区 | 832 | 2327 | 407 | 1754 | 413 | 1446 |
| 北カフカス連邦管区 | 468 | 356 | 211 | 276 | 182 | 358 |
| 沿ヴォルガ連邦管区 | 1307 | 1648 | 688 | 1245 | 559 | 1402 |
| ウラル連邦管区 | 515 | 729 | 247 | 519 | 278 | 549 |
| シベリア連邦管区 | 2944 | 2730 | 1445 | 1991 | 1323 | 2233 |
| 極東連邦管区： | 7035 | 6483 | 3341 | 3667 | 3569 | 3830 |
| サハ共和国<br>（ヤクーチヤ） | 396 | 174 | 131 | 100 | 142 | 118 |
| ハバロフスク地方 | 2630 | 3799 | 1420 | 2153 | 1484 | 2104 |
| アムール州 | 1312 | 732 | 679 | 572 | 792 | 635 |
| カムチャツカ地方 | 1071 | 475 | 449 | 298 | 349 | 389 |
| マガダン州 | 190 | 135 | 78 | 77 | 105 | 82 |
| サハリン州 | 1063 | 918 | 421 | 302 | 491 | 319 |
| ユダヤ自治州 | 311 | 169 | 127 | 132 | 173 | 151 |
| チュクチ自治管区 | 62 | 81 | 36 | 33 | 33 | 32 |

図1　2011年における年齢別構成

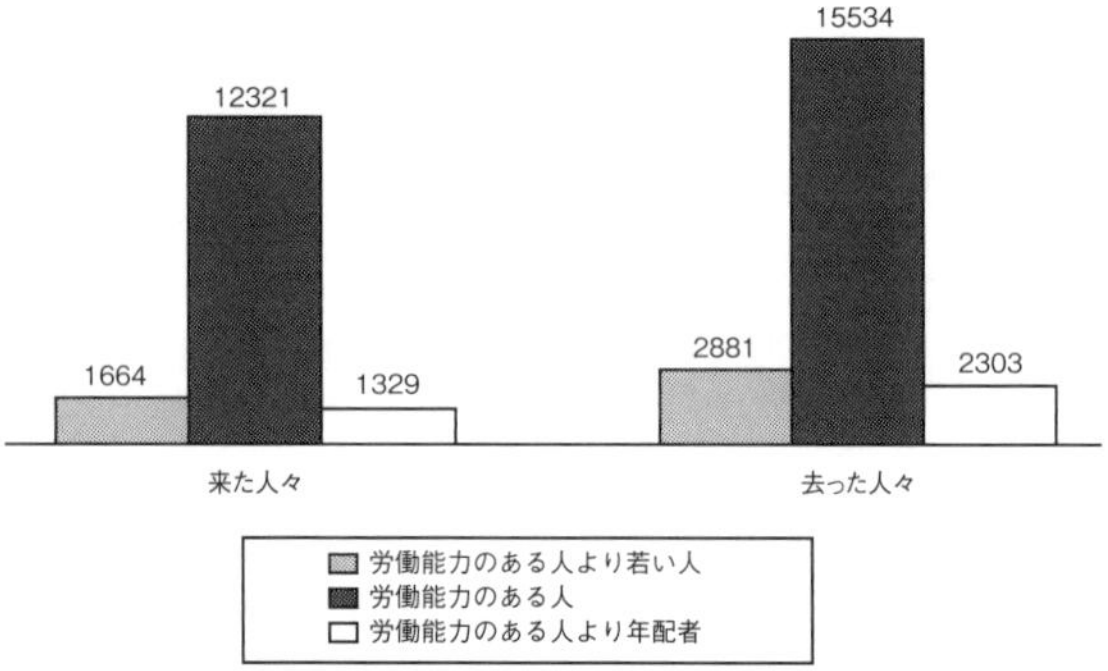

## アンケートにみる女性の立ち位置と母体保護

以上プーチンの人口増加策の問題点をみてきたが、実際にそれを運用する女性たちはどのように考えているのか、モスクワなどの大都会や極東の都市ウラジオストックに住む女性に聞き取りをしてみると、意外に人気がないことに驚く。因みに筆者は二〇一三年春にウラジオストックで実際に女性一〇〇名にメールによる簡単なアンケート調査を試みた。メールによる調査のため任意性がかなり高く、回収率は六一％とあまり高い回収率ではなく、現在も一部続行中である。しかし、一定の傾向は読み取ることができたので一部紹介する。項目は全部で三一項目、筆者が注目したのはこのうち、（1）医療施設と医療費、（2）母親資本を貰っている人数、（3）住居の広さ、（4）保育施設数、（5）社会と家庭における女性の立ち位置、（6）家事労働は男と折半でやるべきか、などの項目である。このうち（1）に関してほとんど九〇％以上の人が医療代は高い、また薬価が高いと不満を述べている。またその不満の意見としては、①小児用の医院が遠い→子どもが急に具合が悪くなると遠いのは困る。②金の支出が多い。特に歯科医は高い。③常に薬代に支払いがかかる→これは国家が支払うべきだ。④薬代は高いから病気にならないようにしている。⑤医療費が高い。よい医師が少ない。⑥支払いは大。子どもは病気になり、お金は薬代のために多く出ていく。⑦病院は高い、よい治療のための支出は大。⑧病気になると支出がふえるので、民間医療に頼っている→例えば薬草医療とかその他に頼る。このようなアンケート上の意見や不満は、世界各国が抱える現下の最重要問題（二〇一〇年）で、ロシアの項をみると医療制度に二八・三として問題意識が最も高く反映されており、それとこのアンケートの結果は呼応していることがわかる。

（2）の母親資本を貰っている女性の数はこのアンケートでは残念ながら〇人であった。ロシアでも都市と農村の生活費の格差は相当なもので、大都市では住居費はことのほか高い。それゆえ、この住居費のことを考慮すると、高々二五万ルーブリ貰ってもそれほどありがたみがないということを異口同音に聞く。さらに別の女性から聞いたことだが、年金に回したり限定的ではあるが別の使途も可能であるが、都市によって枠組みは様々であり、母親資本の使用目的を子どもの養育に関する物品を購買することに限定されるので意外と人気がないのだ。母親資本は二〇〇六年から始まり、この基金の制度が始まって以来、人口数は地味ではあるがそれなりに伸びてきたことは否めない事実であるが、どうも政府が期待しているほど人口増加のための爆発的な起爆剤にはなり得ていないということが現状のようである。従ってこのような華々しいキャンペーンを展開すること以前にもっと大切なことがあるのではないか。資金援助をする以前にもっと大切な母体をどう守るか、ということをつぎの統計が物語っているのではないだろうか。

つぎなる表は産前産後の母親死亡率で、二〇〇九年の統計を見ると、ロシアがキルギス、メキシコ、アルゼンチンの次に高くなっている。

以下出産時母親死亡率の国際比較表である。

表2に示されているように、産前産後の母親の死亡率はロシア、二二・〇で、五五・二のメキシコ、四七・四のアルゼンチンのつぎに高いということは注視すべきことである。ドイツ、フランス、スイ

スなどの先進国は皆一桁の死亡率で、ロシアは二桁になっている。

この項目のはじめに紹介したロシアの丸太生産の増大と中国への輸出、また輸出数の増大と自然保護とのバランスを考え、大幅な関税をかけて輸出数を調整するようには子どもの数を増やすことや、調整することはできないのである。子どもは生き物で、帳簿上の数字を動かすのと同じ考えでは駄目だ。女性も同じく、丸太と違うのだ。不幸にも女性の側は自分の体をさいなむことにより調節を試みているようだが、最後に帳尻が来るのはほかならぬ女性の体なのである。丸太の数と同じく、子どもの数を増やすことばかり考え、母体保護をなおざりにしている考えの背後には、やはり女性が大事に

表2　母親死亡率 (2)

| | 年 | 母親死亡率 |
|---|---|---|
| ロシア | 2009 | 22.0 |
| オーストラリア | 2006 | 3.4 |
| オーストリア | 2008 | 2.6 |
| アゼルバイジャン | 2009 | 24 |
| アルゼンチン | 2007 | 47.4 |
| アルメニア | 2009 | 27 |
| ベラルーシ | 2009 | 1 |
| ブルガリア | 2008 | 6.4 |
| ハンガリー | 2008 | 17.1 |
| ドイツ | 2007 | 4.1 |
| フランス | 2007 | 7.6 |
| スイス | 2007 | 1.3 |
| ギリシャ | 2007 | 1.8 |
| デンマーク | 2006 | 7.7 |
| スペイン | 2005 | 3.9 |
| イタリア | 2007 | 2.3 |
| カザフスタン | 2009 | 37 |
| カナダ | 2004 | 5.9 |
| キルギス | 2009 | 63 |
| ラトビア | 2008 | 8.4 |
| メキシコ | 2006 | 55.2 |
| 日本 | 2008 | 3.8 |

あつかわれていないことが暗黙のうちに分かってしまう。母体保護という至極当たり前な、しかし大変重要な保健衛生の視点をロシア政府には是非もってもらいたいものだ。

さて母体保護の観点から少し寄り道になるが、さらに踏み込んで妊娠、中絶の事例ではロシア人女性はどのような行動をとっているかを「ロシアＮＯＷ」のスベトラーナ・スメタニナ氏の寄稿からさぐってみる。そのなかで、かなりショッキングな事実にぶつかる。すなわち、ロシアでは依然として妊娠中絶が避妊の主な手段の一つとなっている。これは裏を返せば、リング、避妊薬などの事前の手段をあまり講じておらず成り行き任せだということで、その結果、ロシアの中絶数は先進国に比べると数倍にのぼっている。このことはとりもなおさず、母体保護がなおざりにされていることである。このような憂慮されるべき事実をロシアの保健省は精査し、そっせんして母性保護のために政策を早期にたてるべきだ。

しかしながら、現実には、ロシア人女性の八〇％は、なんらかの避妊をしていると答えている。しかし避妊リングと避妊薬のような確度の高い方法を使っているのは、それぞれ二〇％と一四％と少ない。ロシアの妊娠中絶に関する法律はきわめて規制がなさすぎる。ロシアの妊娠中絶数は際立っており、先進国のみならずＣＩＳ諸国の数をも数倍上回っている。中絶がこれほど多いのは、避妊の知識が不十分であることがうかがえる。避妊薬の錠剤を服用しているのは、ロシア人女性のわずか一四％だけだ。

社会団体「ジェラバヤ・ロシア」の顧問、アレクセイ・ウリヤーノフ氏は、あまりにも制約のない法律が原因だと主張するが、それは安易な男性発想の論理だろう。まず、女性が制約のない（一見制約のないように見える）法律に翻弄されるのではなく、自分の体を自分でまず守るということを徹底的に教え込む啓蒙活動こそが必要になってくる。

ロシアでは妊娠一二週目までは無料で中絶できる。その後は、医師の所見と女性の社会的立場しだい（年齢、境遇など）となるが、これには抜け穴がある。私立病院に行けば、「お金さえ払えば、どんなわがままでもかなえてくれる」のだ。こういう状況を踏まえてウリヤーノフ氏は一連の措置を提言する。これが実現すれば、ロシアの中絶数は三分の一か四分の一になるだろうという。同氏はその措置として、例えば、以下を挙げている。①病院に行ったその日に中絶するのではなく、一週間間おく。②女性に対し、心理学者や社会問題の専門家などとの面談を義務づける。③不法な中絶をおこなったか強制した医師・看護師の責任を問う。最後に④として中絶数を減らす方法として、避妊の知識を広める啓蒙活動がある。この点でロシアはヨーロッパから遅れをとっている。

図２　出生数及び妊娠中絶（堕胎）数[3]

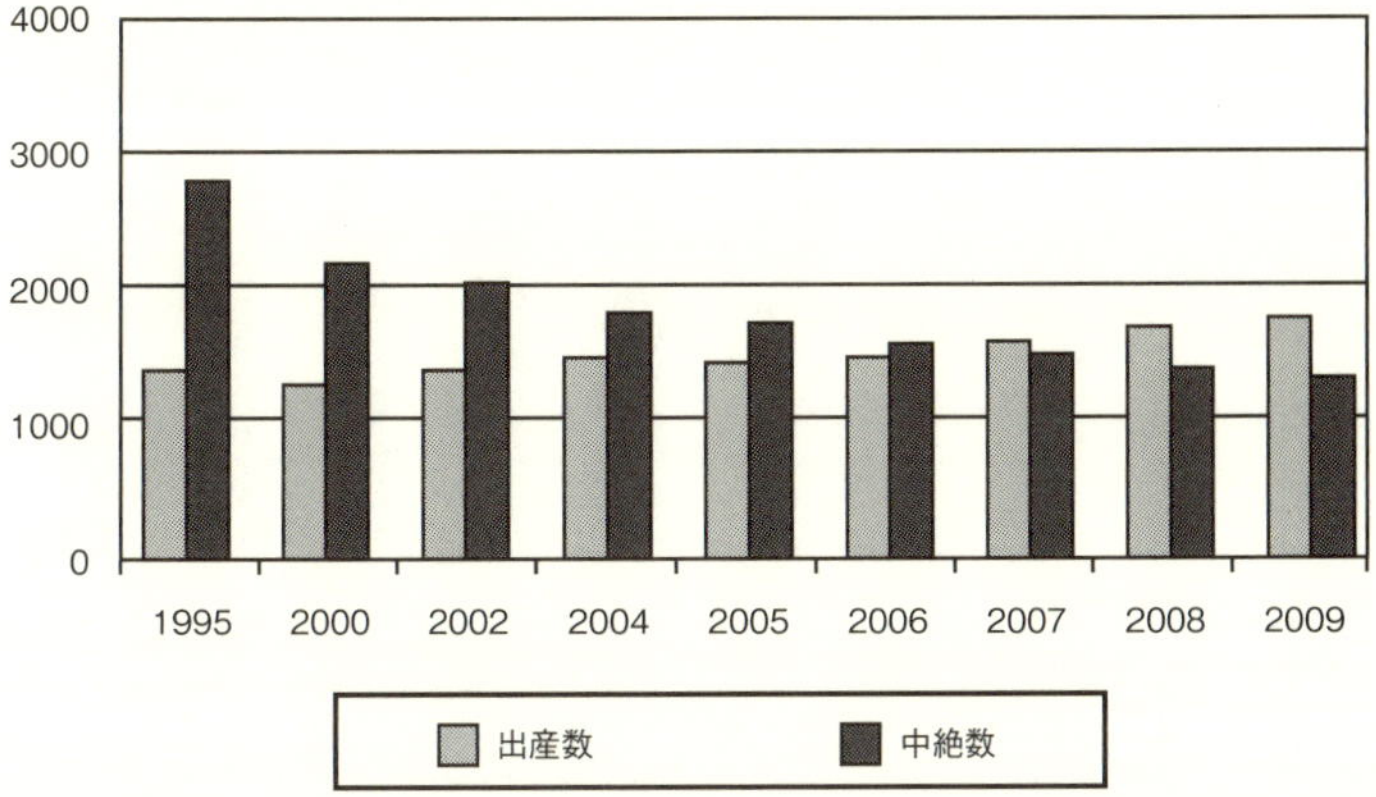

モスクワ大学経済学部と人口学研究所の共同調査によると、ロシアでは一〇%のカップルがまったく避妊をしていないという。ハンガリーでは、そうしたカップルは四%、フランスでは三%、ベルギーでは二%にすぎない。

医薬品への不信感もあるかもしれないが、生命を生み出す女性の体の負担を少しでも軽くしようとする根本的思考がないと、先進的知見も普及されにくい状況になってしまうであろう。要するに母体保護の観点が弱いので、先進的知見を多くの女性に啓蒙する活動がぬけ落ちているということがいえる。しかしながら、図3でみられるように徐々にではあるが、体制崩壊の直後から比較するとしばしば副作用があるような子宮内避妊具の装着よりもホルモン避妊薬の服用が多くなってきていることも事実であり、若干の進歩もみることができる。

さてアンケート調査に戻るが、(3)の住まいの広さに関しては、平均して三人住まいで五〇~六〇

図3　女性による避妊の採用[4]

15～49歳の女性100名を対象として

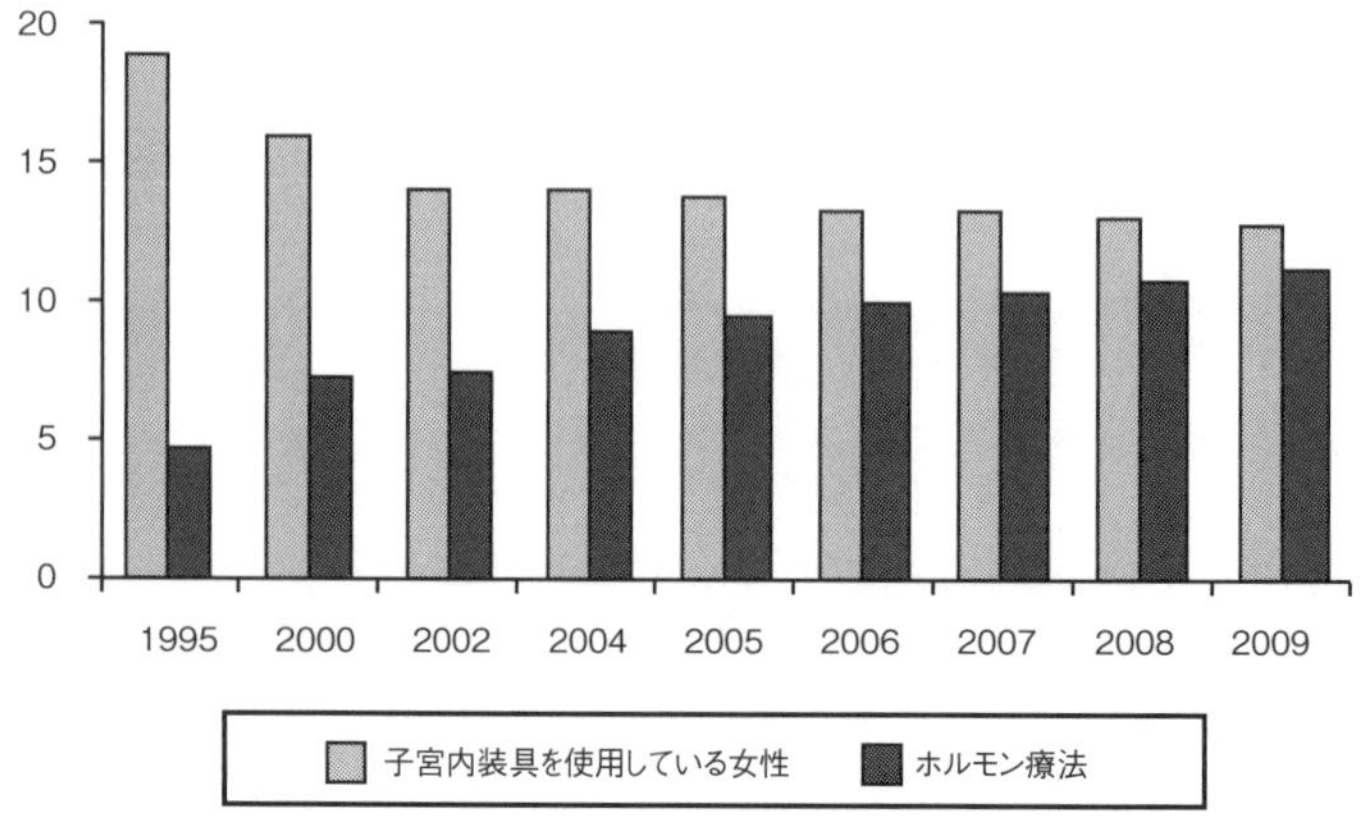

平米台が一番多く、回答のほとんどは広くはないがそれなりに満足しているというものが多かった。（4）に関しては、いい保育施設がなくて困ったというのが二〜三例あったが、母親に面倒見てもらったとか、それなりに窮状を切り抜けている模様だった。

つぎに（5）社会と家庭における女性の立ち位置について、つぎのような問いかけをした。「ロシアでは、女性はまず妻として、母として、主婦として、そして労働者としてふるまうことがあるべき女性の婦徳として、古くから考えられてきたが、あなたはこの意見に賛成ですか？ どんな役割があなたに一番近いと思いますか？」。この問いかけに対して、驚いたことに回答者の九五％以上がそんなことは今まで考えてもいなかった。自覚なしと答えたのである。筆者はソヴェート時代からの九〇年以上の刷り込みかと絶句してしまった。

（6）「夫は育児と家事の半分を担うべきかどう思いますか？」の問いに対してはたったの二％の女性がそうするべきだと賛意を示し、残りの九八％の女性は必ずしもそうとはいえない、夫は稼ぐのに忙しいから大変だ。女性が家事・育児をするのは普通という現状肯定派が大半を占めた。

ここに懸命に生きるロシア人女性の姿を垣間見ることができるのだ。一人の人間がこんなに何役も出来得るはずはない、どこかで女性の体にストレスやひずみを与えているに違いないのだ。

プーチンの二〇二五年までの極東発展戦略プランが立てられたことはすでに記述した。その三点にしぼられた三つのプラン（①インフラ、交通網の整備、資源開発により北東との結びつきを強化。②極東地域に新しい産業を発展させる。③極東に人口を定着させる。流出の防止。そのために良い居住環境をつくる。）のうち③は説得性のある言葉ではあるが、母親資本を設けるなど人口増加のための金銭的援助に関してはその積極的意義は買うが、つぎに繋がる言葉、そのために良い居住環境をつくるとする言葉には違和感がある。居住環境も大切だが、何よりも先に母体を守り、女性が生きやすい社会を創ることが先決ではなかろうかというのがこの稿での筆者の結論である。問題はこれだけではない。この稿ではこの点に絞ったが、これに関連したことでは枚挙に暇がないほど問題山積みであることを忘れないうちにここに記しておく。

資料

ウクライナ社会主義ソヴェート共和国
万国の労働者団結せよ！

アレクサンドラ・コロンタイ

# 私の生涯と活動から

全ウクライナ国立出版所、オデッサ、一九二一年オデッサ県女性部が、私に自叙伝を執筆するよう要請しました。このことが、体験したなかから数々の思い出に私を駆り立てました。課題は容易なものでなかったのです。第一に、何の説明もせず、注解もせずに、事実を無味乾燥に書きとめることはつらいことです。しかし、すべて説明というものは、事件や事実について語ることを脇へそらしたり、そうせざるを得なくしてしまうものであり、本来ならば、より深く、より全面的に解明すべきことなのです。さらに、何らかの理由で本質的な意義をもつ社会的な事実や、第二義的な現象のなかにそのままにされ、歴史的により価値のある多くのことを、意に反して見落としてしまうのです。それゆえ、体験した出来事があまりにも最近であった場合、狭い自叙伝の枠にとどまるのは難しいのです。これら全ての欠点は避け難いことです。

しかし、自叙伝を書くよう私に依頼した同志たちが、自叙伝は、偉大な労働者革命の活動が積み重ねられた時代を特徴づけることができると判断していたので、その要望に応え、この大雑把で、完璧にはほど遠い概論を著すことが、自らの義務であるとみなすのです。

オデッサ、一九二一年九月

# 幼年時代と青春時代

私が生まれたのは一八七二年、地主・貴族の家庭で育った。私の父はロシアの将軍、血筋はウクライナ人であった。母は生まれがフィンランドで、農民の出である。幼年時代と青春時代をペトログラードとフィンランドで過ごした。家族では末で、しかも父の一人娘として（私の母は再婚だった）私は、家父長的習慣を帯びた家庭の大家族全員から特別な世話を受けながら育った。

幼児期から私は、「皆のようには生きない」という私の願望で、多いに面倒をかけ、母を悲しませた。召使いと仲良しで、「下女たち」――年上の者たち皆が家で搾取していた未成年の少女たち――をかばい、自分の自主性を貫き通し、読書にふけり、大人からは閉ざされた世間知らずの独特な生活をしていた。

子どもの頃から書くことが好きだった。私から紙とペンが強制的に取り上げられた。だが、とりわけ私にとり腹が立ったのは社会的不公正と不平等であった。私の良き友達である下女たちが、「奥様」の前では座ることすらできないでいることや、私が「優位な立場」にあることに私は傷つけられた。

私は中学校に通わされなかった、つまり、「良からぬ連中」と出会うことを恐れたのである。

一六歳の時、中学校卒業の試験に合格し、歴史、文学等の教授の個人講座や講義に参加し始めた。ベストゥージェフ女学院（革命前、サンクトペテルブルグに生まれた医師、教員養成を目的とした女子高等教育機関）にもまた入学が許されなかった。

私が大いに学んだのは、主に有名な文学史家であるヴィクトル・ペトロヴィッチ・オストロゴルスキー（1840—1902。ロシアの教育学者。教育関係誌「子供の読書」［1877—84］等の編集者、文筆家）の直接指導にあった。彼は、私には文学的天分があると認め、ジャーナリストの道を目指すことを私にすすめた。

私はきわめて早く結婚したが、それはある程度、両親の意向に対する抗議行動であった。しかし三年後、まだ幼い息子を引き取り、技術者である夫（ヴェ・コロンタイ）と離婚した。

この時、私の政治的信念がすでに決まり始めたのだった。私はあちこちの文化啓蒙協会で働いていたが、それらの協会は、当時（九〇年代中頃）一連の非合法活動の開始に対し崇高な徳性を備えていた。つまり、当時、広く知られていた「教材移動博物館」で働き、私たちはシュリッセリブルグ市民と関係を結び、啓蒙協会で働きながら、労働者に授業をおこない、彼らとの活発な関係をもち、慈善の夕べを組織して、政治的「赤十字」のために資金を手に入れた。

一八九六年は、私にとり決定的な年であった。この年の春、私はナルヴァ市（エストニア共和国の都市）の有名なクレムゴリムスク織物工場にしばらくいた。織物工男女一二〇〇〇人の奴隷状態は、強烈な印象を私に与えた。その当時私はまだマルクス主義者ではなく、より正しく言えば、ナロードニキ主義（一九世紀後半、農村共同体を基盤にユートピア的社会主義を目指す運動）およびテロリズムに傾倒していた。ナルヴァ市滞在後、マルクス主義と経済学の学習に取り組んだ。その頃マルクス主義に関する二つの最初の合法誌――『出発点』および『新しい言葉』が出版された。

それらを読み、多くのことに私の目は開かれた。ナルヴァ市滞在後に私が本当に粘り強く探し始めたその道を私自身で探し当てたのだった。

私の政治的見解に多くのことを同じように与えたのは、一八九六年ペトログラードの紡織工による有名なストライキであった。それには男女労働者三万六千人が参加した。エル・ドム・スターソヴァ（1873―1966。女性政治家、社会主義労働英雄、一九二七―二七年革命戦士救援会〈モップル〉ソ連中央委員会議長）や、まだ地方でのみ活動していた他の多くの同志たちとともに、私たちはストライキ参加者の集会と援助を組織した。プロレタリアートが隷属され、無権利状態にある下で、プロレタリアートの意識が成長していくこの明白な実例が断固としてマルクス主義者陣営に私を切り換えさせたのだった。

それにしても、正確な意味では、私はこの分野においてまだ活動をしておらず、運動にも積極的に参加していなかった。私は自分をあまりにも未経験であると認識していた。一八九八年、私は教育心理学の観点から規範的な論文――「ドブロリューボフの見解に関する教育の基礎」を初めて書き上げた。この著作は一八九八年九月、雑誌『教育』に掲載された。同誌は当時まだ教育的性格を帯びていたが、その後マルクス主義的思考を有する最も確固とした合法的機関誌の一つに変身した。編集者はアル・ヤク・オストロゴルスキーであった。同年八月一三日、私は社会科学および経済科学を学ぶため国外に出た。

チューリッヒで私は大学に入り、ゲルグヘル教授に師事し、私は彼の労働問題に関する著書（その第二版）に興味を持った。特徴的だったのは、私が経済法則の学習を深めれば深めるほど、私はますます「正統派」（正統的）になったが、私の教授や指導教官はますます右翼的になり、マルクスの革命的理論から遠ざかり、自らの著書の第五版では正真正銘の背教者となってしまったことである。

　これは興味深い時期であり、ドイツ党内では、ベルンシュタインのお手本にならって、あけっぴろげで実践的な協調主義、日和見主義、「修正主義」への傾向が現れた、つまりマルクス理論の見直しがなされた時期であった。尊敬すべき私の教授は、ベルンシュタインに相槌を打ち、彼にやたらへつらった。しかし私は断固として「左翼」側に立ち、カウツキーに心酔し、彼により出版された雑誌『新時代』およびローザ・ルクセンブルグの論文、とりわけ彼女の小冊子『社会革命か社会改革か』を夢中で読んだ。そのなかで彼女はベルンシュタインの御都合主義的理論を論破している。

　教授の勧めで紹介状を携え、私は一八九九年、イギリスの労働運動を学ぶためイギリスに出立した。その運動は、真理が「左翼」にではなく、日和見主義者にあるということを、私に説得するようなものであった。

　ウェッブ・シドニーとベアトリス「本人たち」（1859—1947。夫妻、イギリスの経済学者、歴史学者、労働運動、労働運動のイデオローグ、労働党内閣に参加）宛ての紹介状を持っていたが、彼らと初めて話し合った後、私にわかったのは、私たちの話がかみあわなかったことであった。従って、彼らの指導は受けずに私はイギリスの労働運動を研究し始めた。

　それにしても、この体験により、私は折よく逆のことが分かったのだった。それが私に示したのは、イギリスには社会的矛盾のはらむあらゆる緊迫があること、および改良主義者たちを、彼らの組合主義的戦術や、「トインビーホール」、「人民宮殿」、共同社会、クラブ等の有名な「セツルメント」

（労働者地域における文化的細胞）を用いて、回復させるのはあらゆる点で無力なことであることだった。マルクス主義者の「左翼」、「正統派」の世界観の正しさを確信してイギリスから戻った私の行き先はもはやチューリッヒではなく、ロシアであった。私は、地下活動労働者と関係を結び、早急に自らの力量を、生きた事業に用い、闘争に生かしたかった。

一八九八年、ロシアから私が去った時、あらゆるインテリゲンチアの先進的部分や学生組織が、「マルクス主義的な」気分になっていた。偶像として、ベリトフのほかにストルーヴェ（1870—1944。ロシアの政治活動家、哲学、経済学、歴史、評論家、〈合法マルクス主義〉の理論家。後に修正主義的になり、正統派からリベラリズム、白軍（反革命）運動へ変わる）やトゥガーン・バラノーフスキーがいた。ナロードニキとマルクス主義者の間では激烈な闘争がおこなわれていた。若き力であるイリーン（レーニン）、マースロフ、ボグダーノフ等は、非合法下で社会民主党によって生み出された革命的戦術の正しさを理論的に論証していた。

明るい希望をもちながら、同じ思想の人たちの仲間になろうと私は出発したが、一八九九年八月、ロシアはすでに一年前のロシアではなかった。ずれが起き、合法的マルクス主義者と非合法的マルクス主義者を統合するハネムーンの時期は過ぎ去った。合法的マルクス主義は、巨大工業資本を擁護する方向に公然とそれた。プロレタリアートの革命的戦術をますます断固として守りながら、「左」翼は地下に潜った。

学生組織やインテリゲンチアのなかで、マルクスに熱中していたものたちは、「ベルンシュタイン主義」、修正主義へより激しく傾倒していった。ニーチェと彼の「精神の貴族主義」が流行した。

政治的「赤十字」を支持して、フルシュタット通りにあったエル・ドム・スターソヴァの父親宅で催された夕べの集会を、まるでたった今のように思い出す。ストルーヴェがベルンシュタインについての報告をおこなった。聴衆は、「選り抜きの人たち」、大勢の地下活動労働者であったが、それでもストルーヴェの報告は、全員の承認で好意的に受け入れられた。ストルーヴェに反対して発言したのはアヴィーロフのみで、当時の巨星や有名人もストルーヴェを支持した。私は発言を求めた。私はまるで無名のもののように扱われ、不承不承発言を許された。「正統派の人々」（左翼）に対する私のあまりに熱烈な擁護は、全員の承認を得られないうえに、憤激して肩をすくめられる始末でさえあった。ストルーヴェやトウガンのような、広く認められた権威者たちに反論することは前代未聞の図々しさだと誰かが思い、かような発言は「反動勢力」のやり方だともう一人はみなし、さらに三番目の人は、われわれは「大言壮語」をすでに越えたのだ、しらふの政治家にならねばならぬ……という始末であった。

この時期に私は、ベルンシュタインに反対する、階級闘争の役割に関する論文を、「正統派」を擁護するため雑誌『科学的論評』に執筆したが、検閲機関は赤や青の色鉛筆で、印刷に不適当として私の論文をチェックした。

それで、私は経済分野における研究活動に没頭することに決めた。私のフィンランドとの関係は生き生きとしたものであった。ところが一方、フィンランド人民は、ボブリコフシーナ暗黒時代、ロシア専制側からの暴力と圧制の時代を堪え忍んでいた。小さな民族の自立の基本がゆれており、国の憲法、法律は破廉恥に違反されていた。フィンランド人民とロシア専制間の闘争がおこなわれた。私はあらゆる点で、意識的だけではなく、本能的に、共感をフィンランド側に覚えた。私がフィンランドで知ったのは、工業プロレタリアートの力は成長しているものの、それを自覚している人がわずかなことだった。先鋭化している階級的矛盾の兆候および民族主義的ブルジョア政党に対抗する、新しい労働者の、すなわちスウェーデン人、フィン人、ムラドフィン人のフィンランド創設を指摘し、フィンランドの同志と活発にかかわり、彼らが最初のストライキ活動援助機関を組織する手助けをした。フィンランドに関する私の論文は、一九〇〇年、ドイツの経済誌"Sociale Praxis"ならびに『科学的論評』や『教育』誌上に発表された。具体的な統計にもとづく論文が『ロシアの宝』誌に掲載された。同時に、一九〇〇―一九〇三年、検閲を通すために「フィンランド労働者の生活」という罪のない題名をつけたフィンランドに関する、自らの経済統計の大作に用いる資料を収集した。この年月、文献研究活動のみにとどまっていたわけでなく、地下活動もせざるを得なかったが、主として地方で、ネフスキー関門外でサークルを指導し、呼びかけを作成し、非合法文献等を保管し、頒布した。

一九〇一年、私は外国へ出た。そこで、私は、カウツキー、ローザ・ルクセンブルグとパリで、そしてプレハーノフとはジュネーブで個人的関係を結んだ。『ザリャー』(黎明)誌に私の論文が無署名で、カウツキーの『新時代』にはエレーナ・マリーヤの変名で発表された。それ以来、私は外国の同志たちと関係を結ぶようになった。

一九〇三年初めに私の著作「フィンランド労働者の生活」、フィンランド労働者の状況と国民経済発展の経済的研究が発表された。マルクスの精神で書き上げられたこの著書は、地下活動労働者に賛同をもって迎えられたが、多くの合法的マルクス主義者は否定的であった。一九〇三年、学生たちが聖タチヤーナの記念日に組織した公開集会で初めて演説し、観念論的世界観を社会主義的世界観に対比させた。一九〇三年の夏、再び私は外国へでた。それはロシアにおける農民蜂起の時期であり、南の労働者は決起していた。思考は沸騰し、発酵していた。ますます先鋭化し敵対する二勢力、すなわち、革命を目指す非合法のロシアと頑固に権力を必死に守る専制政治が衝突した。ストルーヴェを頭とするグループ「解放された人々」は、中間的な立場を占めた。私の親しい友人たちの多くが、「解放された人々」へ去ったが、それは、彼らが「現実的な力」を認め、当時のロシアにとり純粋な社会主義はユートピアであるとみなしたからである。最近までの戦友や同じ思想の人たちと、身を切られる思いでたもとを分かつことになった。

社会主義的亡命生活でも論争がおこなわれていたが、それは、過ぎ去った時代のように、ナロードニキとマルクス主義者間の論争ではなく、「メニシェビキ」と「ボリシェビキ」間の論争であった。私には、両陣営に友人がいた。私はボリシェビズムにともなう士気の非妥協性と革命性に賛同していたが、プレハーノフの個人的魅力がメニシェビキへの非難を断念させた。

一九〇三年に帰国後、私は如何なる党集団にも加わらなかった。双方の党派閥に、「宣伝ビラ」や他の当面の諸課題に関する部門のアジテーターとして私を利用することをゆだねた。

## 亡命時代

国外での私の亡命生活は、一九〇八年一二月から一九一七年三月まで続いた、つまり、八年以上過ごしたのだった。この年月の間、ドイツ、イギリス、フランス、スウェーデン、ノルウェー、デンマーク、スイス、ベルギーおよびアメリカ合衆国で活動した。この年月は、ある意味で生徒の時代であり、さまざまな民族の広範な大衆のなかでおこなわれる活動分野で、各国の社会民主党の前に立ちはだかる最も急を要する課題に応じることであったし、また、活動の実践的な学校でもあり、そこで私が確信を強めたのは、階級としてプロレタリアートは創造的特性を持っているということであった。国外にいたので、私は、ただちにドイツ党に加入し、アジテーター、講師、作家として活動に携わった。カウツキーの『新時代』誌と『平等』誌（社会民主主義者の指導的機関誌）、オーストリアの女性労働者誌、イギリス、ベルギー、スウェーデン、ノルウェー、フィンランド、スイス、フランス、ポーランドおよびアメリカ合衆国の党出版物（プレス）に執筆し、言うまでもなく、ロシアの国外出版物（ミハイロヴァの変名でメニシェビキの中央機関誌とトロツキー同志の『プラウダ』紙に）およびロシアの合法的マルクス主義各誌にも加わった。一九〇九年春、ドイツ南部地方を巡り、自分にとり初めてのアジテーションをおこなった。アジテーションは一般を対象におこない、特別な場合にのみ、女性労働者の集会で演説した。ちょうどその同じ時に、イギリス社会党（イギリスにおける運動ではマルクス主義的左翼）の要請により、婦人参政権運動家対策という特別な仕事をおこない、「全成人のための選挙権同盟」を支持するために、同志であるクララ・ツェトキンとともにイギリスへ行った。一九〇九年―一〇年頃は、中央の依頼と地方組織の要請によりアジテーションの旅をしながら、ドイツのドレスデンやベルリンで活動して過ごした。ドイツ、スイスおよびベルギーのロシア人コロニーを巡回するために、私たちのロシア党も私を利用した。いま現在流行の一般政治的なテーマ以外に、トルストイ、結婚と家族の問題、経済システムと人口密度の相互関係等について講義をおこなった。この期間、私は、「政治亡命ビューロー」書記の同志チチェーリン（オルナーツキー）と活動上の交流をつづけた。政治亡命は、彼の汲み尽くせないエネルギー、誠実さ、自己犠牲のお陰であった。彼は、亡命者に物質的援助を与えてくれただけでなく、各亡命者グループとそれらの恒常的な政治指導との関係の確立もしてくれたのである。オルナーツキー同志を、国外に出るはめになったどの労働者も知っており、彼のもとに援助を求めて、ありとあらゆる党派の人物たちが来たが、彼の支援を常に信じていた。亡命生活の状況で、チチェーリン・オルナーツキー同志と仕事をすることになった人は誰でも、最も輝かしい思い出として生涯忘れられないのは、彼の水晶のように澄んだ人格であり、その人格は、仕事に対する際立った能力と自己犠牲の模範となっていた。

メニシェビキ中央の指導的同志たちと連絡を付けるため、私は一度ならずパリやスイスに行くことになったが、その時期、実践活動に打ち込み、各ロシア中央の仕事では積極的な役割を引き受けなかった。

私がおこなったその当時のアジテーションの旅は、一九一一年に私が書き上げた本『労働者のヨーロッパに関して』のなかに、概説という形で描き出されている。

一九一〇年八月、コペンハーゲンでおこなわれた女性社会主義者国際大会および情報大会に、（ロシアの）織物工同盟の女性代表として参加した。女性社会主義者の大会では、婦人選挙権獲得と女性労働保護問題の戦術に関する二つの流れの闘争に参加せねばならなかった。この闘争は、私の著書『労働者のヨーロッパに関して』に記されており、合法的なロシアの出版物（『現代の平和』、『生命』等）に掲載された私の諸論文に描写されている。そこでは、ツェトキンが主導する左翼を支持することになった。

一九一〇年―一一年冬、第二国会の議員の処遇に関して、私はドイツの社会活動家がおこなう抗議組織を引き受けた。ドイツ国会の議員を対象として始めることとなったお陰で、ドイツ国会訪問の常連となることができ、各派閥の動きや活動にさらに近寄り、ドイツ社会民主党の指導的幹部の大勢をいっそうよく知ることができた。最も生き生きと活発に抗議組織に参加したのは、カール・リープクネヒトおよびオスカー・コーンであった。リープクネヒトと私が知り合ったのは、まだ一九〇六年、マンハイム会議の時だった。いつも鮮明に記憶しているのは、ハイデルベルグの山々を散策した時、私たちが初めて何時間にもわたり話し合ったことだ。それ以来、リープクネヒトとは、ゆるぎない、温かい関係が確立した。リープクネヒトは、亡命生活を通して「身内」と思われていたし、精神的にはほとんど「ロシア人」であった。ドイツ党の全指導者のなかで、彼のみが特殊なロシアの問題についてあらゆる細部を理解でき、常に私たちの事業に精通していた。それればかりでなく、リープクネヒト自身が、国際的な規模で真の同志的精神の模範になっており、その精神が第二インターナショナルの多くの指導者には欠けていたのだった。アウグスト・ベーベルのような、文字どおりこの獅子のような第二インターナショナルの大物、極めて幅の広い大衆性の威光と、政敵からさえ尊敬の念を抱かれている、頭脳と力であふれている人でさえ、ドイツ社会民主党を除いた、世界のその他全ての党にかかわる問題の場合には、ある意味での民族的排外主義やかすかな優位性の影がちらつくのだった。リープクネヒトに対しては、誰もがまず同志としての、それからすぐ指導者としての気持ちを抱いた。亡命時にロシア人が彼を「カール」と愛称で呼んでいたように、あるいはドイツ労働者が「俺たちのカール」と称していたように、ロシア人も「カール」のこの特質を少なからず濫用していた。抗議組織は、政治、科学、芸術の分野でドイツの社会活動家の多くと対立もした。その頃、私はブルジョア運動への関心をかきたてる女性活動家である、七二歳のおばあさんのミンナ・カウエルと親密になった。彼女は自分の年齢を超越していた。彼女の魅力的な演説は彼女がその生涯を終えるまで敵対的な何千もの聴衆の心をつかんだ。カウツキーやローザ・ルクセンブルグとの友好的な関係を、私はこの時代ずっとつづけていた。最下層階級出身の男女労働者とも結びつきが定まり、強くなった。リリー・ブラウンとも会うことになったが、彼女は党内で積極的に活動することから次第に離れていった。しかし私は、鮮明で独特な個性として、彼女に興味を持ちかつ学んだ。ツェトキン、ツィエツおよびおばあさんのバーデルとの関係は、実務・同志的だけでなく、個人的友情関係でもあった。私の著書『労働者のヨーロッパに関して』の発表により引き起こされた事件は、一九一二年にはまだ起きていなかった。「事件」について、以下に述べる。

一二年までの期間の生活と活動の特徴については、ロシアとの関係に言及する必要がある。すでに記述したように、私たちの党の国外各センターに、私は積極的には参加しなかつたが、メニシェビキのセンターとの交流を継続しており、一連の課題を遂行し、同志たちとの会議に通った。特徴的なのは、メニシェビキと活動しながら、「前進主義者」グループからのボリシェビキとの個人的関係を即座に断たず、私たちの党亡命ベルリンセンターでもトロツキストとの交流があったことである。そして、ブフゴーリツ同志と私の影響により、社会民主党に所属するあらゆるグループとの接触が、活動面で存在していたことである。

一九一一年、同志ルナチャルスキーとボグダーノフ（ボリシェビキ前進主義者）を長として、第二党学校がボローニャ（イタリア）に出現し、フィンランド問題および家族と経済形態の発展に関する講義のため（二月―三月）、私がそこに呼び出された。

ロシアとの関係も、私は失わなかった。第三国会の派閥に加わるモスクワグループに依頼され、労働者に対する国家保険法に関しロシアで展開されていたキャンペーンに基づき資料を収集し、母性の保護と保障に関する法案を作成した。この法案の作成は、母性保険の問題に関するその後の私の著書『社会と母性』執筆の動機となった。

一九一一年、三月一九日に国際的な働く女性の日が初めて祝われた。その日の事前準備にも参加し、私はマイン川河畔のフランクフルトで講演した。ちょうどその時、私はロシアで働く女性が何らかの形でこの日を祝うことを強く主張した。しかし組織もなければ、この任務を引き受けられるセンターもなかった。女性労働者クラブは、警察により閉鎖されていた。活動的な女性労働者の多数が投獄され、流刑になった。党の指導層も、女性の日を祝う意義を評価しなかったので、私は気分的にも、返す言葉を知らなかった。それでも、私はロシアの新聞雑誌にこの日の意義を明らかにし、その結果を知らせ、来年には祝えるよう意欲的に努力した。

一九一一年春、私はパリ郊外、パッシーに住み、自分の本『労働者のヨーロッパに関して』をがむしゃらに書いていた。ちょうどその同じ時に、私は小さな町ドラベイリのペ・ラファルグと彼の妻ラウラ・マルクスをたびたび訪れた。ラファルグ夫妻――すばらしい知恵、機知と知識の持ち主であり、老練な活動家たち――と話し合い過ごした日々、特に夕べは、記憶にくっきりと残っている。彼らが亡くなったのがちょうど同じ年であったので、私には個人的にも衝撃であった。秋、パリやフランス北部の多くの工業都市で、「メナジョールカ」(家庭の主婦)の有名なストライキが勃発した。物価高が引き起こしたストライキは、嵐のように過ぎ去り、労働者の妻たちは市場を粉砕し、空の keyboard籠を手に家路についたが、吊り上げられた値段の物を買わなかった。彼女たちは、生産物の評価価格を基準に設定するよう要求し、特に牛乳と肉の高価格に反対して闘った。メナジョールカたちは逮捕されたが、騒然とした集会とデモで応えた。この運動については、その同じ年、『我らの黎明』誌に掲載された論文に私が記述した。

メナジョールカのストライキに、私はフランス南部で遭った。しかし、早急にパリへ向かい、この運動に没頭した。市場、大きなホールや薄暗く狭いレストランで、一日に数回ずつ集会をおこなうことになった。活動的で溌剌とした雰囲気が、反乱を起こした家庭の女奴隷たちを支配していた。実力と活力の点ですばらしい大物の女性も、何人か見受けられた。若干の人は、疑いもなく弁舌の才に優れていた。労働者たちは運動を支持し、生産物の評価価格を基準に価格を設定するよう要求し、ところどころでストライキを宣言した。九月末までに運動は静まった。メナジョールカたちは、部分的な勝利を得、ブルジョア政府は、各市（地方自治体）を介して価格基準の設定を求め、アルゼンチンからの肉の購入を急いでおこなった。三年間の兵役と軍国主義に反対し、私はその時、一二年の一月までパリに留まった。二度パリからベルギーにアジテーションのために行き、チチェーリン・オルナーツキー同志の依頼によりロシア人コロニーで講演し、かつ、ベルギー党の招待により当面の問題に関しアジテーション（当時、先鋭化した闘争が聖職者とおこなわれていた）をおこなった。特に鮮明な印象を残したのは、ベルギーの石炭の中心であるボリナジュ地帯でおこなった自分に適した活動であった。当地で、ストライキが準備され、慎重を要したもののその意欲は断固たるものであった。このストライキは、私の出発後まもなく勃発し、部分的勝利で幕を閉じたが、六カ月間継続した。

ブリュッセルでは、ヴァンデルヴェルデの家に漂う洒落た教養のある雰囲気のなかで過ごすことになったが、彼の妻は「優雅な」人で、召使が銀の食器で朝食を運んでいた。あらゆるベルギーの「有名人たち」――芸術、文学および科学分野の名士たちが訪れたヴァンデルヴェルデ夫人のサロンの優美な雰囲気は全て、労働大衆が貧困化と骨の折れるような労働条件におかれた状況と比べ、顕著なコントラストであった。思い出すのは、ある時、私は、用件でヴァンデルヴェルデのもとへ行くのに、工場のある方々の町を数日巡って後、直接駅から列車で、あるいは田舎道を徒歩で行かなければならなかったが、その道たるや、足が秋のぬかるみに落ちてしまうほどだった。燕尾服を身につけた召使が、しばらく私を「取り次ぐこと」さえせずに、ひどく軽蔑しながら、田舎道で泥だらけになった私のコートを二本の指で掛けた……まさにその時、私の胸に疑問がわいたのだ、労働者は、一体どのように自分たちの指導者のために使い走りをするのか？　どこに結びつきがあり、一体どこに同志的指導があるのだろうか？　ヴァンデルヴェルデは、すでにその時、大臣の職を狙っていたのだった。

その代わり、思い出になるのは、ベルギーの労働者たちの通常と違った同志的な関係、アジテーターに対する彼らの思いやりのある配慮、労働者たちがアジテーターたちとなけなしの物を分け合いたいという願望である。忘れられないのは、トゥルクァンの町で、そこは、まさに厳しい失業の状況にあり、労働者の家族は文字通り飢えていたのに、同志たちは、彼らの集会が成功裏に終了した後、私を駅へ見送りながら、「金を出し合って」買った小さな丸パンの入った大きな紙袋を、途中で私にくれた。他の小さな町では、集会の間に誰かが、私のオーバーシューズを持ち去った。駅までは、ベタつく泥んこ道を二、三露里行かねばならなかった。主催者たちは事件を心配して大変気をもんだ。数日経ってからブリュッセルで、私は二フランを（ロシアのお金で当時二ルーブル）郵便為替で受けとったが、私のオーバーシューズが紛失したその町の労働者からの手紙も添えられていて、オーバーシューズが見つからなかったこと、さらに、代わりに労働者たちが「金を出し合って」新品購入の代金を送るとのことを、私に知らせてくれた。そこでの賃金は極めて低く、二フランにもならない日当がほとんどだということを忘れてはならない。

聖職者運動を支持する新聞雑誌は、私に反対する攻撃をしかけてきた。宗教に関する私の懇談を口実にした。私の国外追放問題が提起され、将来自分のベルギー入国を禁止されないよう、ベルギーの同志たちは、私に去るよう助言した。

一九一二年一月、私はベルリンに戻り、そこで自分の頭で描いていた著書『社会と母性』の資料収集作業をおこなった。一九一四年にこの本をやっと書き上げた。印刷に出されたのは一九一五年、ペトログラードにある同志ボンチ・ブルエービッチの「生活と知識」出版であった。言うまでもなくドイツ党でもアジテーション活動をおこなった。

一九一二年春、スウェーデン社会青年同盟、ヘグルンド同志が主導するスウェーデン党の左翼は、スウェーデン国内で巡回アジテーションをおこなうため来るよう私に要請した。スウェーデンでは、軍国主義と召集の新制度に関する問題が先鋭化していた。憤激した反軍国主義者として、左翼は登場した。ブランチングはスウェーデンの軍事力を強化する立場を取った。通訳としてシェリド同志が同行し、四カ月の間、私は多くのスウェーデンの都市や町を巡回したが、その間、比較的遠い北に方向を変え、スウェーデンの船員や守備隊のなかでさえもアジテーションをおこなった。五月一日、「青年同盟」(左翼)は、日和見的傾向の「右翼」社会民主党員に反対する革命的インターナショナルの精神で、特別網領を携え登場した。そして再び、あらゆるブルジョア的新聞雑誌が、様々なでたらめを私のせいにしてばら撒き、私に敵対した。

スウェーデンから戻った後に私を待っていたのは、ドイツ党との意外な衝突だった。私の著書『労働者のヨーロッパに関して』が、ロシアで出版されていた。この本のなかで私は、ドイツ社会民主党の党機構が、日和見主義と増大する官僚主義化へ傾いていることを指摘した。リーダーたちが「お山の大将」、尊大、かつ、自惚れが強いことを所々で嘲笑し、大衆の健全な階級的直感を、上層部の官僚化した自惚れや、旧態依然に対比したのだった。私の本をドイツの同志たちは読めなかった――それはロシア語で出版されていた――。しかし、ほかでもないロシアの同志たち自らが、ドイツ党に対する悪意に満ちた風刺や、労働者階級の敵の手中に入る可能性がある誹謗宣伝資料として、私の本をドイツ人たちに献呈しようと骨折ったのだった。上層部はいきり立った。カウツキーから私は、「厳しい非難」が添えられた手紙を受け取り、私たちの個人的関係は断絶した。様々な最近のドイツの友人たちから冷たい手紙が送られ、ドイツ社会民主主義に対する私の品のない行為について述べられていた。ドイツ党は飼い犬に手をかまれた、私を党に受け入れた、私を同志のように活動させた、党生活の内輪の事柄すべてを覗き込むことを認めたのに、党に対しそんな風に私が報いた……と記してあった。同志たちが私の著作を読んでくれるようにと、虚しい努力をした。本の中傷的な評価により植え付けられた偏見が、ひとり歩きをした。ドイツの同志たちは私からそっぽを向き、彼らにとり「世界で最強、最良の党」が侮辱された。私の薄幸な本を読んだカール・リープクネヒト唯一人が、上層部の先入観、上層部批判の恐怖に憤慨せず、私に関しフォルシュタンド（党中央委員会）と話し合うため出向いたが、私への具体的な対策が取れなかったためか、あるいは彼の介入が役立たなかったのか――偏見は残ってしまった。

一九一二年の夏を、私はきわめて重苦しい精神的状態で、ベルリン郊外の労働者の町（ツォイテン）にある金属労働者の住居で過ごし、私の本『社会と母性』の執筆に取り組んでいた。アジテーションに私を、ドイツ党はもう呼ぶことはなかった。九月にイギリスの同志たちから、ニューポートでの労働組合会議参加の招待を受けた。当然ながら私は提案を利用したが、それは、とりわけ私の本に必要なイギリスの文献や資料が不足していたからである。

私がイギリスに滞在していた一九一二年、協同組合運動への女性の参加を特に研究し、運動の指導者のマルガリータ・ボンドフィルやデーヴィスと知り合い、労働青年、労働者大学の組織者たちとの結びつきを開始した。これら大学では、授業が「マルクス学校」方式でおこなわれたにもかかわらず、青年たちの間にはサンディカリズムの精神が支配的であったが、その代わり彼らには、古い労働組合主義の指導者には足りない革命的勇敢さと決意が感じられた。会議では、労働組合と「労働党」の新戦術に関する問題で二つの流れの闘争がおこなわれた。「左翼」は、極めて明確な階級的政策と「大衆行動」の支持を堅持した。「左翼」支持のため会議で発言するだけでなく、一連の予備会談で古い労働組合主義者と戦うことにもなった。当時「労働党」書記のヘンダーソンは、あらゆる方法で私の委任を認めることに歯止めをかけ、トム・ミーンや当時の他の左翼代表者たちは彼を擁護した。

大英博物館でおこなった私の本の仕事により、豊富な資料が集められたので、自分が着手した著作を、急いで完成するつもりでベルリンへ戻った。ところが、それどころか、またもや私の著書『労働者のヨーロッパに関して』にまつわる厄介なことが起きた。私の留守中に、ドイツの労働組合の中央機関誌に私の著書の書評が変名（判明したところではロシア人）で書かれ、その文中で、この本が私の「公然たる」背教行為の産物であり社会民主主義の拒絶であると証言していた。当然ながら、「上層部」についてまったく尊敬なしの調子で書いたり、あるいは党の官僚主義を非難したりした箇所が記載されていた。

論争に入るだけでなく、労働運動の指導者たちと話し合いに行くことになった。レギン同志が特に激怒したのは、ドイツ党への「日和見主義」の「嫌疑」をあえてした点にあったが、釈明は、典型的な小さな日常茶飯事として、書面で求められることになった。このように、当時の党上層部は低俗なものになってしまい、あらゆる批判の言葉、的を射た批判も、偉大な社会民主主義に対する侮辱と彼らはみなしたのだった。あらゆる点で、シュルツあるいはメイヤーに対しては、「社会主義への裏切り」のはっきりした証拠が感じられた。

私の本に関する書評への回答は、リープクネヒトにより作成された。だが変名者は静まらず、人騒がせをやめなかった。いきなり、新しい論文を書き、そのなかで私個人に向けて二通りの意味に取れる腹案を投げつけた。「何らかの根拠でドイツ警察は、ベルリンにロシアの女性政治亡命者を留めているとのことなのか？　そこには、何か魔物の気配がする」と。この卑劣な小記事に対しロシアの指導的同志たちは、手紙で、抗議で応え、しかも、おまけに抗議としてメニシェビキも、ボリシェビキも、トロツキストも署名に名を連ねた。表面的に事件は解決したが、ドイツ党と私の関係が回復するまでに、多くの月日が過ぎてしまい、そして一部の同志とは個人的友情が結局壊れてしまった。

本質的には些細なこの事件を、私がつぶさに検討するのは、事件が、戦争前のドイツ党内で支配していた雰囲気に固有なものであり、また、私個人にとっても重要な意義を持つからである。

一九一二年一一月、強国間の国際関係とバルカン諸国における戦争に関連し、到来する紛糾を目前に控え、バーゼルで緊急国際大会が開催された。この時、ロシアから同志たちが来てくれたお陰で、私にはロシアの女性労働者との関係が再びよみがえり、織物工同盟と女性裁縫工から、国際大会の委任状二通が私に送られてきた。大会開催日の公式集会で、私は双方の会派を代表して演説した。当時、ボリシェビキとメニシェビキの関係は極めて先鋭化していた。

大会終了後、私はアジテーションのためしばらくスイスに残った。

一九一三年二月、スイス党は、女性の日を祝う準備のために再び私を招聘したが、私を呼び出す発端は、ほとんどプラーテン同志を長とする党の左翼によるものであった。スイスからパリに行き、そこからベルギーへと、ロシア人コロニーを巡りながら講演した。

ベルリンに戻った私が、もっぱら著述作業に携わったのは、ある程度ドイツ党との非友好的な関係と自分の健康状態（手術後）によるものであった。

ちょうどその同じ時期に、私によって書かれたのが、論文「新しい女性」と性の問題をテーマとした他の一連の論文（『新生活』誌に発表）である。

一九一二―一五年にロシアの女性労働者との関係が取り戻されたお陰で、ロシアで二月二三日（三月八日）の女性の日を祝うことを要求し、実現することができた。この日を記念し、合法的に当時発行されていた双方の党新聞であるボリシェビキの『プラウダ』（真実）とメニシェビキの『ルーチ』（光）が、特別号を発行した。注目に値するのは、双方の派閥の号の作成に、私が直接参加したことだった。

一九一三年の夏から晩秋（一一月中旬）にかけて、イギリスで私は過ごしたが、居場所はおもにほかならぬロンドンであった。この時期は、「ベイリス事件」が、いたるところで、革命的な筋のみならず、まともな思考力のある人々の間でも、生々しい反響を呼び起こしていた時だった。ロンドンで、私はベイリス事件に関するアジテーションに積極的に加わった。

フィンランド議会の女性代表ヒリー・ペルシネンとともに、ちょうどその同じ時に、イギリスにおける母親への社会的援助と児童の生活保護を組織するための検討に取り組み、アダムス・ブリージェス同志がエネルギッシュに組織した「ベーベルの家」で講演したが、主として私は、自分の本『社会と母性』の執筆に取り組んでいた。

一九一三年の末にドイツに戻り、私に対する非友好的な雰囲気が大幅に消えていることに気がついた。女流作家エッタ・フェデルンと共同でドイツ語に翻訳された私の本『労働者のヨーロッパに関して』は、原稿のまま「上層部」のなかで回覧され、より客観的な同志たちが確信したのは、いずれにせよその内容が、私への変節と裏切りの嫌疑の理由を示していないことであった。クララ・ツェトキン同志は、このことに関し私に友情のこもった手紙をくれた最初の人であった。この本をドイツ語で出版するとの話し合いがなされていたが、戦争が邪魔をしてしまった。私は再び党活動に参加した。私がベルリンを留守にしている間に、ロシアにおける党生活と活動は著しく強化され、活気づいた。このことは、すぐさまロシアとの関係強化に反映された。全般的な高揚によって、ほぼ同時に二つの働く女性向け雑誌（ボリシェビキ系とメニシェビキ系）が出版された。生きていたものの、何のために、私は過ぎし年月を悪戦苦闘していたのだろうか。私は当時『女性の声』（メニシェビキの）で活動していた。

まさにその時期、ベルリンのグループにおいてメニシェビキの同志との摩擦が始まった。ルナチャルスキーのベルリンからの追放が最初の動機である。彼は、何のためにロシア人コロニーに講義をしに来たのか。コロニーが許し難い臆病風を吹かしたことが、私からの抗議を呼び起こした。ロシアとの関係を強め、ベルリンで亡命政治活動をさらに強化するために、ベルリンに特別センターを創設しようという問題に関連して、私たちの間に摩擦が強まった。ベルリンにロシア人が大勢居住していたにもかかわらず、彼らをコロニーセンターに参加させず、センターの「労働者比率を高める」という私の提案は、デマの手法として迎えられたのだった。コロニーで指導的なグループが考えていたのは、センターに加わる人は「非合法の経験」をつんでいて、ドイツ党としっかりした結びつきがなければならないが、そのような素質を兼ね備えているのは「古参党員亡命者」だけであった。「上層部と下層部」への一種独特なグループ化がコロニーで起きた。私は下層部の人たちと歩んだ。このことが避け難い摩擦を起こしたのである。

一九一四年の春は、党での派閥の摩擦がとりわけ先鋭化した時期であった。それぞれの派閥自体のなかでさえ、不一致が感じ取れた。トロツキストは自らのグループを固め、メニシェビキから一線を画した。メニシェビキは、同じ思想の者たちを結束しようと努めていた。当時ベルリンにいたパーヴェル・ボリーソヴィッチ・アクセリロードは、このメニシェビキの力を強化することに骨を折った。挑発者マリノフスキーとの経緯は、ボリシェビキとの闘争における新しい論拠をメニシェビキに与えた。この闘争の手法が、メニシェビキのベルリングループで積極的に活動することから、私を遠ざけた。八月にウィーンで予定されている国際大会および会議との関連で、執筆・著述作業を速やかにおこなわなければならなかった。一九一四年の春と夏は、会議の準備に力を入れ、様々な言語で女性雑誌向けの論文を書き、私が国際会議でおこなう母性の社会保障に関する報告の資料を準備していた。ちょうどその同じ時に、私の小冊子『母親労働者』と保険の問題に関しロシアの新聞雑誌向けに一連の論文を書いた。

五月末、ベルリンで女性社会党員の国際会議を召集するビューロー会談がもたれた。私は、シュタットガルダとも一緒に局員だった国際書記局のロシアからの女性特派員としてビューローに加わった(一四年の初頭から、書記局にイネッサ同志もボリシェビキから加わっていた)社会の空気はきな臭く、不安な雰囲気だった。ビューローは、戦争と軍国主義に反対するとてつもない大集会をベルリンで組織した。警察の介入で私の発言が妨害され、演説は文書で発表された。この演説文の署名は、ダヴィードワという変名であったが、集会直後、私に対する警察の公然たる尾行が始まり、私が住んでいたアパートの女主人への尋問、その他の前兆は、追放が有り得ることを証明していた。それで、私はバイエルンに向かい、そこからあわてて戻ったのが、戦時動員布告の瞬間だった。

## 革命時代

革命時代のことは今なお記憶にあまりにも新しく、解説したり、補足したりする必要はないので、この期間に私が活動した主な局面について簡単に列挙するにとどめる。タヴリーチェスキー宮殿への行進を挙行し、女性が選挙権を得るとの確認を臨時政府に要求したロシアの男女同権主義者との闘争に、私はロシアに到着した翌日から耐えぬかなければならなかった。この私は、宮殿のホールや、大通りで、戦争反対、協調主義反対、ソヴェート権力の強化賛成の「ボリシェビキのプロパガンダ」をおこなった。兵隊は「銃剣」で私を威嚇した。味方の同志ボリシェビキでさえ、自分の言葉にもっと気をつけよ、大衆の感情の昂ぶりを侮辱するなと忠告した。

私の言葉に共感する人たちが現れた。それは「塹壕の」兵士たちであった。私は専らアジテーションに呼び出されるようになった。ボリシェビキの部隊から、ソヴェートの構成員に加えられ、さらにペトログラード執行委員会の構成員となった。かなり長い間、私は唯一の女性として執行委員会にいた。ソヴェートには若干の女性がいたが、ちなみにその数は、ボリシェビキの女性労働者が三、四名であった。ソヴェートに参加した時点から、私はソヴェート会派のビューローに選出され、パデーリン同志とともに、私たちの会派の確固とした立場になかった構成員（例えば、アヴィーロフ同志等）に反対する闘争をつづけ、あらゆる活動をおこなった。三月末の全ロシアソヴェート会議に先立っておこなわれた党会議で、私の立場は「極端に左翼」と見なされていた（当時、レーニン同志はロシアにいなかった）。四月四日に、自らの歴史的なテーゼ・宣言を携えレーニン同志は発言した。その日、独り私が、一連のレーニンの発言に懐疑的であったボリシェビキに反対し、公然と彼の見解を支持したため、すでにただでさえ私を震えさせていた、あらゆる反ボリシェビキ新聞雑誌が、私に一斉攻撃を始めた。「レーニンが何だ、つべこべ言うな、彼に賛成するのはコロンタイだけさ」と風刺小唄まで現れた。その代わり、下層部との結び付きは強まった。活動は限度をこえていた。数回にわたりヘルシンキに行き、まさに革命の砦である艦隊でアジテーションをおこなった。四月一九—二一日におこなわれた連立内閣に関する交渉の時、会派のビューローおよびソヴェート会派そのものが、発言に賛成の立場にあり、その精神で決議は私が作成した。しかし、会議に出席していたジノーヴィエフ同志が、会派の気運を他の方に向けたので、私たちの決議は著しく変わってしまった。

四月末から五月初め、洗濯屋の女性労働者によるロシアで最初のストライキが勃発した。彼女たちと連絡を取り、私はそのなかで活動を開始した。連日、集会を数回おこない、要求を作成した。洗濯女の状況に関する問題は、私によりまずソヴェートに、その後執行委員会に提出された。私たちは洗濯屋の公有化、一部の屋主の逮捕および委員部を介した労働の格付に努めた。一カ月近くも長引いたストライキは、部分的勝利で終了し、洗濯屋の公有化が始まった。賃金表が確定した。このストライキに活動面で参加したのは、サーハロヴァ同志や、そのちょうど同じ時に頭角を現した一連の洗濯屋の女性労働者たちであった。

私がロシアに来た時点から、男女同権が、どれほど働く女性の知恵を獲得し、兵士の妻たちを結束させるかということを、特に認識し、女性たちのなかで活動することの必要性について問題を同志たちに提起した。手当ての増加を要求していた兵士の妻たちのデモにより（このデモについて四月の中頃か、末に『プラウダ』紙に私が記述している）私がいっそう強く認識させられたのは、女性のなかでおこなう活動のためには、特別に熟考され、作られた党機構が必要なことである。それについて私は一九〇六年から論じていた。私の側から、ペテルブルグ委員会付属として、ボリシェビキ・グループを作ろうと試みた。ところが、集会を二、三おこなった後で、私は自分の努力が無駄であること、すなわち私の計画が拒否されたことが分かった。四月末、党会議でこの問題の提起を再び試みた。しかし、党会議の特別召集代表者協議会で私の計画は、やはり再び支持を受けなかった。しかし、クラーヴディア・ニコラエヴァ同志、フョードロバ同志等が参加して、女性労働者集会で私たちにより練り上げられたこの計画（草稿は、党史文書館の女性労働者運動のファイルに保管されている）には、女性のなかで活動を組織するための概要が含まれており、その後党により承認されたものとほぼ同じで、現在も活動はそれに基づきおこなわれている。

五月、『女性労働者』誌の出版が復活し、編集局に参加したのは、サモーイロヴァ、ア・イ・エリザーロヴァ、クーデリ、ヴェリーチキナ（ボンチ・ブルーエヴィッチ）、リーリナ、スターリ、ニコラーエヴァと私だった。唯一のセンターとしてこの雑誌は役立ち、その周りに女性の力が結集された。私たちは、この方法により女性のなかで、割り当てられた活動を実践しよう、その活動が必要だからとサモーイロヴァ同志は判断した。

ちょうどその同じ時、五月に、私たちは物価高の闘争問題に関する女性労働者へのアピールを発表した。アピールは、私が作成した。戦争に反対し、外国の同志たちも参加する国際主義の旗の下におこなう働く女性の集会、デモを組織する構想が、私たちに沸き上がってきた。アイデアは沈没する羽目になった。このアイデアは時宜を得ていないと大勢が判断したのだった。このことがあったのは六月初め、公然と愛国主義が唱えられた時期で、ケレンスキーが攻撃を呼びかけ、それで傷病兵たちが、まるでイコンのようにアレクサンドル・フョードロヴィッチ・ケレンスキーの肖像画を掲げながら、ネフスキー通りを行進したのだった。六月一〇日、『女性労働者』誌により組織された集会が催された。この集会の成功は予想を越えるものであった。チェニゼーリ・サーカスは幾千もの群集を収容しきれなかった。だが、この期間、女性労働者のなかの活動に、私がささげた力は比較的少なかった。

この活動のかなめは、サモーイロヴァ同志とニコラーエヴァ同志であった。私が参加できなかったのは、その頃の一般的性格を帯びた活動であり、即ち、ソヴェート会派のビューロー、執行委員会、数え切れない程の部隊での集会、市会への選挙、あらゆる種類の党会議、民族問題に関する報告で私が発言した第一回全ロシアソヴェート大会、大会委員会、艦隊で活動したフィンランドへの出張、ロジェーストヴェンスキー地区や私が選ばれた市会での活動等のためである。私が放棄しなかったのは唯一、まだストライキがおこなわれていた時の洗濯女たちのなかでの活動、およびボリシェビキが目指す理念のプロパガンダに向け兵士たちを結集しようと努めていた時の兵士たちのなかでの活動であった。五月、中央委員会は、フィンランド党の大会の代表を私に委任し、党が第二インターから脱退し、ツィンマーワルトに参加するための、説得の全権を与えた。この使命は成功に終わった。

六月下旬、第一回全ロシア労働組合会議が開催され、そこで私は労働組合運動に女性労働者を参加させる問題について報告をおこなった。私が提案したテーゼと決議が採択された。

六月末、中央委員会は、その代表として私をストックホルムでおこなわれたツィンマーワルト会議に派遣した。左翼の立場を強化するために、さらに、その立場が貫き通せない場合には、脱退するために。この時、最も激しい活動がおこなわれ、ボリシェビキと臨時政府間で闘争がおこった。大衆は、行動しようと熱望していた。ケレンスキーは、戦線崩壊を批判し、ロシア部隊の攻撃開始とドイツ軍国主義の勝利で威嚇した。大衆の行動が不可避であることは明白であったが、私は二週間後に戻ろうと判断し、新しいバリケードの待ちに待った瞬間に遅れないことを期待していた。その頃、示威行動に突入しようとしていた私たちのうちの何人かにとり、レーニンの用心深さはまるで「協調主義」のように思えたのだった。

ツィンマーワルト会議は、完全にはおこなわれなかった。ドイツ人たちがすでに去ってしまっていたのだ。「脱退」問題を提起する根拠はなかった。七月の日々を、私はさらにストックホルムで過ごさねばならなかった。ボリシェビキ壊滅の警報の知らせ、逮捕、ボリシェビキは「スパイ」である、ウィルヘルムの「エージェント」であるという破廉恥な電報が、ストックホルムの同志たちの説得にもかかわらず、ロシアに戻るよう私をせき立てた。スウェーデンの同志たちは、私の出発について、「ケレンスキーの牢獄に向かうコロンタイ同志」とタイトルが付いた記事を掲載したが、それはその通りであった。トルネオで私を逮捕したのは、亡命からロシアに戻る四カ月前、温かい挨拶で私を出迎えたまさにその国境部隊だった。ヴイボログ側にあるペトログラードのカトリックの牢獄で、私は協調主義者たちの政府により一カ月以上、外部から完全に遮断されて（新聞、面会等なし）身柄を拘束されたが、同志たちの粘り強い要求により釈放された。その翌日、ケレンスキーの特別命令で、自宅拘留のまま再逮捕され、やがてペテルブルグ・ソヴェートの介入によりその再逮捕から釈放されたのだった。私の釈放は、「民主的会議」の召集と重なった。新しい時代が到来し、革命の波は再び高揚し、ボリシェビキの周りで共感が強まった。

逮捕されている間に、私は党大会で（一九一七年七月）中央委員会の委員に選出された。一七年九月、憲法制定会議への選挙運動にタイミングを合わせ、女性のなかで活動するビューローの設置をスヴェルドロフ同志と共に決めた。活動が緊迫していたその頃、中央委員会の頻繁な会合、北部州大会、予備会議があり、各工場や部隊、「モダン」サーカスで連続的にアジテーションをおこなった。九月末、

第一回女性労働者会議の召集に関連する女性ボリシェビキ発起グループが、ペテルブルグ委員会に付属して設立された。私はグループの書記であった。会議は一〇月末に開催されるはずであったが、十月革命により会議の召集は一一月初めまで延期を余儀なくされた。会議が召集された時は、すでにソヴェート・ロシアが生まれていた。私が提案し、会議で承認された母性の保障規定は、母性の社会保障に関する布告に収められた。

一〇月の事件に私は積極的に参加した。第二大会に幹部会員として、中央委員会の決定会議には中央委員として参加した。私は路線の立場を「武装蜂起」および他党との協定に反対とに分けていた。

ちょうどその同じ時に、私は、現在の社会保障局である国家生活保護人民委員として第一期人民委員会議（一九四六年までのソ連と各共和国政府の名称）に加えられた。人民委員として傷病兵の生活状況改善の布告、母性保護部会（部）、「母性宮殿」、社会保障局所轄の教育機関に関する布告をおこない、少なくとも国家からの教会分離に関する一般布告まで宗教教育の廃止をおこない、国家生活保護局の管轄にて聖職者全員を民間の職務に転任し、生徒等の自主管理に関する規定を定めた。その頃、国家生活保護局人民委員部により孤児院形式をとらない最初の児童ホーム、労働不能者の児童のための配給所が組織され、障害児の生活改善に着手し、アルテモーフスキー博士を長とする全ロシア的規模のサナトリウム組織委員会が結成された（サナトリウムは、当時、国家生活保護局の管轄下でもあった）。産院改革に関する布告が公布され、傷病兵の寄宿舎用としてアレクサンドル・ネフスキー大修道院が接収された。人民委員として私が遂行し、かつ堅持した基本原則は、合議制と意欲であり、あらゆる面で自主的行動を実行し、覚醒させるためのもので、人民委員の職員から傷病兵に至るまで、「下級職員同盟」の代表、つまり、国家生活保護局人民委員部の管轄に入るあらゆる施設の事務職員の代表を、全ての部会に参加させておこなうことである。

一九一八年二月、ナタンソーン、ゲールツェン同志たち等と共に全ロシア中央執行委員会ロシア代表団の団員としてスウェーデンに入ろうとしたが、私たちの汽船が水雷原に遭遇し、水に閉じ込められ動きが取れず、浸水した。アランド諸島で救出を求める次第となったが、そこでは、フィンランドの白衛軍将兵とドイツ人の手中に落ちる寸前となり、私たちはそこから逃げ出したのだった。彼らの手に落ちてしまった代表団の団員であるフィンランドの同志は、その場で射殺されてしまったが、他のフィンランドの同志を救うことに私たちは成功した。モスクワでおこなわれた第四回ソヴェート大会に議長団の一員として私は参加し、ブレスト・リトフスク講和条約と軍事政策の点で意見調整ができなかったため、大会の後、速やかに人民委員のポストから離れたが、このことについては一九一八年三月、人民委員会議にしかるべき声明を提出した。

一八年の春と夏の一時期、私はボルガ川沿いの各都市で講義とアジテーションをおこなった。秋、中央委員会は私を織物工業地帯での活動に派遣した。そこで私には、第一回全ロシア女性労働者大会召集の構想が浮かんだ。スヴェルドローフ同志がこの考えを支持した。大会は一九一八年一一月に召集され、ソヴェート・ロシアの働く女性のなかで党活動を組織的におこなう出発点となった。私とイネッサ同志が構想を練った活動計画は大会で承認されたので、中央委員会が「委員会」を確認し、その後、これら委員会は各部に改組された。

一九一八―一九年の冬はモスクワで過ごし、女性労働者中央委員会の委員として女性のなかで活動し、また一般的アジテーションをおこなった。『プラウダ』、『イズベスチャ』、『女性労働者の中央ページ』、『コムナール』の各新聞雑誌に執筆した一九一八―一九年の冬に各小冊子『家族と共産主義国家』、『革命の年の女性労働者』が、三つの小冊子（『自らの権利のために女性労働者は如何に闘うか』、『新しいモラル』および『国際大会』）の改版として準備され、ローザ・ルクセンブルグ等についての論文を書いた。インターナショナルの第一回大会に参加し、大会で採択された運動に女性労働者を引き入れるための決議を提出した。党の第八回大会で、女性のなかでの活動について報告をおこない、委員会で、再検討された党綱領に、男女同権の確認に関する若干の追加を要求した。家族、結婚関係および売春関係にかかわる項目は拒否されてしまった。

党大会後まもなく私はウクライナへ出発し、そこに一九一九年三月末から九月まで滞在した。アレクサンドロフスク市の各労働組合、共産青年同盟や、女性労働者の組織関係で活動し、戦線へアジテーションに行った。金属労働者同盟の代表として、私はハリコフで開かれる全ウクライナ労働組合大会に代議員として派遣された。ハリコフに一カ月半滞在し、コンコールディヤ・サモーイロヴァ同志との緊密な活動によりハリコフで女性労働者を組織する出発点ができ、そこでも私たちは『女性労働者のページ』誌を出版した。私はこの時期、一般的活動に参加していた。

デニーキン（1872―1947。ロシアの軍事指導者。陸軍中将、ロシア革命後、反革命白衛軍を指導し、ソヴェート政権に対抗、一九一九年一〇月赤軍に敗れ、数年後国外亡命）による新しい攻撃が開始されたこと、またドンバス（ドネッツ炭田）で士気を向上させる必要があることを考慮し、私が出かけたのは、バフムート、ルガーンスク、コディエフカ、ゴルボーフカおよび大小さまざまな鉱山であった。私がそこに行き着いた時はデニーキンが前線を突破したので、私は部隊と共に後退を余儀なくされた。

後退は厳しい状態だったので、私はこのことをトロツキー同志に知らせざるを得なかった。だが、すでに事態は八方ふさがりで、ハリコフは疎開前夜の状態にあった。私はハリコフからクリミヤ共和国政治管理局長に任命されてクリミヤに向かい、そこで雑誌や政治勤務員学校を組織し、国際主義者の団結とヨーロッパ南部諸国家の労働者との関係樹立に着手した。クリミヤからの疎開は、それまで取りかかっていた活動を中断させた。クリミヤのソヴェート権力からの住民に対する最後の呼びかけは、疎開前日の夜に私が書き上げた。言うまでもなく、クリミヤでも私は活動を働く女性のなかでおこなった。

クリミヤから到着したキエフで、私はウクライナにおけるプロパガンダとアジテーション担当の人民委員に任命された。しかし、ウクライナ政府で活動できたのは、たった二カ月で、しかも仕事は主に、新しい人民委員部機構の組織と創立および各委員部の職務区分に関する官庁間委員会の作業ということであった。モイロヴァおよびチェルヌイショーヴァ同志たちと共に、私はキエフにも女性のなかで活動するための基礎を築いた。

今回のキエフからの新しい疎開により、人民委員部のウクライナでのプロパガンダの開始が急に中止されてしまった。一九一九年九月、モスクワに戻ったのは（しかも、ウクライナから教宣用の汽船と教宣用の列車の双方を準備させるのに成功した）、女性のなかでの活動に関する中央委員会の仕事が目的であった。ちょうどその時、女性部の農村活動部門から共産青年同盟の中央委員会代表に任命された。

深刻な病気のため、一九一九年十一月から一九二〇年四月末までは積極的な活動から外されていた。第七回全ロシア中央執行委員会の委員に再選された。一九二〇年春、全ロシア女性部の部長として私は、コミンテルン執行委員会を通じて第一回女性共産党員国際会議の召集を提起した。五月と六月の一時期、私は北部カフカースに滞在した。キスロヴォーツクでは、女性の活動をまとめ、党学校の組織を助成した。再度の深刻な病気が、二〇年七月から一〇月末まで私を戦列から離脱させた。

それ以来、私は、ロシア共産党中央委員会女性部の部長、コミンテルンの国際婦人書記局副書記とその執行委員会委員、全ロシア中央執行委員会と社会保障局の売春防止に関する官庁間委員会の委員としての任にあった。この委員会は、私のイニシアチブで一九一九年にすでに誕生していた。一九二〇年の秋からその活動が定着した。売春防止対策に関する基本テーゼは私が作成し、私の参加の下に「新しいモラル」について問題が討論に付された。「新しいモラル」に関する私のテーゼは、『女性共産党員』誌の一二号に掲載された。

一九二〇—二一年の冬の間、私が活動していたのは主に中央委員会女性部と国際書記局であった。当面のテーマと書記局各部の課題に関し執筆し、積極的に協力した点は、東洋の女性のなかで活動を組織すること、第一回東洋女性共産党員会議と第二回女性共産党員国際会議を召集すること、女性実習生に関する法律を人民委員会議で可決すること、および女性労働者と女性農民を積極的な経済建設者の役割に参加させることに関し第八回ソヴェート大会の決定を受理することであった。会議で受理された女性共産党員国際会議における私の報告のテーゼは、コミンテルンの大会で承認され、あらゆる国の共産党の女性のなかでおこなわれる活動の基礎を築いた。

その後、私が第一〇回党大会に参加したちょうどその時、私の小冊子『労働者反対派』が発表された。第三回大会に、ロシア共産党の全権代議員として参加した。現在、私が任ぜられているのは、全ロシア中央執行委員会の委員、国際女性書記局の局員と後者のコミンテルン執行委員会の女性代表である。

# 謝辞

本書はロシア革命一〇〇周年を記念して一人の懸命に生きた社会革命家コロンタイの生涯をたどり、改めて二一世紀に生きる我々になんらかの示唆を得ることを旨とした。

歴史的、空間的制約の中で苛烈に生ききった一人の女性のおおらかさと燃えるダンコ（ゴーリキー作〝燃えるダンコの心臓〟――人々の足元を照らす為に自分の胸をかき切って心臓をかかげる）のような情熱は読者、諸氏にとっても少なからず参考になると確信している。

今年二〇一七年の日本のジェンダーギャップの比率は昨年より下がって、なんと世界で一一四位だそうである。情けない数字であるが、だからこそやり甲斐があるともいえる。この年末注目に価するのは女性議員をもっと日本の国会にも増やそうとする法案が二〇一八年通常国会に提出され、成立する動きがみえることである。

ＩＴやＩｏＴの時代、好むと好まざるを得ずこれからは男女がもっと平等で分かり合える時代になるであろうと期待している。

なお、本書をまとめる上で、日本ロシア語情報図書館の司書牛島優子氏には綿密な資料収集の援助を頂き、大変お世話になった。また論創社の編集長松永裕衣子氏には気長なご指導を頂き、近年になく楽しい気分で準備出来たことは精神衛生上かけがえのない経験であった。

ご両人に心からの謝意をここにささげる次第である。

二〇一七年一二月吉日　著者

## 終章　プーチンの少子化対策

(1)「2012年沿海州人口動態年鑑」ДЕМОГРАФИЧЕСКИЙ ЕЖЕГОДНИК ПРИМОРСКОГО КРАЯ 2012

(2)「ロシアの女性と男性2010」情報通信出版センター、268頁（ЖЕНЩИНЫ И МУЖЧИНЫ РОССИИ 2010, ИНФОРМАЦИОННО-ИЗДАТЕЛЬСКИЙ ЦЕНТР）

(3) 同上、81頁

(4) 同上、82頁

母親資本の受給については、以下の資料も参照。

ア・グーセフ『母親資本のすべて—その受給と利用の仕方』МАТЕРИНСКИЙ КАПИТАЛ А. ГУСЕВ изд. ФЕНИКС

「ロシア新聞テ・ア・マースロヴァヤ」РОССИЙСКАЯ ГАЗЕТА Т. А. МАСЛОВАЯ

(17) 同右、431-491 頁
(18) ルドルフ・シュレジンガー『ソヴェートの法理論』Routledge & Kegan Paul、1951 年、234 頁（R. Schlesinger, Soviet Legal Theory, 1951, p. 234）
(19) W・G・クリヴィツキー『スターリン時代』みすず書房、1962 年、234 235 頁

## 第11 章　女性解放の挫折とその後

(1) 「ソヴェート国民経済における女性の労働」Н. И. Татаринова, Указ. Соч., стр. 103-104
(2) 同　上、Н. И. Татаринова, Применение труда женщин в народном хозяйствеСССР, Наука, Москва1979, стр. 11
(3) グリゴロフとシコトフ『新・旧の生活様式』「若き親衛隊」社、1927 年、75—76 頁（Григоров и С. Шкотов. Старый и новый быт 1927, стр. 75-76）
(4) 前掲『家族・私有財産・国家の起源』97 － 98 頁（Karl Marx-Friedrich Engels. Werke, Bd. 21, 1962, SS. 75-76）
(5) 前掲『家族・私有財産・国家の起源』215 頁（Karl Marx-Friedrich Engels. Werke, Bd. 21, 1962, S. 158, S. 75）
(6) アレクサンドラ・コロンタイ『家族と共産主義国家』全ロシア中央執行委員会、1920 年、12—13 頁（А. М. КОЛЛОНТАЙ. Семья и Коммунистическое государство. 1920, стр. 12-13）
(7) 同上、13 頁
(8) 同上
(9) 前掲『家族・私有財産・国家の起源』97 頁（Karl Marx-Friedrich Engels. Werke, Bd. 21, 1962, S. 158, S. 75）
(10) オリガ・ヴォローニナ「フェミニズム、東洋、西洋、ロシア」『女性と社会主義』所収、1993 年、220—243 頁（Феминизм-Восток, Запад, Россия- М., Наука. Издательская фирма-Восточная литература, 1993, стр. 220-243）
(11) 同上、220 頁

イヤ・エヌ・カ・ブランデンブルグスキー『婚姻と家族法典による議論』Бранденбургский Я. Н., К дискуссии о проекте брачного и семейного кодекса, 《ЕСЮ》,1925., Номер46, стр. 1414

コーパ・ロムペ「婚姻と家族の草案」（1926年の法典）Копалом П.,  ПО поводу проекта брачного и семейного Кодекса, РС, 1926

（11）ゲ・ラジンスキー「現行の家族の権利の諸問題」《ЕСЮ》、1922年、4—5頁（Радзинский Г., Вопросы действующего семейного права, ЕСЮ., 1922г., Номер, 18, стр. 4-5）

（12）前掲『社会主義と婚姻形態』119—120頁

（13）「妊娠中絶・堕胎禁止条項の設定」Постановление о запрещении абортов, увеличении

「産婦に対する物質的保護、所帯の規模の大きい家族に対する国家の援助、保育園、幼稚園、産院の拡大の国家的援助設定」материальной помощи роженицам, установлении государственный помощи многосемейным, расширении сети родильных домов, детских яслей и садов, усилении уголовного наказания за неплатеж

「離婚に対する若干の変化条項」алиментов и о некоторых изменениях в законодательстве о разводах,（17）СЗ СССР 1936г. Номер 34, стр. 309

（14）「1944年6月のソ連最高幹部会法令」Указ Президиума Верховного Совета СССР от июня 1944г., об увлечении

「多産、1人っ子を妊娠した母親に対する国家の援助」Государственной помощи беременным женщинам, многодетным и одиноким

「《母親英雄》を授与された母親とその勲章制度」Матерям, усилении почетного звания《мать-героиня,》и учреждении ордена

「母性の栄誉と母親メダル」《Материнская слава》и《медали медаль материнства》

（15）アレクサンドラ・コロンタイ『新道徳と労働者階級』全ロシア中央執行委員会、1919年、36頁（А. М. Коллонтай. Новая мораль и рабочий класс. 1918, стр. 36）

（16）デ・エム・ゲンキン『ソヴェート市民権の歴史』国立法律出版社、1949年、433頁（Генкин Д. М., и др., История Советского и гражданского права, 1949г., стр. 433）

исследования домашнего рабочего быта. Вып. 1 М., 1928）
(6)　塩川伸明『ソヴェト社会政策史研究　ネップ・スターリン時代・ペレストロイカ』東京大学出版会、1991 年、83 頁
(7)　「社会主義報知」Социалистический вестник 1921, 14-15, 1922, 1
(8)　「労働者反対派、資料と記録 1920-1926
М. Зоркий, Рабочая оппозиция. Материалы и документы 1920-1926 гг. М. -Л., 1926
(9)　Правда, 2 ноября 1988 г., с. 2, 4 августа1989 г., с. 3

## 第10章　革命後のソヴェート家族法

(1)　『ソヴェート政権憲章』第 3 巻、全ロシア中央執行委員会刊行所、モスクワ、1919 年、59 頁（Декреты Советской власти. Том3. 1964）
(2)　アレクサンドラ・コロンタイ『両性関係と階級闘争』全ロシア中央執行委員会刊行所、モスクワ、1919 年、59—60 頁（Отношение между полами и классовая борьба. стр. 59 Изд.  Всероссийского центрального исполнительного комитета советов Р. И К.  депутатов М. стр. 59-60）
(3)　同上、60 頁
(4)　本書 131 頁「第 6 章『赤い恋』にみるコロンタイの女性解放思想」参照
(5)　ニコラス・ワース、荒田洋訳『ロシア農民生活史：1917—1939』平凡社、1985 年、98—100 頁
(6)　「1926 年 12 次全ロシア中央執行委員会第 3 会期におけるパシンスカヤのスピーチ」Речь Пасынковой 3 сессия ВЦИК Х2 созыва 1926 г.,  стр. 690
(7)　アレクサンドラ・コロンタイ『婚姻と生活様式』全ロシア中央執行委員会、1926 年、371 頁（Коллонтай А. М. Брак и быт РС1926 Номер 5 стр. 371）
(8)　森下敏男『社会主義と婚姻形態』（有斐閣、1968 年、80—81 頁）所収、См. Определение ГКК ВС по делу Номер36981 СП РСФСР, 1928г., Номер 21, стр. 6-7
(9)　前掲『社会主義と婚姻形態』80—81 頁
(10)「ロストフスキー・イ・アによる新しい法律、婚姻、家族による保護と実務上の問題」См. Ростовский И. А. Новый закон обраке, семьёй опеке и вопросы о практике, ЕСЮ,, 1926., Номер48, стр. 1348

152—153 頁（Записки декабриста, А. Е. Розен стр. 158 Изд. Наука 1984）

(2)　エ・ア・パヴリューチェンコ『自発的な流刑で』ナウカ社、1984 年、59 頁（В добровольном изгнании, З. А. Павлюченко Изд. Наука 1984, стр. 59）

(3)　同上、60 頁

(4)　同上、64 頁

(5)　チャイコフスキー『メック夫人との往復書簡』アカデミア社、1934 年、310 頁（Переписка с Н. Ф. Фон Мекк, т. 1М. Л., 1934,  стр, 310）

(6)　エム・ヴェ・ニェシュキナ『デカブリストの運動』ソヴェート・アカデミア・ナウーク出版所、1955 年、438 頁（Движение Декабристов, М. В. Нечкина. т. 2 М., 1955, стр. 438）

(7)　前掲『自発的な流刑で』81 頁

(8)　『チェルヌイシェフスキー全集』第 1 巻、国立文献出版所、1939 年、444 頁、513 頁（Чернышевский Н. Г. Полн. соч. Т. 1 М.,  1939, стр. 444, 513）

(9)　『ロシア解放運動のなかの女性』思索社、モスクワ、1988 年、75 頁（Женщины в русском освободительном движении, З. А.  Павлюченко стр. 75, М., Мысль1988, стр. 75）

(10)『チェルヌイシェフスキー全集』第 14 巻、1939 年、420 頁（Чернышевский Н. Г. Полн. соч. Т. 14 М., 1939, стр. 420）

(11) マリア・スピリドーノヴァ著、出かず子訳『戦闘団の人びと』鹿砦社、1974 年

## 第９章　新経済政策――ネップと労働者反対派

(1)　「ソヴェート連邦における課税の軽重度、ソヴェート連邦の構成員、課税に対する支払い支出」Тяжесть обложения в СССР.  Социальный состав, доходы налоговые платежи Населения Союза ССР в 1924-25, 1926-27г., 1929 с. 74-77

(2)　『レーニン全集』第 30 巻、27 頁

(3)　『レーニン全集』第 28 巻、42—143 頁

(4)　『レーニン全集』第 28 巻、366 頁、『レーニン全集』第 29 巻、103 頁

(5)　エレーナ・カボ『労働者の日常生活概要』レーニン図書館マイクロフィッシュ所収、1928 年（Е. О. Кабо  Очерки рабочего быта. Опыт монографического

何も書かれてちゃいません。へ、へ、本当にそうじゃありませんか？　マルチノフさん？　いやあ、あなた何も召し上がりにならないですね？　グルーシャ、部長さんをおもてなししなさい」と、ふざけたような調子ではあるが、きつく妻をたしなめた……（前掲『一週間』36—37頁）

## 第７章　コロンタイの自由恋愛論と超法規的性道徳論

(1)　アレクサンドラ・コロンタイ『三代の恋』『感情革命と習慣革命』所収、ソ連国立出版所、1923年、44頁（Любовь пчел трудовых, Госиздат. 1923 Стр. 44）

(2)　同上、41頁

(3)　同上、43頁

(4)　ハリー・ポリット編　土屋保男訳『婦人論16』大月書店、1954年、136—137頁

(5)　『レーニン全集』第35巻、182頁

(6)　『ソヴェート・ロシアの変わりゆく姿勢』、ルドルフ・シュレジンガー『ソ連の家族』所収、ロンドン、1949年、72頁（London, Changing attitude in Soviet Russia. Rudolf Schlesinger London, 1949, page 72）

(7)　前掲『革命家、雄弁家、外交官　ロシア革命に生きたコロンタイ』209頁

(8)　前掲『家族・私有財産・国家の起源』109頁

(9)　アレクサンドラ・コロンタイ「恋愛と新道徳」『新しい道徳と労働者階級』所収、全ロシア中央執行委員会、1919年（Новая мораль и рабочий класс. Изд. Всероссийского исполнительного комитета советов Р. К. и депутатов М., 1919）

(10)　アレクサンドラ・コロンタイ「翼あるエロスに道を与えよ！（勤労青年への手紙）」1923年（Дорогу крылатому эросу! 1923, Молодая Гвардия）

(11)　同上、122頁

# 第Ⅲ部　ロシア／ソヴェートにおける女性問題

## 第８章　ロシア独特の女性解放運動

(1)　アンドレイ・ローゼン『デカブリストの記録』ナウカ社、1907年、

もないことを思い出し、黙々と別れて行く。町からの救済を震える思いで待ち焦がれ、毎日今か今かと期待しながらも、心の中には共産党員や、食料委員会、ソヴェートに対する敵意がむらむらとわきあがってくる」（前掲『一週間』18—19頁）

しかし、一般民衆の食糧事情は最悪にも拘らず、食料委員会に属している人間はなぜか特権があたえられているのだ。ネップ時代はうまく立ち回れる才覚のある人間はその利権をうまく吸い上げまたその利権から次々と利権を生み出すことができることはざらであった。つまり個人の力量によってかなり自由に富を得ることができた政策であり、それによって経済の活性化を図り、経済的不況に活性化を与える目論見であったようである。後に共産党中央からの厳しい政治的引き締めがさらに異端派弾圧に発展すらした。ここでは、特権にありついていてヌクヌク暮らしている人間とまったく特権に興味もなく党ひとすじに貧しく生きている人間の落差を次の一節は象徴的に描いている。

ある時、革命への献身に明け暮れ、孤独をかこつ党員のマルチノフは冬中一度だけ、同じく党員で家族持ちのマトーセンコの家に招待された。

「そこでマルチノフは白い自家製のパン［著者注：当時白いパンといえば貴族以外は食べられなかった。ライ麦100％の黒パンにやっとありつけるのが関の山の食糧事情であった］に黄色いクリーム・バターを塗って食べた。クリーム色の香りのよい甘いお茶をむさぼるように飲んだ。全く長い間こんなにおいしく食べたことはなかったので彼は正直驚いた。一体どこからマトーセンコはこんなものを手に入れたのか。

一方、丸顔で愛嬌のあるマトーセンコは、優しく微笑んで、非常に小さな眼をしばたたかせ、上役に対する敬意を表しつつもそれでいて一家の主人らしいある種の自己満足をみせながら、マルチノフをもてなすのであった。『マルチノフさん、蜂蜜をどうぞ。私の家内は食料委員会に務めておりますんで、給料は大変よろしいんです。牛乳も召し上がって下さい。自前の牝牛からのものでございます……。家庭を持っている人間はすべて自分でやっていけますんですよ！　ご覧のように私は非常に家計の切り盛りのうまい人間なんです。一体飢えで苦しまなければならない理屈がどこにありますか？　実際こんなことについては我々の綱領には、へ、へ、……

Entstehung und Entwickelung. Berlin, 1893）

（15）オットローズ『既婚女性の工場での仕事に関して』（シュットガルト、1910年、4章）およびアレクサンドラ・コロンタイ『女性問題の社会的基礎』（ズナニエ出版、1909年、「結婚と家族問題」）参照

（16）1878年5月8日、ドイツ帝国議会の交渉に関する速記による報告

（17）前掲『女性と社会主義』17頁

（18）同上、19頁

（19）同上

（20）同上、20頁

（21）アウグスト・ベーベル回顧録『私の生活から（第2版）』第2部、モスクワ、国立政治文献出版所、1912年、175頁（Воспоминания Августа Бебеля, Из моей жизни, ГОСПОЛИТИЗДАТ, 1912）

## 第6章 『赤い恋』にみるコロンタイの女性解放思想

（1） アレクサンドラ・コロンタイ『ヴァシリーサ・マルイギナ』『感情革命と習慣革命』所収、ソ連国立出版所、1923年、22頁（Труд женщины в эволюйии хозяйства1928, стр. 22）

（2） 同上、175頁

（3） エンゲルス著、戸原四郎訳『家族・私有財産・国家の起源』岩波文庫、1965年、97―98頁（Karl Marx―Friedrich Engels. Werke Bd. 21, 1962、SS. 75-76）

（4） 「1919年女性労働者大会」『レーニン全集』第30巻、97頁

（5） ネップ初期の食糧事情がいかに劣悪なものであるかは、ブルガーコフの『犬の心臓』（1925年）や、ユーリイ・リベジンスキイ『一週間』（前掲『20世紀ロシア文学アンソロジー』所収、新樹社）などに詳しい。ここでは、リベジンスキイの『一週間』の中の描写を挙げておく。

「クリーミンは静かな夜のとばりに覆われた荒野の限りない広がりを心に思い浮かべた。また嵐に荒らされながら、雪の塊の中で生き返ろうとしている、種蒔きを待っている畑や、農民たちの姿が眼にうかぶようであった。彼らは天気の良い日には空き地のところに黒い人だかりになって集まり、天候や収穫についてあれこれ話合い、それから倉庫は空っぽで一粒の種子

## 第３章　『母親労働者』——母性原理と死の哲学

(1)　アレクサンドラ・コロンタイ『母親労働者』中央委員会、モスクワ、1918年（Работница-Мать, Изд. ВсероссийскогоЦентрального Комитета Советов Р., С, Кр. и Казач. депутатов, М., 1918）。初版は1914年のサンクトペテルブルグ版

## 第４章　『誰に戦争が必要なのか？』

(1)　アレクサンドラ・コロンタイ『誰に戦争が必要なのか？』全ロシア中央執行委員会出版所、1916年（"Кому нужна война?" Издательство Всероссийского Центрального Исполнительного Комитета Советов 1916）

## 第５章　コロンタイの女性解放論

(1)　『経済の発展における女性の状況』国営出版社、モスクワ、1922年、125頁（Положение Женщины 1922 в эволюции экономии,　Госиздат., М. Там же стр. 125）

(2)　同上、125頁

(3)　同上、163頁

(4)　同上、168頁

(5)　同上、168頁

(6)　同上、172頁

(7)　杉山秀子編訳『20世紀ロシア文学アンソロジー』新樹社、2002年、216—236頁

(8)　同右

(9)　アレクサンドラ・コロンタイ『姉妹』СУ РСФСР刊18号、1922年、203頁（СУ РСФСР 1922 Номер18, стр. 203）

(10)　前掲『経済の発展における女性の状況』172頁

(11)　同上

(12)　前掲『女性と社会主義』430頁

(13)　Женщины и Социализм

(14)　E. イフレエル『ドイツ婦人労勘者の組織化、その成立と発展』ベルリン、1893年（E. IHRER, Die Organisationen der Arbeiterinnen Deutschlamds ihre

дипломат, Очерк жизни Александры Михайловны Коллонтай. Иткина А. М. М., Политиздат, 1964)

(4) アレクサンドラ・コロンタイ『私の生涯と活動』(全ウクライナ国立オデッサ出版)より(Из моей жизни и работы Всеукраинское государственное изд. Одесса)

(5) 前掲『性的に開放された女性の伝記』45 頁

(6) 「夕刊モスクワ」1927 年 9 月 22 日付 Вечерняя Москва, 22 сентябрь 1927

(7) 「夕刊モスクワ」1927 年 9 月 22 日付、上記同様

〈参考文献〉

ア・イ・シーゾネンコ『未踏の道にわけ入る』モスクワ、ナウカ社、1988 年(Не протоpенными путями, А. И. СизоненкоМосква Наука 1988)

アレクサンドラ・コロンタイ『論文選集』モスクワ、政治文献出版所、1973 年(Избранные статьи, Изд. Полит. Лит. Москва 1973)

アレクサンドラ・コロンタイ『謀反者の偉大なる革命 1901—1952 年書簡選』ソヴェツカヤ・ロシア社(Революция Великая МятежницаИзбранные письма 1901-1952 Москва *Советская Россия 198)

## 第Ⅱ部　著作から読み解くコロンタイの女性解放思想

### 第２章　母性論の集約『社会と母性』

(1) 前掲『私の生涯と活動』より

(2) アレクサンドラ・コロンタイ『社会と母性』国営出版社、1921 年、189 頁(Общество и Материнство, Госиздат. 1921)。初版は 1916 年。1921 年版では第 1 部のみ筆者は手元に所有。第 2 部も存在し、そこには詳細な統計資料も掲載されている。

(3) 同上、225 頁

(4) 同上、239 頁

(5) 同上、241—242 頁

(6) 同上、260 頁

## 【注】

### 序章　ポスト・コロンタイの新しい地平に向けて

(1)　杉山秀子『魔女の系譜』亜紀書房、1990 年、167—179 頁

(2)　「十月革命は西側の女性に何を与えたか」Что дал Октябрь женщине запада? А. М. Коллонтай. Избранные стати изд.Полит. Лит.1972, стр.362

(3)　前掲『魔女の系譜』167—179 頁

(4)　『マルクス・エンゲルス全集』第 38 巻「Лауре Лафарг への手紙」（К.МАРКС и Ф. ЭНГЕЛЬС, Сочинения Издание Второе Изд. Полит. Литературное. Москва 1965 Лауре Лафарг в Ле-ПЕРРЕ Лондон, 2 октября 1891г.）

(5)　アウグスト・ベーベル『女性と社会主義』ペトログラード、1918 年

(6)　「十月革命は西側の女性に何を与えたか」Что дал Октябрь женщине запада? А. М. Коллонтай. Там же, стр. 361

(7)　『レーニン全集』第 30 巻、27 頁

(8)　瀬地山角『東アジアの家父長制　ジェンダーの比較社会学』勁草書房、1996 年、83 頁

(9)　「女性の自立について」「独立新聞」1997 年 7 月 20 日付 6 面。Независимая газета 1997 г., 10 июля, стр. 6）

### 第 I 部　コロンタイの生涯

### 第 1 章　生い立ち—革命家から世界初の外務大臣へ

(1)　アレクサンドラ・コロンタイ「共産主義への道」『十月』第 9 号、1945 年、278 頁（Мой путь к коммунизму, Октябрь, Номер 9, 1945）

(2)　イリング・フェッチャー編、アレクサンドラ・コロンタイ著『性的に開放された女性の伝記』ロンドン、1972 年、13 頁（Autobiography of a sexually emancipated woman, edited with an afterward by Irving Fetcher, Orbach and Cahambers, London, 1972）

(3)　ア・エム・イトキナ著、中山一郎訳『革命家、雄弁家、外交官　ロシア革命に生きたコロンタイ』大月書店、1971 年（Революционер, трибун,

本書は、一九九四年刊行の『もう一つの革命　アレクサンドラ・コロンタイ　その事業』（杉山秀子、学陽書房）と二〇〇一年刊行『コロンタイと日本』（杉山秀子、新樹社）の著書をベースに、以下の論文に加筆・訂正をした。

「コロンタイとロシアの現代女性」駒澤大学外国語部論集、第四七号、一九九八年三月

「コロンタイとベーベルの追悼」駒澤大学外国語部研究紀要、第二五号、一九九六年三月

「A・K・コロンタイ作『翻訳研究：誰に戦争が必要なのか？』について」駒澤大学外国語部論集、第三九号、一九九四年三月

「極東における人口動態とジェンダーから見たプーチンの少子化政策」駒澤大学外国語論集／駒澤大学総合教育研究部外国語第一・第二部門編、第一五号、二〇一三年九月

『チエホフと《サハリン島》』地球システム・倫理学会会報、第八号、二〇一四年九月

ロシア極東科学アカデミー刊行の論文 Политика президента Путина против снижения рождаемости с гендерной точки зрения стр. 27-40, Материалы24 Российская-японского симпозиума историков и экономистов ДВО РАН и района Касней´ 二〇一四年九月

†著者
杉山　秀子（すぎやま・ひでこ）
1943年生まれ。早稲田大学大学院露文学修士。モスクワ大学留学後、駒澤大学にて露語、露文学を36年間教授。現同大学名誉教授。
著書に『ゴーリキー文学の世界』（ユック舎）、『もう一つの革命　アレクサンドラ コロンタイ〈その事業〉』（学陽書房）、『コロンタイと日本』（新樹社）その他。

コロンタイ　革命を駆けぬける

2018年1月20日　初版第1刷印刷
2018年1月30日　初版第1刷発行

著　者　杉山　秀子
発行者　森下　紀夫
発行所　論創社
東京都千代田区神田神保町2-23　北井ビル
tel. 03（3264）5254　fax. 03（3264）5232
web. http://www.ronso.co.jp/
振替口座　00160-1-155266

組版／フレックスアート
印刷・製本／中央精版印刷
ISBN978-4-8460-1663-0 